名山을 찾아서 〈1〉

北漢山

문화 · 역사 · 지리 · 60개 탐방로와 240여 장의 사진

글 사진 **이 형 기**

동행

名山을 찾아서 〈1〉
北漢山

초판 1쇄 인쇄 | 2023년 7월 10일
초판 1쇄 발행 | 2023년 7월 15일

지은이 | 이 형 기
발행인 | 윤 영 희
주   간 | 이 현 실

발행처 | 도서출판 동행
출판등록 | 2011. 6. 8. 제301 - 2011 - 098호
주   소 | 서울시 중구 충무로 7길 17
전   화 | 02 - 2285 - 2734, 2285 - 0711
팩   스 | 02 - 338 - 2722

정가 20,000원

ISBN 979-11-5988-035-3

* 파본 및 잘못된 책은 서점에서 교환해 드립니다.

북한산 탐방로 개념도

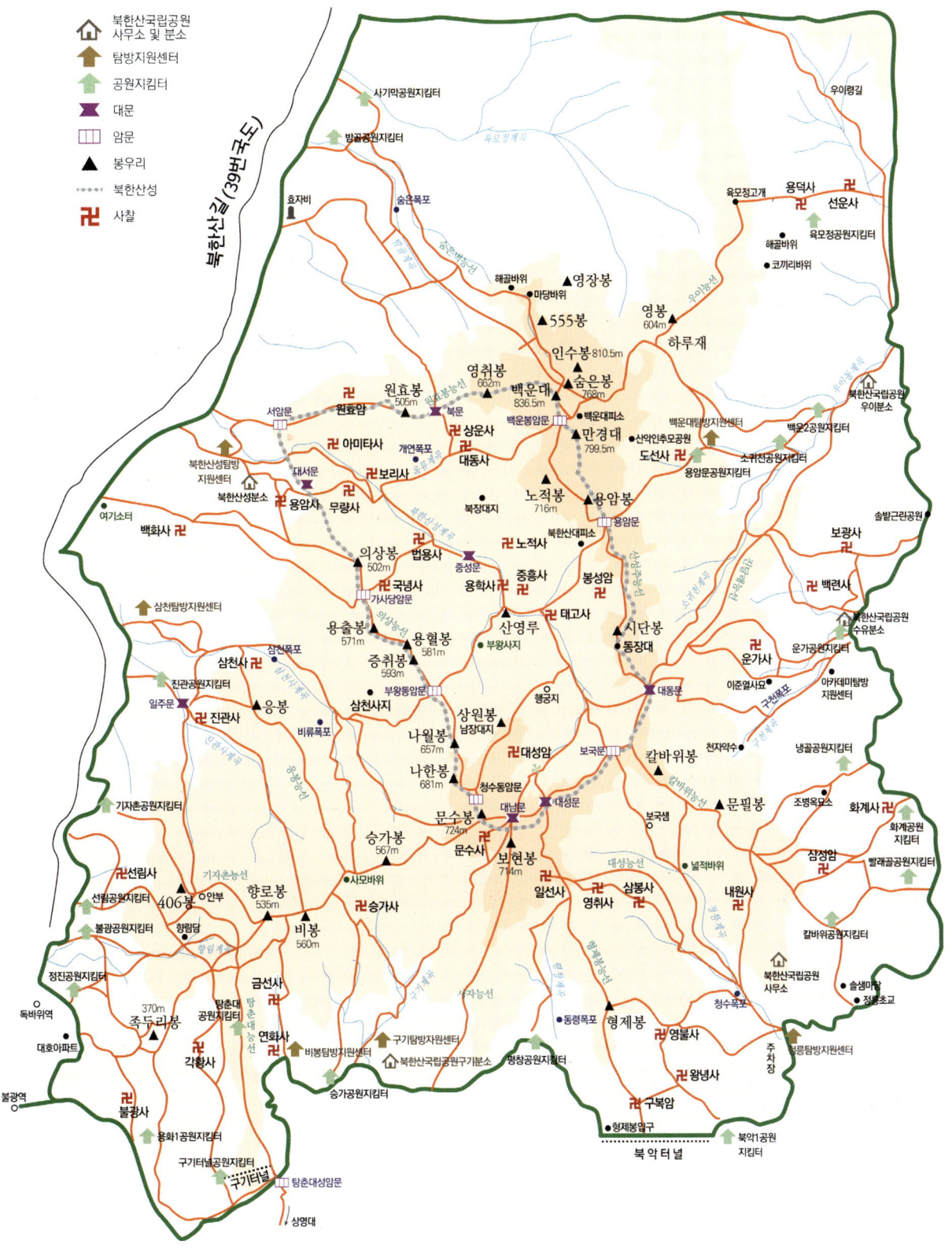

북한산과 서울. 2022·9·21 남산에서

북한도 北漢圖

서시

삼각산

이성부

가까이에 있는 산은
항상 아내 같다
바라보기만 해도 내 것이다

오르면 오를수록 재미있는 산
더 많이 변화를 감추고 있는 산
가까이에서 더 모르는 산
그래서 아내 같다
거기 언제나 그대로 있으므로
마음이 놓인다

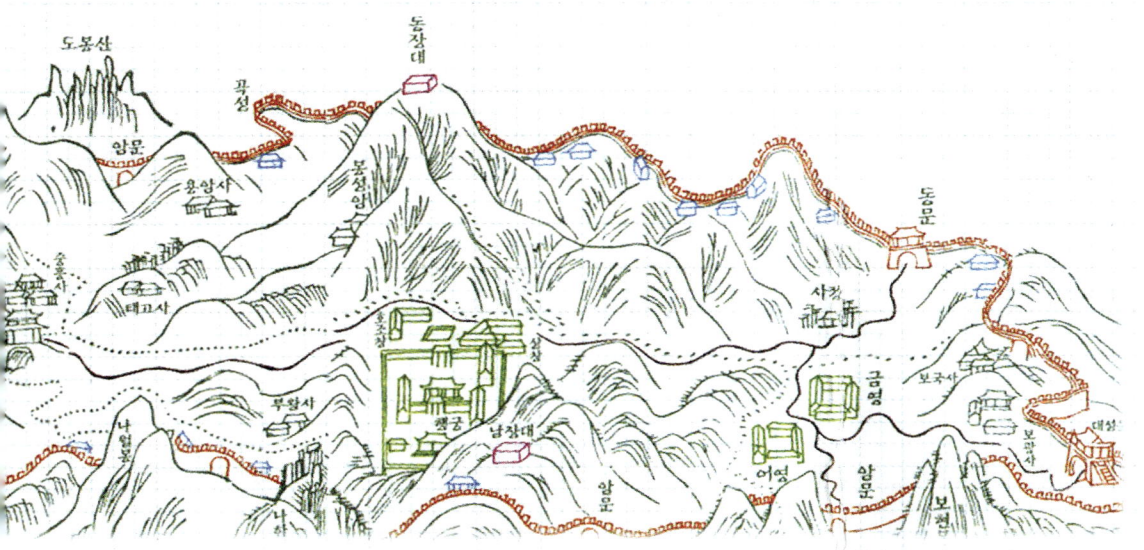

〈경기문화재단 경기문화재연구원 제공〉

어떤 날에는 성깔이 보이고
어떤 날에는 너그러워 눈물 난다
찰 바위 등걸이나 벽이거나

매달린 나를 떠밀다가도
마침내 마침내 포근히 받아들이는 산

서울 거리 어디에서도
바라보기만 하면 가슴이 뛰는 산
내 것이면서 내가 잘 모르는 산

* 이성부 시인의 육필 원고

이성부 李盛夫

1942~2012. 전남 광주 출생. 경희대 국문과 졸업. 1962년 《현대문학》에 〈열차〉 등으로 추천 완료. 1966년 동아일보 신춘문예 〈우리들의 양식〉 당선. 시집 《이성부 시집》, 《우리들의 양식》, 《백제행》, 《전야》, 《빈산 뒤에 두고》, 《야간산행》, 《지리산》, 《작은 산이 큰 산을 가린다》, 《도둑산길》, 육필원고시집 《우리 앞이 모두 길이다》 등. 민중들의 고통 받는 삶을 작품에 녹여냈으며 등산에 심취한 후 산을 소재로 한 시를 많이 썼다. 1967~1997년 일간스포츠 기자 및 편집부국장 역임.

북한산을 오르며
거칠어서 아름다운 山

많은 산 중 왜 북한산인가

1960년 3월, 서울에 첫 발을 디뎠을 때 나는 북한산을 몰랐다(30여 년 오른 지금도 북한산을 다 안다고 말할 수는 없다).

1960~70년대엔 '도봉산에 하이킹 간다'는 말이 유행했다. '북한산 하이킹'이란 말은 듣지 못했다. 봄가을에 우이동 솔밭(솔밭근린공원)에서 재경군민향우회나 면민향우회가 열려도 바로 머리 위에 있는 북한산은 올려다보지도 않았다.

내가 북한산을 알 게 된 것은 군 복무를 마치고 돌아온 1966년 봄이었다. 산을 좋아했던 군대 선배에게서 등산수첩 한 권을 받았다. 북한산, 도봉산 등 서울의 산과 소요산 등 경기도 몇 개 산의 등산로를 펜으로 그린 개념도에 메모장을 붙인 손바닥 크기의 수첩이었다. 저자는 KBS성우 이우형 씨. 당시 이씨를 비롯한 오승룡·박용기·신원균 씨 등 KBS성우 1기생들이 산악회를 조직, 매주 산행을 했는데 그때 만든 것이었다(이우형 씨는 후일 방송국을 그만두고 등산지도 제작에 몰두했다).

20대 중반에 등산을 시작해 처음에는 관악산과 도봉산, 수락산을 자주 올랐다. 관악산 팔봉능선 산행과 연주대에서의 조망, 도봉산의 포대능선과 오봉의 매력, 그리고 수락산 내원암에서 청학리로 내려가는 계곡길의 아름다움에 빠져 북한산은 뒷전이었다. 그렇게 한 해가 간 어느 날 그 선배와 함께 북한산에 오르게 되었는데,

산세가 멋있고 길도 마음에 들었다. 그 후론 도봉산이나 관악산엔 가지 않고 계속 북한산만 찾았다.

1967년, 전차가 다닐 때였다. 돈암동에서 전차를 내린 다음 걸어서 아리랑고개를 넘고, 정릉동 버스종점 위에 있는 청수장淸水莊 옆길을 지나 보국문을 거쳐 백운대에 올랐다. 청수장은 1920~30년대 말까지 일인日人 소유의 별장이었다가 1939년 요릿집으로 변신했는데, 당시에는 문안의 태화관이나 태서관과 어깨를 나란히 하는 고급요릿집이었다고 한다. 내가 북한산 산행을 시작하던 1960년대 말에도 서민들은 드나들기 어려운 여관 겸 고급요릿집이어서 그 앞을 수 없이 지나다니면서도 들어가 보지 못했다. 신혼여행지로도 인기였던 청수장은 1990년대에 역사 속으로 사라졌고 그 자리에 지금은 북한산국립공원탐방안내소가 들어섰다.

정릉 청수장을 거쳐 백운대에 올랐다가 무당골을 지나 우이동으로 하산하는, 긴 산행을 하는 날은 대동문(복원되기 전) 쯤에서 군용 반합을 막대기에 걸어놓고 불을 때 밥을 지어 먹었다. 당시는 산에서 휘발유버너나 나뭇가지로 불을 지펴 밥을 해 먹는 것이 예삿일(아주 나쁜)이었지만, 지금 돌아보면 참으로 위험한 짓이었다.

1960년대 말 북한산에 개발 바람이 불었다. 정부가 북한산을 유원지로 개발하는 정책을 펴면서 가뜩이나 불법 건축물이 난립한 북한산 계곡에 음식점 등 상업시설이 우후죽순처럼 생겨났고, 오물과 악취로 썩어가기 시작했다. 정릉동에는 음식점 외에도 스타풀장이 1971년 개장했고, 정릉가든풀장도 문을 열었다. 북한산성 입구에도 수영장이 생겼다. 스타풀장은 여배우 S씨가 개장해 운영하다가(김모 국회의원이 실소유주라는 설도 있었다) 후일 여배우 C씨가 맡았는데, 한강 말고 달리 물놀이 할 곳이 없던 서울 시민들에게는 별천지 같은 곳이었다. 북한산 계곡에서 내려오는 청정수의 수영장이라니, 오죽이나 인기가 있었겠는가. 여름철에는 '물 반 사

람 반'이라는 말이 나올 정도로 성업이었다.

그러다 북한산 개발정책이 20여년 만에 정화정책으로 바뀌었다. 1983년 북한산과 도봉산이 북한산국립공원으로 지정되면서 계곡에서 오물을 쏟아내던 음식점들이 하나 둘 철거되기 시작했다. 스타풀장도 1993년 문을 닫았고 그 자리에는 현재 북한산국립공원사무소가 들어섰다.

보는 것만으로도 좋은 명산

내가 본 북한산의 첫째 매력은 산이 그림 같았다. 처음 수유리에서 본 백운대와 인수봉, 만경대의 암봉, 그리고 만경대에서 보현봉으로 흐르는 한일(一) 자의 산성 주능선은 우락부락한 남자의 상반신과 여인의 매끈한 아랫도리 선이 어우러진 한 폭의 그림이었다. 수유동 쪽에서 보면 백운대, 인수봉, 만경대, 용암봉의 실루엣이 존 F 케네디 전 미국 대통령의 얼굴 옆모습과 닮았다는 말을 산객들이 많이 했는데, 정말 그랬다. 해가 질 무렵 동쪽(수유동)에서 보는 북한산의 실루엣은 참으로 아름다웠다.

서울 은평구 쪽에서 보는 북한산은 또 얼마나 멋진가. 노적봉을 앞에 세우고 버티듯 앉아있는 백운대는 위엄이 있어 보이면서 모든 것을 끌어안는 포용의 분위기가 풍겼다. 각도를 달리해 고양시에서 북한산을 보면 다른 얼굴의 북한산이 산객의 마음을 흔들었다. 그런데, 10여 년 전 나는 또 다른 북한산을 보고 거기에 쏙 빠졌다. 예비군 훈련장이 있는 노고산 정상과 상장능선에서 보는 북한산은 그렇게 멋있을 수가 없었다. 북한산 뒤태의 암벽능선에서는 멋과 함께 굉장한 힘이 느껴졌다. 북한산의 멋은 정상부의 세 봉우리뿐만이 아니었다. 노적봉, 문수봉, 보현봉,

　영취봉, 비봉, 사모바위, 칼바위봉, 승가봉 …, 봉이라 이름 붙은 것은 모두 멋이 있었다. 능선은 또 얼마나 아름다운가. 의상능선과 숨은벽능선의 남성미는 말할 것도 없고, 산성주능선, 우이능선, 상장능선, 비봉능선, 원효봉능선 등 모두가 돌출한 암벽과 미끈한 능선이 조화를 이뤄 올라서면 답답한 가슴을 뻥 뚫어주기에 충분했다.
　계곡미도 빼어났다. 대남문에서 북한산길(39번국도) 옆 창릉천(일명 덕수천)까지 길게 흐르는 북한산성계곡, 청수폭포를 품고 있는 정릉계곡, 두 개의 폭포가 쏟아지는 삼천사계곡, 일 년 내내 마르는 날이 없는 옥류계곡, 버들치가 유영하는 구기계곡, 시인 묵객들의 벗이었던 우이동계곡, 보일 듯 말 듯 숨어있는 숨은벽계곡, 이밖에도 육모정계곡, 진관사계곡 등 맑은 물이 흐르는 계곡이 북한산을 흠뻑 적셔주고 산객들의 마음까지 시원하게 해주었다. 북한산은 다면불多面佛이었고 수이장秀而壯이었다. 어느 방향에서 보아도 아름다웠고, 서기瑞氣가 서렸다.
　작은 등산수첩의 안내를 받아 시작한 북한산 산행은 1970년대에 접어들어 직장 일에 쫓기면서 잠시 산을 내려와야 했다. 다시 산에 오른 것은 1980년대 말, 내 나이 40대 후반이 되어서였다. 북한산을 주로 오르면서 지방으로도 산행을 넓혀 전국 200여 명산을 올랐고, 60대 중반의 나이에 백두대간(지리산~진부령)도 종주했다. 북한산 산행 기록은 30여 년에 걸쳐 2,000여회, 백운대를 600회 이상을 올랐고 최근 강화나들길(20개 코스·310km)을 '나홀로' 완주했다.
　북한산을 오르내린 지 30여 년이 흘렀다. 그동안의 북한산 산행 경험을 바탕으로 이 책을 낸다. 등산 초보자에게는 산행 길잡이가 되고, 몇 번이라도 북한산을 올랐던 산객에게는 그때의 산행을 반추하는 추억의 읽을거리가 된다면 그뿐, 더 이상 바랄 게 없다. 수이장세秀而壯勢의 기운이 산객들의 온몸으로 전해지는 북한산 속으로 들어가 보자.

C·O·N·T·E·N·T·S

서시/ 삼각산-이성부 … 6

북한산을 오르며-**거칠어서 아름다운 山** … 8

제1장 수이장秀而壯의 서울 진산鎭山

1. 서울의 상징 서울의 심장 … 19
2. 북한산의 봉峰·선線·골谷 … 24
3. 부용화를 닮은 산 … 36
4. 삼각산이냐 북한산이냐 … 44
5. 홍업洪業을 잉태한 영산靈山 … 49
6. 우리는 왜 산에 오르는가 … 52

제2장 국태민안國泰民安의 염원을 쌓다

1. 숙종, 북한산성에 오르다 … 61
2. 196일 만에 축성한 금성탕지金城湯池 … 69
3. 결사 항전의 의지를 품은 성 … 74
4. 일제강점기의 북한산성 … 80
5. 북한산성, 제 모습을 찾아가다 … 83

제3장 북한산 60개 탐방로를 걷다

북한산성 큰문을 열고
- 북한산성 입구 기점 코스

1. 북한산성 입구~대동사~백운봉암문~백운대 … 99
2. 북한산성 입구~중흥사~대남문 … 109
3. 북한산성 입구~국녕사~가사당암문 … 118
4. 북한산성 입구~부왕사지~부왕동암문 … 121
5. 북한산성 입구~태고사~북한산대피소 … 125

6. 북한산성 입구~행궁지~대남문 … 128
7. 북한산성 입구~대동문·보국문·대성문 … 131
8. 산성주능선(대남문~대동문~백운봉암문) … 136
9. '북한산의 공룡능선' 의상능선 … 142
10. 북한산성 입구~원효봉(ⓐ상운사 코스·ⓑ서암문 코스) … 150

불심의 길 모정의 길
- 불광동 기점 코스

1. 불광동~족두리봉~향로봉~비봉능선~대남문 … 161
2. 불광동~용화1공원지킴터~족두리봉 … 166
3. 독바위역~정진공원지킴터~족두리봉 … 169
4. 불광중~불광공원지킴터~향로봉오거리~사모바위 … 170
5. 불광중~선림공원지킴터~기자촌능선~사모바위 … 173
6. 불광동~옛성길능선~탕춘대능선~사모바위 … 175
7. 구기터널~향로봉~사모바위 … 177

삼천사골에 비류폭포 날리고
- 삼천사 기점 코스

1. 삼천사~응봉능선~사모바위 … 183
2. 삼천사~비류폭포~사모바위 … 186
3. 삼천사~청수동암문~대남문 … 189
4. 삼천사~삼천사지~부왕동암문 … 191

솔바람으로 차茶 잎을 덮다
- 진관사 기점 코스

1. 진관사~진관사계곡~사모바위 … 197
2. 진관사~응봉능선~사모바위 … 200
3. 진관사~기자촌능선~사모바위 … 202
4. 기자촌~기자촌능선~사모바위 … 206

C·O·N·T·E·N·T·S

구기계곡에 버들치 노닐고
- 구기동 기점 코스

1. 구기동~구기분소~구기계곡~대남문 ···211
2. 구기동~삼거리쉼터~승가사~사모바위 ···214
3. 구기동~승가공원지킴터~사모바위 ···217
4. 구기동~비봉탐방지원센터~금선사~사모바위 ···218

형제봉 넘어 일선사로
- 평창동 기점 코스

1. 북악터널~형제봉능선~대성문 ···225
2. 평창동~일선사~대성문 ···228

백운대 가는 길
- 우이동 기점 코스

1. 우이동~하루재~백운봉암문~백운대 ···235
2. 우이동~육모정고개~영봉~백운대 ···244
3. 우이동~도선사~용암문 ···247
4. 우이동~진달래능선~대동문 ···250
5. 우이동~소귀천계곡~대동문 ···253

산의 참 이야기를 듣다
- 정릉동 기점 코스

1. 정릉초교~칼바위공원지킴터~칼바위능선~보국문 ···259
2. 정릉동~보국샘~보국문 ···263
3. 정릉동~(Ⓐ영취사 코스·Ⓑ대성능선 코스)~대성문 ···265
4. 정릉동~넓적바위·내원사~칼바위능선~대성문 ···268
5. 정릉동~형제봉북단~대성문 ···272
6. 국민대~영불사~형제봉북단~대성문 ···274

순국·애국선열을 찾아서
- 수유동 기점 코스

  1. 아카데미하우스~구천폭포~대동문 … 279
  2. 아카데미하우스~성도원~진달래능선~대동문 … 282
  3. 수유동~백련사~진달래능선~대동문 … 284
  4. 수유동~운가사~진달래능선~대동문 … 286
  5. 솔밭근린공원~보광사~진달래능선~대동문 … 289
  6. 화계사~삼성암~칼바위능선~대동문 … 292
  7. 냉골공원지킴터~냉골샘·범골샘~
     칼바위능선~대동문 … 295
  8. 빨래골공원지킴터~칼바위공원지킴터~
     칼바위능선~대동문 … 298

북한산의 비경祕境 숨은벽능선
- 고양시 효자동 기점 코스

  1. 사기막·밤골공원지킴터~숨은벽능선~백운대 … 305
  2. 밤골공원지킴터~숨은폭포~숨은벽능선~백운대 … 310
  3. 효자비마을~숨은벽능선~백운대 … 312
  4. 효자비마을~북문~원효봉 … 318

북한산성 16성문을 열고 잎을 덮다 … 323
- 성곽 따라 16성문 이어 돌기

북한산을 내려오며
어머니의 품속 같은 산 … 332

백두대간 완주기
한국에서 가장 아름다운 산길 … 337

제1장
수이장秀而壯의 서울 진산鎭山

제1장 수이장秀而壯의 서울 진산鎭山

산의 처음 이름은 부아악負兒岳이었다. 세월이 흘러 화산華山·화악華嶽으로 불렸고 횡악橫岳이라고도 했다. 이후 산의 형상을 따 삼각산三角山이란 이름이 붙었으나 지금은 북한산北漢山이라 부른다. 북한산은 우리나라 해동오악海東五嶽 중 으뜸으로 꼽힌다. 북쪽의 백두산·동쪽의 금강산·서쪽의 묘향산·남쪽의 지리산·중앙의 북한산을 오악이라 했고, 그 중에서도 북한산은 중악中嶽·중악화산中嶽華山으로 꼽을 만큼 영산으로 여겼다. 북한산은 서울의 진산鎭山이다.

상고대로 단장한 백운대와 인수봉. 2017·2·23 만경대에서

1. 서울의 상징 서울의 심장

가노라 삼각산아 다시 보자 한강수야
고국산천을 떠나고자 하랴마는
시절이 하 수상하니 올동말동하여라

병자호란(1636년) 당시 예조판서로 주전파의 앞장에 섰던 청음淸陰 김상헌金尙憲(1570~1652년)이 1640년 청淸나라로 압송되면서 읊은 시조다. 살아서 돌아올 수 있을까. 김상헌은 정들었던 삼각산과 한강을 시조의 첫 행에 내세워 청나라로 끌려가는 자신의 참담한 심경을 노래했다.

북한산 2014·9·22 칼바위봉에서

북한산 운무. 2016·4·18 칼바위봉에서

    그 날이 오면, 그날이 오며는
    삼각산이 일어나 더덩실 춤이라도 추고
    한강물이 뒤집혀 용솟음칠 그날이(오면)

  소설《상록수》의 작가 심훈沈熏(1901~1936년)이 1930년 쓴 시〈그날이 오면〉의 첫 연이다. 조국 광복의 '그날'을 염원하면서 쓴 시에서 심훈은 해방이 되면 삼각산이 더덩실 춤을 추고 한강수가 용솟음칠 것이라고 노래했다(심훈이《상록수》를 집필한 충남 당진시 필경사에 시비가 있다).

  김상헌과 심훈의 시에 나오는 삼각산三角山은 지금의 북한산北漢山이다. 북한산과 한강은 서울의 2대 상징으로 꼽힌다.

  한강이 서울의 젖줄이라면 북한산은 심장이다. 북한산과 한강을 품고 있는 서울은 세계 유수의 도시와 어깨를 나란히 할 만큼 아름다운 도시로, 산과 강이 조화를 이뤄 삼국시대에는 서로 뺏고 뺏기는 격전장이었다.

  1977년 한국에베레스트원정대를 이끌었던 김영도 대장(전 국회의원)은 저서《우리는 왜 산에 오르는가》에서 서울과 북한산의 관계를 이렇게 말했다. '남들은 북한산의 대명사로 백운대나 인수봉을 연상하는데, 나는 언제나 북한산을 서울이라는 대도시와 연결한다. 서울 한쪽에 북한산이 있다는 것은 세계적인 사건이다. 파리와 런던, 그리고 뉴욕에 없는 산과 도시의 관계가 서울과 북한산에 있다.'

인천국제공항에서 서울로 들어오는 길목인 방화대교나 성산대교를 건너다보면 빌딩숲 뒤로 병풍처럼 우뚝 솟아 있는 북한산이 먼저 눈에 들어온다. 남산에 올라보면 북한산이 서울의 보물임을 실감한다. 도심의 빌딩숲을 내려다보고 있는 북한산의 장엄한 자태는 보는 이의 눈과 가슴을 시원하게 해준다. 서울의 랜드마크라 해도 과언이 아니다.

온조溫祚의 창업 터 북한산

서울시 강북구·은평구·종로구·성북구 일부와 경기도 고양시·양주시·의정부시 일부가 에워싸고 있는 북한산은 수려한 자연경관과 훌륭한 문화유산을 보전하고 있는 서울의 명산으로, 수도권의 허파 구실을 하고 있다.

북한산은 동서남북 어느 곳에서 보아도 험준한 암봉과 유려한 능선, 깊은 골짜기가 조화를 이뤄 수려하면서도 웅장하다. 서울의 강북5산(북한산·도봉산·수락산·불암산·사패산)과 강남7산(광교산·백운산·바라산·청계산·우면산·관악산·삼성산), 그리고 경산京山을 통틀어 수도권에서 가장 빼어난 산이다.

북한산은 2,000여 년 전부터 서울의 진산鎭山이었다. 고구려 동명왕의 셋째 아들 온조溫祚(재위 기원전 18~28년)가 형 비류沸流와 함께 한산漢山(한강유역)에 이른 후 부아악負兒嶽(삼국시대의 북한산)에 올라 산하山河를 조망하고 도읍지로 정하면서 북한산은 한강과 더불어 백제 건국의 터전이 되었다. 삼국시대에 삼국의 격전장이던 북한산은 조선이 1394년 수도를 개경開京에서 한양부漢陽府로 옮긴 이래 지금까지 서울의 진산 자리를 굳건히 지키고 있다.

북한산은 1983년 열다섯 번째로 대한민국의 국립공원으로 지정되었다. 북한산국립공원(도봉산 포함)의 면적은 약 77㎢, 이중 북한산이 차지하는 면적은 약 55㎢다. 백운대白雲臺(해발 836.5m)·인수봉仁壽峰(해발 810.5m)·만경대萬景臺(해발 799.5m)를 포함한 북한산 정상부 약 27만3,000㎡(서울시 강북구 일부와 경기도 고양시 일부)는 2003년 대한민국 명승 제10호(명칭 삼각산)로 지정된 자연유산이다. 세

백운대 일몰. 윤홍 작. 2015 · 8 · 30 만경대에서

봉우리의 자태가 수려해 영산靈山으로서의 가치가 높다는 것이 명승으로 지정한 이유다.

 북한산국립공원은 2009년 865만여 명의 탐방객을 기록, '단위 면적당 가장 많은 탐방객이 찾은 국립공원'으로 기네스북에 올랐다. 이는 법정탐방로를 이용한 탐방객만 통계에 넣은 것이어서 비非법정탐방로 입산자까지 합하면 1천만 명이 넘었을 것으로 추산된다. 최근에는 등산인구가 크게 늘어나 북한산국립공원 탐방객은 한 해에 1,300만 명 이상이 될 것으로 산악계는 보고 있다.

 북한산은 외국인에게도 인기가 높은 명산이다. 북한산에 오르는 외국인을 주말만이 아니라 주중에도 쉽게 만날 수 있고, 그들의 국적도 다양하다. 10여 년 전까지만해도 미국과 유럽 등 몇 나라에서 온 여행객이 이따금 북한산에 오르는 정도였으나 최근에는 세계 각지에서 온 외국인을 산행 중 자주 만난다. 수년 전, 남아공에서 왔다는 부자父子 산객을 대동사 앞에서 만났다. 나이든 아버지를 모시고 산에

백운대 설경. 2020·2·18 대동사 위에서

오르는 아들이 대견해 보였고, 북한산이 아프리카에까지 이름이 나 있다는 것이 자랑스러웠다. 북한산을 찾는 외국인은 우리나라에 장기체류하고 있는 여행객만이 아니다. 북한산 등산이나 인수봉 암벽 등반을 목적으로 내한하는 외국인도 상당수에 이른다. 우리나라 산객이 일본 북알프스나 말레이시아의 코타키나발루산을 오르는 것처럼.

주말 새벽엔 태국·베트남·캄보디아 등 동남아에서 일하러 온 근로자들이 10여 명씩 무리지어 백운대나 만경대에서 작품 사진을 찍는 모습을 종종 볼 수 있다. 북한산에 한 번 올라본 외국인들은 수려함에 벌린 입을 다물지 못한다. 찬사를 늘어놓다 못해 산을 자기네 나라로 옮겨가고 싶다는 외국인도 있다. 농담이겠지만, 이쯤 되면 어찌 북한산을 세계적인 명산이라 하지 않을 수 있겠는가.

2. 북한산의 봉峰·선線·골谷

30여 개 능선에 60여 봉우리 솟아

북한산은 60여 개의 봉우리와 30여 개의 능선, 20여 개의 계곡을 품고 있다. 팔도도총섭(八道都摠攝)[1]으로 승병을 동원, 북한산성北漢山城 축성과 수비를 담당했던 계

북한산 추경. 2017·10·22 성덕봉 전망대에서

파계파桂坡 성능聖能(일명 性能) 스님은 저서 《북한지北漢誌》[2]에 32개의 북한산 봉우리를

---

1) 팔도도총섭(八道都摠攝): 임진왜란 후 승군을 통솔해 산성을 쌓고 지키는 일을 총감독했던 승려의 최고 직위. 북한산성 축성 당시에는 임금이 제수했다.

2) 북한지(北漢誌): 성능 스님이 팔도도총섭의 직책을 후임 서윤(瑞胤) 스님에게 인계할 때 북한산성에 관한 14개 항목을 지리지(地理誌) 형태로 기록한 북한산성 축성기. 책의 내용은

인수봉. 2017·12·25 백운대에서

적어 놓았다.

　백운대白雲臺·인수봉仁壽峰·만경대萬景臺·노적봉露積峰·용암봉龍巖峰·일출봉日出峰·월출봉月出峰·기룡봉起龍峰·반룡봉盤龍峰·시단봉柴丹峰·덕장봉德藏峰·복덕봉福德峰·석가봉釋迦峰·성덕봉聖德峰·화룡봉化龍峰·잠룡봉潛龍峰·보현봉普賢峰·문수봉文殊峰·나월봉蘿月峰·증취봉甑炊峰·용혈봉龍穴峰·용출봉龍出峰·미륵봉彌勒峰(의상봉)·원효봉元曉峰·영취봉靈鷲峰·시자봉侍者峰·기린봉麒麟峰·장군봉將軍峰·등편봉登片峰·구암봉龜巖峰·상원봉上元峰·휴암봉鵂巖峰이 《북한지》에 기록된 북한산의 봉우리다.

　이는 성능 스님이 북한산성 안에 있거나 성기城基를 연결하는 능선의 봉우리만 기록한 것일 뿐 북한산의 실제 봉우리는 작은 것까지 합하면 60개가 넘는다. 위에

도리(道里)·연혁(沿革)·산계(山谿)·성지(城池)·사실(事實)·관원(官員)·장교이졸부(將校吏卒附)·궁전(宮殿)·사찰(寺刹)·누관(樓觀)·교량(橋梁)·창름(倉廩)·정계(定界)·고적(古蹟) 등 14개 항목으로 구성돼 있다. 이 책에는 북한산성과 행궁·금영·창고·성문·3장대·주요봉우리 ·사찰·누각 등을 세밀하게 그린 '북한도(北漢圖)'가 실려 있다. 성능 스님은 1711년 북한산성을 쌓을 때부터 1745년까지 34년간 승병본부였던 중흥사(重興寺)에 머물며 350여 명의 승려와 함께 성을 지켰다.

꽃단장한 인수봉. 윤홍 작. 2014·4·20 하루재에서

열거한 봉우리 외에도 비봉능선에는 승가봉僧伽峰·사모紗帽바위·비봉碑峰·관봉冠峰·향로봉香爐峰·족두리봉 등이 있다. 숨은벽능선에는 영장봉靈長峰·545봉(해발 545m)·555봉(해발 555m·일명 사기막봉)·768봉(숨은벽 정상)이, 형제봉능선에는 2개의 형제봉兄弟峰이 솟아 있고 상장능선에는 상장봉上將峰에서 왕관봉王冠峰까지 9개의 봉우리가 줄지어 있다. 이밖에도 나한봉羅漢峰·응봉鷹峰·연화봉蓮花峰·406봉·삼각점봉·진관봉津寬峰·선림봉禪林峰·716봉(해발 715.5m, 일명 칠성봉)·칼바위봉·문필봉文筆峰 등이 있다.

쥘부채 살처럼 뻗은 30여 개 능선

북한산의 능선은 크게 산성주능선·비봉능선·의상능선·우이능선·사자능선·원효봉능선·숨은벽능선·상장능선이 뼈대를 이루고, 이들 능선에서 다시 많은 지능선支稜線이 뻗어나가 모두 30여 개의 능선이 쥘부채 살처럼 펼쳐져 있다.

산성주능선은 백운봉암문에서 문수봉까지 내달리는 동남쪽의 성곽능선으로, 모두 10개의 봉우리가 이어져 있다. 이 능선은 백운대 아래 백운봉암문에서 만경대 서쪽 사면을 지나 용암봉~일출봉~기룡봉~시단봉~덕장봉까지 달려 대동문에 이르러서는 동쪽으로 진달래능선을 갈래 친 다음 보국문 못 가서 칼바위능선을 내려주고는 보국문~성덕봉을 넘어 대성문으로 간다.

대성문에서 성곽을 타고 대남문으로 넘어가기 전 잠룡봉 남쪽으로 사자머리 같은 봉우리가 눈에 들어온다. 광화문·종로·숭례문 등 서울 중심가는 물론 압구정동 등 한강 이남에서도 잘 보이는 보현봉이다. 보현봉은 종로구 구기동으로 사자능선, 정릉동으로 대성능선, 보토현補土峴(북악터널) 쪽으로 형제봉능선 등 3개 능선을 뻗어준다. 사자능선은 보현봉에서 구기동까지 내려가는 능선으로 지금은 출입통제 구역이다. 대성능선은 보현봉 아래 일선사 입구에서 정릉동으로 뻗었고, 형제봉능선은 보현봉에서 국민대 쪽으로 내려가면서 2개의 형제봉을 만든 다음 보토현에서 북악길로 이어진다. 이 능선은 보토현에서 북악산北嶽山(원명 백악산)~인왕산仁王山~안산鞍山으로 길게 꼬리를 이어가니 이들 세 산 역시 북한산의 한 자락이다. 북한산의 영기靈氣가 흘러내려 백악白嶽을 만들고, 그 아래 명혈名穴에 궁을 세우니 경복궁景福宮이다. 보현봉은 보현보살에서 따온 이름으로, 한양도성을 엿보는 것 같다고 해서 규봉窺峰이란 별칭을 갖고 있다.

산성주능선은 대남문에서 문수봉을 올라타면서 끝나고, 능선은 문수봉에서 북쪽의 의상능선과 서쪽의 비봉능선으로 갈라진다. 의상능선은 문수봉에서 716봉~나

근육질의 북한산. 2015·6·27 성덕봉에서

만경대. 2017 · 12 · 25 약수암 터 아래 쉼터에서

한봉~나월봉~증취봉~용혈봉~용출봉~의상봉으로 이어지는 긴 능선이다. 설악산의 공룡능선에 비유될 정도로 거칠면서도 아름다워 '북한산의 공룡능선'으로 불린다. 의상능선은 716봉에서 동쪽으로 상원봉(남장대지)~휴암봉으로 이어지는 능선을, 서쪽으로는 나월봉에서 삼천사계곡에 이르는 나월봉능선, 용출봉에서 백화사로 용출봉능선을 내려준다.

비봉능선은 문수봉에서 향로봉까지 서쪽으로 길게 뻗은 북한산의 서부능선으로 석문봉(구멍바위)을 지나 승가봉~사모바위~비봉~향로봉으로 완만하게 이어지면서 남북으로 몇 개의 지능선을 뻗어준다. 해발 567m의 승가봉에서는 북쪽으로 삼천사계곡 상부에 이르는 승가봉북능선을, 사모바위에서는 진관사·삼천사로 흐르는 응봉능선을 만들어낸다. 비봉에서는 구기동 이북오도청으로 가는 비봉남능선과 진관사로 내려가는 비봉북능선, 관봉에서 진관사로 떨어지는 작은 능선 등 3개의 능선을 내려준 다음 향로봉 북단에서 기자촌능선에 배턴을 넘긴다. 기자촌능선은 삼각봉~진관봉~406봉~기자촌생태공원으로 이어지는 전망 좋은 능선이다.

백련산도 북한산의 한 줄기

향로봉에서는 서쪽의 족두리봉~불광동으로 내려가는 구기불광능선, 남쪽 상명대·홍지문 방향의 탕춘대능선 등 2개의 능선이 뻗어 내린다. 구기불광능선은 족두리봉에 이르러 불광공원지킴터(윗산 불광사 앞)로 떨어지는 족두리봉북서능선과 독박골로 가는 족두리봉남능선을 내려준 다음 불광동에서 맥을 끊는다.

탕춘대능선은 향로봉 남쪽의 걷기 좋은 능선길을 지나 탕춘대성암문(일명 독박골암문)에서 세검정 상명대·홍지문으로 가는 성곽길능선과 녹번동·불광동 방향의 옛성길능선으로 갈라진다. 옛성길은 능선 끝자락인 서울시우수조망명소(전망바위)에서 다시 둘로 나뉘어 하나는 불광역으로, 다른 하나는 녹번동 산골고개에서 백련산白蓮山으로 건너뛴다. 백련산 백련사白蓮寺 일주문에 '三角山淨土 白蓮寺(삼각산정토 백련사)'란 편액이 걸려 있음은 백련산도 북한산의 한 줄기라는 뜻일 게다.

우이능선은 영봉~육모정고개~우이동에 이르는 동쪽 능선이다. 만경대 아래에 솟아 있는 족두리바위에서 하루재에 이르는 암벽길을 곰바위능선이라 하는데, 오래전부터 통행을 제한하고 있다. 육모정고개에서 북쪽으로 긴 능선 하나가 뻗는데 북한산의 뒤태가 아름답게 보이는 상장능선이다.

상장능선은 한북정맥의 한 구간이다. 육모정고개에서 양주시 장흥면 교현리 솔고개로 길게 이어진 능선의 9개 봉우리를 하나하나 넘으면서 보는 도봉산道峯山·수락산水落山·불암산佛巖山의 경관과 그 아래로 넓게 펼쳐진 마들평야의 아파트군群이 하얗게 빛나는 것도 진경인데 특별보호구역으로 지정돼 출입이 불가능하다. 아쉽다.

원효봉능선은 백운대에서 서쪽의 영취봉~원효봉으로 뻗은 낙타 등 같은 능선이다. 백운대~시자봉~영취봉~북문은 험준한 암벽 구간이어서 장비를 갖춘 산객에게만 통행을 허용하고 있다.

백운대 북쪽으로는 북한산의 등뼈 같은 멋진 암벽능선을 볼 수 있다. 구파발 외곽에 있는 일영이나 필리핀참전기념비가 있는 벽제 쪽에서 보는 북한산의 뒤태는 북한산 능선 중에서 가장 남성미가 풍기는 끝맛한 능선이 모여 있다. 인수봉에서 흘러내린 악어능선도 아름답지만 그 옆에 숨어 있는 숨은벽능선은 물에서 막 솟구쳐 올라오는 돌고래를 연상케 하는 힘이 느껴진다. 이밖에 노적봉에서 기린봉을 지나 보리사까지 뻗은 북장대능선, 노적봉에서 중흥사 뒤 장군봉까지 이어지는 노적봉지능선 등이 있다.

대남문에서 발원한 북한산성계곡

북한산의 계곡은 북한산성계곡·옥류계곡·우이동계곡·구기계곡·삼천사계곡·육모정계곡·정릉계곡·진관사계곡이 깊고 아름답다.

북한산성계곡은 북한산성의 중심부를 가르는 큰 물줄기로 대남문 북쪽 야호샘(폐정)에서 발원, 중흥사~산영루~중성수문~법용사를 지나 보리사 아래에서 옥류계곡과 합류해 창릉천으로 흘러간다. 옥류계곡은 백운대·만경대·노적봉의 서쪽에서 흘러내린 물이 합해진 계곡으로, 대동사 앞의 대동샘을 지나 개연폭포(일명 상운폭포)를 만들어낸다. 구기계곡은 승가사 아래의 승가샘(폐정)에서 발원한 계곡과 문

인수봉과 도봉산. 2015·11·26 백운대에서

수봉·보현봉 사이의 골짜기에서 내려온 계곡이 합수, 구기동을 지나 홍제천으로 간다. 우이동계곡은 산성주능선과 진달래능선 사이에서 발원한 소귀천계곡에서 시작한다. 소귀천계곡은 탐방로 입구인 옥류교를 거쳐 선운교에 이르러 용암봉 동쪽 아래의 계곡과 만경대 아래의 무당골계곡을 받아들여 우이동으로 함께 흐른다.

구천계곡은 칼바위능선의 문필봉 북쪽에서 발원, 재계골 천자약수를 거쳐 흐르다 대동문 아래 무너미샘이 만들어낸 구천폭포를 끌어안은 후 우이천으로 유입된다. 보국문 아래 보국샘에서 시작한 정릉계곡은 영취천·청수천 등을 모아 청수폭포를 만들고 정릉천으로 흘러간다.

삼천사계곡은 삼천삼합三川三合의 계곡이다. 문수봉 북쪽의 계곡과 부왕동암문 서쪽에서 발원한 계곡, 사모바위 북쪽에서 내려온 골짜기(비류폭포 상류) 등 3개의 계곡이 삼천폭포 위에서 만나 삼천사 아래 삼천교로 흐른다. 진관사계곡은 비봉 북쪽의 비봉북능선과 관봉에서 북쪽으로 뻗은 작은 능선 사이에서 발원해 진관사~은평한옥마을을 지나는 계곡으로, 삼천교에서 삼천사계곡과 만나 창릉천으로 함께 간다. 이밖에 향로봉과 기자촌능선 사이로 향림담을 품고 흐르는 향림계곡도 아름답다.

수유동 냉골계곡은 칼바위능선 북쪽의 냉골샘과 범골샘에서 발원한 계곡이 냉골공원지킴터를 지나 우이천으로 빠지는 계곡이다. 빨래골공원지킴터 앞으로는 칼바위공원지킴터 북쪽에서 내려온 짧은 빨래골계곡이 흐르고, 평창계곡은 보현봉 남쪽에 있는 몇 개의 골이 모여 동령폭포를 만든 다음 홍제천에 합류한다. 육모정계곡은 상장능선 서쪽과 인수봉 북쪽 악어능선에서 흘러내린 물을 받아 창릉천으로 흘러가는 긴 계곡으로, 지명을 따 효자리계곡·사기막골계곡으로도 불린다.

북한산 뒤쪽으로는 백운대·인수봉·숨은벽·영취봉의 북쪽 골짜기에서 흘러내린 물이 모여 숨은폭포를 만들어낸 밤골계곡이 아름답다.

이밖에도 용계동계곡(북한산대피소~태고사)·효자동계곡(북문~고양시 효자동)·신둔계곡(청담골)·백화사계곡(가사당암문~백화사)과 이름 없는 작은 계곡이 여럿 흐르고 있다.

북한산국립공원에는 북한산과 도봉산을 산책하듯 한 바퀴 돌 수 있는 길이 71.5㎞의 북한산둘레길이 나 있다. 2010년 9월 서울시 종로구·은평구·성북구·도봉구·강북구와 경기도 고양시·의정부시·양주시에 걸쳐 있는 45.7㎞의 북한산 자

숨은폭포 하단. 2019·7·29

락 둘레길이 1차로 개통되었다. 이듬해 6월 나머지 25.8㎞의 도봉산 자락 둘레길이 북한산둘레길과 연결 개통됨에 따라 180리의 북한산둘레길이 완전히 이어졌다. 북한산둘레길에는 40년 넘게 통행이 금지되었던 우이령길도 포함되었다.

우이령길은 북한산 상장능선과 도봉산 사이의 계곡에 나 있는 6.8㎞의 신작로다. 북한산과 도봉산의 경계를 이루는 이 길은 서울시 강북구 우이동과 경기도 양주시 장흥면 교현리를 이어주는 요로였다. 우마차가 다니던 좁은 길을 한국전쟁 때 미군이 넓혀 작전도로로 이용하면서 1960년대 후반까지 주민들이 자유롭게 왕래를 했었다. 1968년 1월 21일 북한 124군부대가 청와대를 기습 공격하기 위해 북한산을 거쳐 침투한 '1·21 사태' 이후 차량은 물론 일반인의 통행을 전면 막았다가 2009년 7월부터 하루 1,000명(우이동·교현리 각 500명)만 이용할 수 있는 예약탐방제로 운영하고 있다. 차량통행은 여전히 금지된 상태다. 북한산둘레길 21개 구간 가운데 북한산 자락에 있는 1구간 소나무길에서 12구간 충의길 구간에는 북한산 탐방로 입구가 20여 개나 있다.

인수봉을 오르는 사람들. 2015 · 10 · 25 특수산악구조대에서.

북한산 설경. 2017·12·16 백운대에서

3. 부용화를 닮은 북한산

정조正祖도 감탄한 명산

북한산은 기행문학의 산실이기도 하다. 고려·조선시대부터 많은 학자와 문인들이 북한산에 오른 감회를 시와 글로 남겼다. 《북한지》에는 북한산성을 쌓은 숙종肅宗(재위 1674~1720년)의 시 6편을 비롯해 문인·학자들의 북한산 예찬 시문詩文 40여 편이 실려 있다. 그 중에서도 백운대·인수봉·만경대 세 봉우리를 미인의 상징인 부용화나 청결이란 꽃말을 가진 연꽃에 비유한 시문이 여러 편 눈에 띈다.

인수봉과 철쭉. 2016·5·11 만경대에서

고려 충숙왕 때의 간의대부諫議大夫 오순吳洵은 '하늘로 우뚝 솟은 세 떨기 푸른 부용聳空三朶碧芙蓉'이라고 북한산 정상부의 세 봉우리를 부용화에 비유했다. 고려 공민왕 때 우정언右正言을 지낸 석탄石灘 이존오李存吾도 '세 떨기 기이한 봉우리 높

족두리봉의 여명. 2018·9·11 구산동에서

이 하늘에 닿았고三朶奇峰迴接天/…/ 옆에서 보면 들쭉날쭉 푸른 연꽃이 솟은 듯橫似參差聳碧蓮'이라고 북한산을 노래했다. '세 봉우리가 아득한 태초에 깎여 나왔나니三峰削出太初時/ 하늘을 가리키는 선인장3)은 천하에 드물다오仙掌指天天下稀'라고 노래한 이는 여말麗末의 학자 목은牧隱 이색李穡이다.

조선 후기의 학자 동명東溟 정두경鄭斗卿은 여러 편의 북한산 시를 남겼다. '백운대가 어떠한 물건이기에何物白雲臺/ 하늘 뚫고 북두성에 꽂혀 있는가通天揷斗魁/ 꿈쩍도 아니 하고 오악4)에 맞서나니居然五嶽敵/ 자연히 해와 달이 찾기 마련일세自有二儀來'라고 읊었다. 조선 후기의 문신 홍세태洪世泰도 '우뚝 솟은 백운대는 높고도 가파

---

3) 선인장(仙人掌) : 중국 오악(五嶽) 중 하나인 화산(華山)의 다섯 봉우리(동봉 조양봉·남봉 낙안봉·서봉 연화봉·북봉 운대봉·중봉 옥녀봉)가 선인(仙人)의 손가락처럼 우뚝 솟았다고 해서 붙인 별칭.

4) 오악(五嶽) : 우리나라의 오악이 아닌 중국의 오악(태산·화산·형산·항산·숭산)에 비유한 표현으로 해석됨.

른데突兀雲臺峻/ 가지런히 솟아오른 노적봉도 웅장하오齊標露積雄/…/ 산승이야 백운대 오를 수도 있겠지만山僧或能上/산들바람 빌려 타야 가능할 뿐이라오只是借冷風'라며 백운대 가는 길이 험준함을 노래했다.

생육신의 한 사람인 매월당梅月堂 김시습金時習도 중흥사에 머물고 있을 때 북한산 찬가를 남겼다. '삼각산 높은 봉우리 하늘을 꿰었으니三角高峰貫太淸/ 올라가면 북두칠성 견우성 딸 수 있으리登臨可摘斗牛星'. 성능 스님은 '우뚝 치솟은 기이한 모양이 몇 만 겹이거늘矗矗奇形幾萬重/ 구름 속에서 특출한 봉우리 푸른 부용일세雲中秀出碧芙蓉'라며 백운대를 부용화에 비유해 찬탄했다(이상 한시 번역은 경기도·경기문화재연구원 간행 북한산성 사료총서 제2권 《다시 읽는 북한지》에서 전재).

세손 시절 영조英祖(재위 1724~1776년)를 따라 북한산성에 올랐던 정조正祖(재위 1776~1800년)도 칠언율시 '시단봉주필柴丹峰走筆'로 북한산을 칭송했다. '견여 타고 멀리 시단봉에서 돌아와肩輿遙自丹峰歸/ 중흥사에 당도하니 벌써 석양이로구나行到重興已夕暉/…/ 숲속엔 기이한 새들의 울음소리가 그치지 않고林間怪鳥啼難盡/ 시냇가엔 예쁜 꽃들이 지천으로 피었구나溪外名花開不稀'.

이밖에도 현종顯宗을 비롯해 악헌樂軒 이장용李藏用·문안공文安公 유원순兪元淳·탄연坦然 스님 등 고려시대의 왕과 문인들, 조선시대의 정인지鄭麟趾·농암農巖 김창협金昌協·간이簡易 최립崔岦·태재泰齋 유방선柳方善·월곡月谷 오원吳瑗·월사月沙 이정구李廷龜·청장관靑莊館 이덕무李德懋·성호星湖 이익李瀷·송강松江 정철鄭澈·다산茶山 정약용丁若鏞·추사秋史 김정희金正喜 등 많은 문인·학자들이 쓴 북한산 예찬 시문이 전하고 있다. 현대에도 박희진·장호·정공채·신동엽·이성부·김기섭 시인 등이 북한산 시를 남겼다.

지붕 없는 산중박물관

국보 제3호인 신라 진흥왕순수비眞興王巡狩碑를 1,400여 년이나 품고 있었던 북한산은 '지붕 없는 박물관'이라 할 정도로 많은 문화재를 간직하고 있다. 국가지정 보물과 시·도 지정 유·무형문화재 등 70여 점의 유물을 소장하고 있는 산중의 보고寶庫다.

북한산은 구기동 마애석가여래좌상(보물 제215호)·삼천사지 마애여래입상(보물 제657호)·서울 화계사동종(보물 제11-5호)·태고사 원증국사탑비(보물 제611호)·

인수봉과 수수꽃다리. 윤홍 작. 2015·5·31 만경대에서

태고사 원증국사탑(보물 제749호)·승가사 석조승가대사상(보물 제1000호) 등 모두 6점의 보물을 소장하고 있다. 사적史蹟으로는 북한산성(제162호)·진흥왕순수비지(제228호)·북한산성행궁지(제479호) 등 3점이 있고, 진관사 국행수륙대재國行水陸大齋는 중요무형문화재 제125호로 지정된 문화유산이다.

진관사가 소장하고 있는 '태극기 및 독립신문류'는 등록문화재 제458호, 삼각산 도당제 및 도당굿은 서울시무형문화재 제42호로 각각 지정되었다. 서울시유형문화재로는 천도교 봉황각(제2호), 금선사 신중도(제161호), 도선사의 마애불입상(제34호)·목조아미타불대세지장보살(제191호)·석독성상(제192호)·청동종 및 일괄유물(제259호), 화계사 대웅전(제65호)을 꼽을 수 있다. 진관사의 삼존불상(제143호)·16나한상(제144호)·영상회상도(제145호)·16나한도(제146호)·칠성도(제147호)·명호스님 초상(제148호)·산신도(제149호), 홍지문 및 탕춘대성(제33호)도 서울시유형문화재로 등록됐다. 진관사의 석불좌상(제10호)·소독성상(제11호)·독성도(제12호)·칠성각(제33호)·독성전(제34호)은 서울시지정문화재다.

경기도유형문화재로는 고양 상운사 목조아미타삼존불(제190호), 고양 상운사 석불좌상(제354호), 북한승도절목(제357호), 아미타사 목조보살좌상(제246호), 북한산

북한산성 문화재 분포도

〈경기문화재단 경기문화재연구원 제공〉

북한산 오색딱따구리. 2014·10·3 대동사 인근에서

성 금위영이건기비(제87호), 대성암의 목활자본 묘법연화경(제303호)·선림보훈(제304호)이 있다. 산영루(제223호)·중흥사지(제136호)·서암사지(제140호)는 경기도기념물로, 노적사 석사자상은 고양시향토문화재(제63호)로 등록되었다.

북한산에는 밝혀진 지정 문화재 외에도 많은 문화재급 유물이 잠자고 있을 것으로 학계는 보고 있다. 이러한 유추를 실증이라도 하듯 2020년 9월 인수봉 아래 계곡의 쉼터에서 고려 초기 작품으로 추정되는 석불입상과 3개의 석축 등 건물 흔적을 발견했고, 2021년 12월에는 같은 장소에서 석재·장대석·기와·도자기 조각 등을 발굴했다. 북한산국립공원에는 1,300여 종의 동식물이 서식하고 있다. 특기할 것은 국립공원깃대종[5]인 오색딱따구리와 산개나리가 서식 자생하고 있다는 점이다.

---

[5] 국립공원깃대종 : 특정지역의 생태 지리 문화적 특성을 반영하는 상징적인 야생 동식물.

운무에 싸인 인수봉. 2018·4·15 영봉에서

4. 삼각산이냐 북한산이냐

북한산성이 있어 북한산이다

북한산北漢山이냐 삼각산三角山이냐. 21세기 들어 북한산의 산명山名을 둘러싼 논란이 뜨거웠다.

파주시 공릉천에서 본 북한산 일출. 2017·1·10

'북한산이라는 이름은 일제日帝의 잔재다, 고려시대부터 불려온 삼각산으로 바로잡아야 한다'는 주장이 먼저 나왔다. 이에 대해 '삼국시대에 이미 북한산이라고 불렸으므로 일제의 잔재로 볼 수 없다'는 주장이 맞선 것이다.

삼각산을 주장하는 측은 '삼각산은 고려시대에 백운대·인수봉·만경대가 세 개의 뿔[三角]처럼 보여서 붙인 이름이다, 조선시대는 물론 최근까지도 일반적으로 삼각산으로 불렸다'는 것을 첫째 이유로 내세웠다. '일제의 잔재'와 관련해서는 1915년 조선총독부 고적조사위원 이마니시 류今西龍가 삼각산의 유적을 조사한 후 작성한 문서에 '경기도 고양군 북한산유적조사보고서'라고 잘못 쓴 것이 삼각산을 북한산으로 바꾸는 발단이 돼 지금까지 이어지고 있다고 주장했다. 이들은 2004년부터 명칭 변경 범국민서명운동, 학술심포지엄 개최, 서울시지명위원회에 명칭 변경안 상정 등 여러 방법으로 '삼각산 제 이름 찾기 운동'을 전개했다.

북한산이란 이름을 그대로 둬야 한다는 반대 주장도 만만찮았다. 북한산성 면적의 대부분을 차지하고 있는 고양시의 인사들은 '북한산이란 명칭은《삼국사기》에도 자주 등장한다'며 신라 진흥왕순수비에 관한 기록을 근거로 내세웠다. '진흥왕 16년(555년) 10월, 왕이 북한산에 순행하여 강역을 획정했다, 11월 왕이 북한산에서 돌아올 때 지나는 주군州郡에 하교하여…'라는《삼국사기》의 기사로 보아 삼국시대부터 북한산으로 불렸다고 주장했다. 이미 북한산으로 불리고 있는 산명을 굳이 바꾸어서 혼란을 줄 필요가 있느냐고도 덧붙였다.

《북한지》에는 '북한산성은 원래 고구려의 북한산군北漢山郡이었는데, 남평양南平壤이라고도 했다'고 기록돼 있고,《삼국사기》권4 '신라본기'에는 '진흥왕 18년(557년)에 북한산주北漢山州를 설치했다'는 기록이 나온다. 진흥왕 18년은 신라가 비봉에 진흥왕순수비를 세운 이태 뒤다.

이를 두고 북한산성 일대를 지칭한 '북한산군'과 '북한산주'가 산명에서 따온 것인가, 아니면 지명에서 비롯된 것인가 하는 의문과 논란이 불거져 나왔다. 김윤우 역사지리연구가는 편저《북한산 역사지리》에서 '오늘날 정착된 북한산은 본래 산명이 아니고 백제 건국 후 한강 이북 지역을 일컫는 지명'이라는 견해를 보였다. 그는 온조가 부아악負兒嶽(현 북한산)에 정착했을 때 한강 유역을 한산漢山이라 했고, 온조 14년(기원전 5년) 북한산군에 성을 쌓은 후 한강의 남쪽과 북쪽의 지역을 각각 '남한산南漢山'과 '북한산北漢山'으로 구분해 부른 것으로 보았다.

지금의 북한산은 '온조가 부아악에 올라 살 만한 땅을 살펴보았다'는《삼국사기》의 기사를 근거로 할 때 백제 건국 초기에는 부아악이었다. 이후 화산華山·화악華嶽·횡악橫嶽이라 했고, 고려시대에는 산의 형상을 따 삼각산이라 불렸다.

북한산 일몰. 2015·7·17 수유동에서

고려시대의 기록에 삼각산이란 이름이 처음 등장한 것은 성종成宗(재위 981~997년) 때다. 《고려사》에 수록된 '서희전徐熙傳'에 문신 서희徐熙가 성종에게 '삼각산 이북도 고구려의 옛 땅'이라고 한 내용이 적혀 있다. 한편 조선시대에 북한산이란 이름을 전혀 쓰지 않은 것은 아니다. 《조선왕조실록》에는 삼각산과 북한산이 섞여 나오는 것을 종종 볼 수 있다. 다만 북한산보다는 삼각산이란 기록이 더 많이 등장한다.

그렇다면 어떻게 해서 북한산이 고려 때부터 불려온 삼각산을 일명一名으로 밀어내고 본명의 자리를 차지하게 되었을까. 이에 대해서는 여러 의견이 있다.

원래 삼각산이었으나 북한산성 축성 후 삼각산과 북한산이 병용되었고, 시간이 흐르면서 북한산으로 굳어졌다는 것이 첫째다. 북한산성을 쌓으면서 자연스레 삼각산이 북한산으로 바뀌어 정착됐다는 것이다. 둘째는 이마시니 류가 '북한산유적조사보고서'에 '북한산은 조선의 명산으로서…, 삼각산이라고도 일컫고'라고 쓴 것이 산명을 바꾸는데 크게 작용했다는 주장이다. 셋째는 광복 이후에도 삼각산과 북한산을 병용해 불렀으나 1983년 이 지역을 북한산국립공원으로 지정하면서 북한산이 삼각산을 제치고 본명이 되었다는 견해다.

삼각산이냐 북한산이냐의 논란은 10년 가까이 이어지다 삼각산 주장 측에서 '삼각산 제 이름 찾기 운동'을 거둬들이면서 없었던 일이 되었다. 하지만 아직도 많은 사람이 삼각산이란 이름이 좋다고 하는가 하면, 북한산이 널리 알려진 이름인데 왜 바꾸려고 하느냐는 사람도 적지 않다. 이제 북한산성이 있는 산의 공식 명칭은 북한산이다.

대보조산운동大寶造山運動으로 생성

　북한산은 전체가 화강암으로 형성된 커다란 암괴巖塊다. 생성연대에 대해서는 1억6천만 년 전, 1억7천만 년 전 등 지질학자에 따라 차이가 있으나 생성과정에 대해서는 대체로 견해가 일치한다. 중생대 쥐라기 초기에서 백악기 초기에 걸쳐 우리나라 전역에서 일어난 대보조산운동大寶造山運動에 의해 생성되었다고 보고 있다.

의상능선과 백운대. 2000·3·11 승가봉에서

백두산은 우리나라 모든 산의 조산祖山이다. 조선 중기의 문신 지봉芝峯 이수광李睟光은 저서《지봉유설芝峯類說》에서 '우리나라의 모든 산은 백두산에서 발원한다'고 했다. 조선 후기의 실학자 여암旅菴 신경준申景濬은 지리서《산경표山徑表》에서 우리나라의 산줄기를 지형에 따라 1대간大幹·1정간正幹·13정맥正脈으로 분류했다. 백두산에서 지리산까지 국토의 등뼈에 해당하는 큰 산줄기를 백두대간白頭大幹이라 이름 짓고, 백두대간이 남쪽으로 흐르다 함경도 두류산에 이르러 북쪽으로 서수라곶산까지 가지를 쳐준 산줄기를 장백정간長白正幹이라 했다. 백두대간이 동남쪽으로 내려가면서 군데군데 내려준 산맥(낙동정맥·낙남정맥 등)은 정맥이라 이름 붙였다. 정맥은 다시 기맥과 지맥의 작은 산맥들을 뻗어주어 금수강산을 만들었다.

　북한산은 13정맥의 하나인 한북정맥漢北正脈 끝자락에 놓여 있다. 백두대간의 추가령(북한쪽 강원도와 함경남도의 경계)에서 갈라져 나온 한북정맥 산줄기는 대성산~광덕산~백운산~국망봉~강씨봉~운악산까지 강원·경기도를 내달리며 맥을 이어준다. 경기도 양주시 불곡산에서 잠시 숨을 고른 한북정맥은 서울 도봉산에서 다시 기세를 올린 다음 우이령을 건너 북한산으로 올라탄다. 상장능선을 달려 양주시 장흥면 교현리 솔고개에서 노고산으로 건너 뛴 후 힘에 겨운 듯 몸을 낮추기 시작해 파주시 교하면 장명산(해발 102m)에서 맥을 끊는다. 도상거리 220㎞, 실제거리 약 300㎞의 여정이다.

5. 홍업洪業을 잉태한 영산靈山

시 '등백운봉登白雲峰'에 담긴 웅심

백운대와 영취봉. 2020·2·18 은평한옥마을에서

　북한산은 백제 건국의 터전이 된 이래 홍업洪業을 꿈꾸는 자들이 흠모하는 영산靈山이었다. 태조太祖(재위 1392~1398년) 이성계李成桂는 조선을 창업하기 전 백운대에 올라 시 '등백운봉登白雲峰'을 짓고 대업의 웅심을 키웠다. 칠언시의 전문은 태조의 능침 건원릉健元陵이 있는 동구릉東九陵(경기도 구리시 소재)과 북한산 정상 백운대의 시비에서 읽을 수 있다.

기암과 단풍. 2018·10·27 원효봉에서

손 당겨 댕댕이덩쿨 휘어잡고 푸른 봉우리에 오르니 引手攀蘿上碧峰
한 암자가 흰 구름 속에 높이 누워 있네 一庵高臥白雲中
만약에 눈에 들어오는 세상을 내 땅으로 만든다면 若將眼界爲吾土
초나라 월나라 강남인들 어찌 받아들이지 않으리 楚越江南豈不容

- 동구릉 '朝鮮太祖高皇帝詩碑 登白雲峰' 전문

고려 태조의 왕손 대량군大良君은 북한산에 피신해 있다가 왕위에 오른 인물이다. 7대 목종이 아들을 두지 못해 열두 살 난 대량군이 왕위를 물려받게 되자 이를 가로채려는 세력이 등장한다. 목종의 어머니 헌애왕후(천추태후)는 외사촌오빠 김치양과의 사이에서 낳은 아들을 왕위에 올리고자 대량군을 궁에서 추방한다. 그래도 안심이 안 돼 북한산 신혈사神穴寺에 숨어있는 왕손을 제거하고자 갖은 음모를 꾸미지만 신혈사 진관津寬 대사는 대량군을 보호, 후일 왕위에 오르게 한다. 그가 8대 현종顯宗(재위 1009~1031년)이다. 현종은 즉위 2년 후 북한산에 대가람을 창건, 진관 대사에게 헌정했는데 그 사찰이 오늘의 진관사津寬寺라고 한다.

구기동 금선사金僊寺에는 조선 23대 임금 순조純祖(재위 1800~1834년)의 탄생설화가 전하고 있다. 고승 농산聾山은 후사가 없어 걱정하던 정조正祖의 청을 받아 금선사 목정굴木精窟에서 왕자의 탄생을 기원하는 관음기도를 300일 동안 올렸고, 기도의 덕으로 후궁인 수빈박씨綏嬪朴氏에게서 왕자가 탄생했다는 내용이다. 그가 바로 후일 정조에게서 보위를 물려받은 순조인데, 왕자가 태어난 날 농산 스님은 좌탈입망坐脫立亡했다고 한다. 이를 두고 불가에서는 농산 스님이 열반에 들어 수빈박씨의 몸에서 왕자로 다시 태어난 것이라고 말한다. 금선사는 이를 기려 매년 음력 6월 18일 순조의 탄신제를 봉행하고 있다.

조선의 마지막 황태자 영친왕英親王 이은李垠 공은 고종의 후궁인 순헌황귀비엄씨純獻皇貴妃嚴氏가 북한산에 약수암(현 무량사)을 짓고 백일기도를 드려 낳았고, 초대대통령 이승만李承晩 박사도 어머니가 문수사文殊寺 오백나한전에서 나한기도를 올려 잉태했다고 전한다. 이 박사는 대통령 재임 중이던 1958년(당시 84세) 프란체스카 여사와 함께 구기동~대남문 코스를 이용해 문수사를 방문했는데, 당시 그가 썼다는 '文殊寺' 편액이 지금도 요사에 걸려 있다. 이 박사는 독립협회 활동으로 수배령이 내려졌을 때 상운사에 잠시 은거했었고, 하야 4개월 전인 1959년 12월에도 순시 차 대서문을 통과해 오르는 등 여러 차례 북한산을 찾았다.

북한산은 순국·애국선열들의 영혼이 잠들어 있는 성지다. 서울시 강북구 수유동 국립4·19민주묘지에는 1960년 4월 19일 자유당정권의 독재 타도에 맞서 싸우다 목숨을 잃은 학생 등 4·19혁명 유공자의 유해 500여 기가 안장돼 있다. 1943~1945년 중국에서 일본군과 싸우다 순국한 광복군 17위도 수유동 광복군합동묘역에 60여 년 잠들어 있다 2022년 광복절에 국립대전현충원으로 이장, 독립유공자 제7묘역 '수유리 한국광복군 합동 묘역'에 개별 안장되었다. 순국·애국선열로는 이준 열사, 손병희 선생, 이시영 부통령, 신익희·하균 부자, 조병옥·신숙·김도연·김창숙·이명룡·양일동·유림·서상일·이강·여운형 선생, 이용문 장군이 북한산 자락에 잠들어 있다.

6. 우리는 왜 산에 오르는가

산에는 정신의 양식이 있다

영국의 산악인 조지 말로리(1886~1924년)는 1920년대에 세 차례나 세계 최고봉인 에베레스트(해발 8,848m) 등정에 도전했던 암벽등반의 선구자이다. 에베레스트 등정 도전에 두 차례 실패하고 1924년 3차 원정에 나선 그에게 '왜 에베레스트를 오르려고 하는가'라고 기자들이 질문하자 '거기에 산이 있으니까'라고 대답했다고 한다. 말로리의 이 말은 후일 많은 산객들이 '왜 산에 오르느냐'는 물음에 대한 답

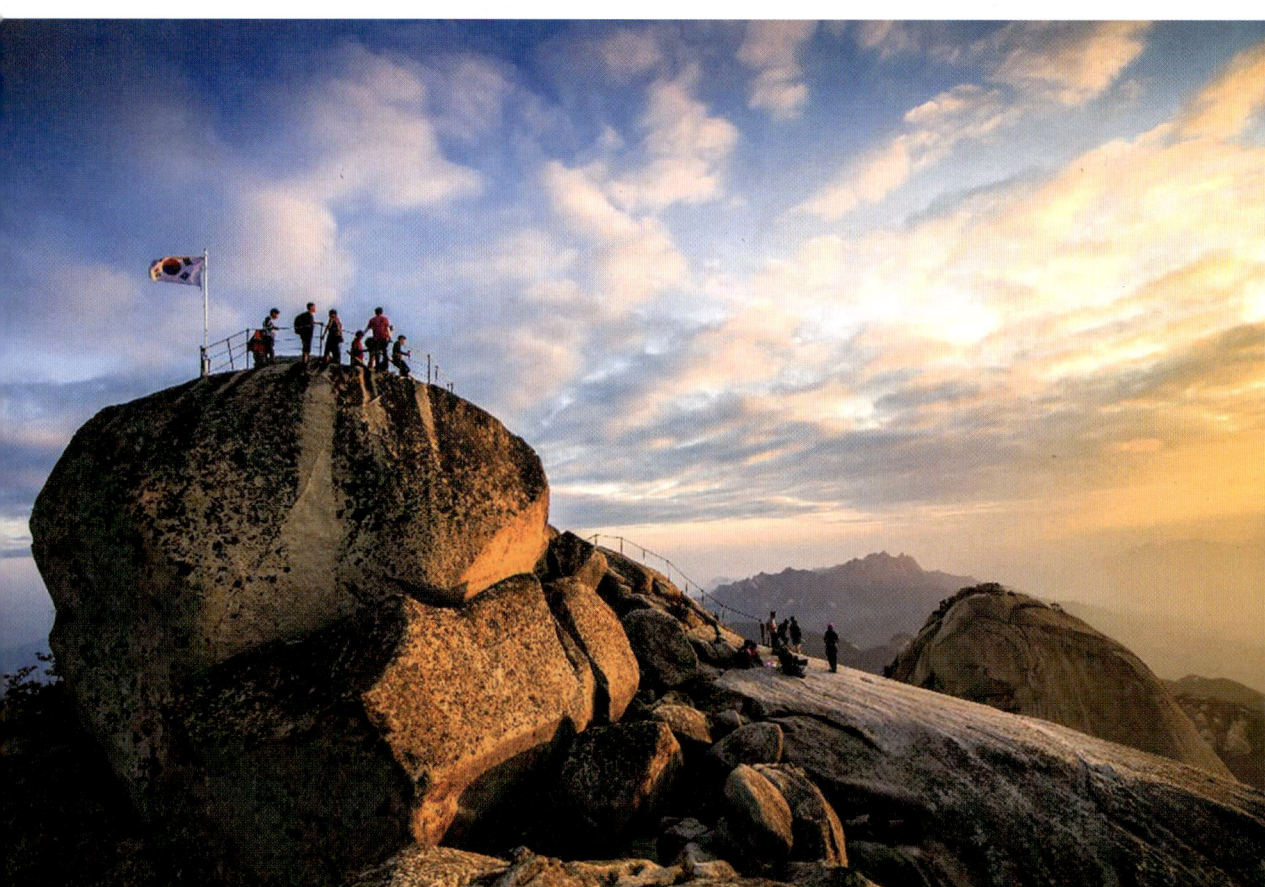

백운대의 아침. 2014·8·14 윤홍 작. 백운대에서

백운대(左)와 만경대. 2018 · 9 · 8 대동사에서

변으로 차용할 정도로 유명해졌다.

　말로리는 당시 원정에서 에베레스트 정상과 불과 250m 떨어진 지점에서 실종됐고, 시신은 75년이 지난 1999년 5월 1일 국제탐색대에 의해 파트너 앤드루 어빈의 시신과 함께 수습되었다. 말로리가 세계 최초로 에베레스트 등정에 성공했는지에 대해서는 아직도 논란꺼리다. 정상을 밟고 하산하다 실종됐는지, 정상에 도달하기 전에 사망했는지, 확인할만한 자료가 없기 때문이다. 기록상 세계 최초로 에베레스트 정상을 밟은 산악인은 1953년 존 헌트를 대장으로 한 제4차 영국원정대의 에드먼드 힐러리(뉴질랜드 1919~2008년) 경이다. 우리나라는 1997년 9월 15일 한국일보사와 대한산악연맹이 공동 후원한 한국에베레스트원정대(대장 김영도)의 고상돈(1948~1979년) 대원이 한국인 최초로, 세계 여덟 번째로 에베레스트 정상에 섰다.

만경대 일출. 2015·1·6 백운대에서

'왜 산에 오르는가'라는 물음에 대한 명답은 오스트리아 산악인 하인리히 하러(1912~2006년)에게서도 들을 수 있다. 하러는 많은 등반가들이 도전에 실패한 스위스 그린델발트의 아이거북벽을 1938년 세계 최초로 등정한 베테랑 산악인이자 저술가다. 그는 1939년 히말라야의 낭가파르바트 등정에 나섰지만 기상악화로 실패, 하산하던 중 제2차 세계대전의 발발로 영국군에 붙잡혔다. 포로수용소에 4년간 수용돼 있다 다섯 차례의 시도 끝에 동료와 함께 극적으로 탈출한 하러는 티베트 라싸로 들어가 소년인 14대 달라이 라마(1935~)와 수년간 함께 지냈다(14대 달라이 라마는 1959년 인도로 망명, 현재 티베트 불교의 지도자로 활동하고 있다).

1950년 중국이 티베트를 침공하자 오스트리아로 돌아간 하러는 티베트에서의 체험을 정리한 논픽션 《티벳에서의 7년》을 출간했다. 1997년 프랑스의 장 자크 아노 감독은 이 책의 내용을 동명의 영화로 만들었는데, 영화에 나오는 '왜 산에 오르는가'에 대한 하러의 대답이 인상적이다. 열 네 살의 달라이 라마가 묻는다.

"산을 타는 게 왜 좋지요?"

"절대적인 순수, 그런 게 좋지요. 산에 오르면 마음이 맑아지죠. 혼란스런 생각이 없어지고 집중이 돼요. 그러다가 빛이 갑자기 강렬해지죠. 절대적인 소리를 느끼면서 마음은 깊고 강렬한 존재로 가득하죠."

'산에 오르면 절대 순수를 느낄 수 있고, 마음은 깊고 강렬한 존재로 가득하다'는 하러의 대답은 다분히 자의적이다. 하지만 산을 오르면 무엇이 좋으냐는 물음에 대한 답으로는 얼마나 심오한가. 이에 비하면 '거기에 산이 있으니까' 오른다는 조지 말로리의 말은 빈산처럼 공허하게 들린다.

우리는 왜 산에 오르는가. 산객들이 산에 오르는 이유는 사람마다 다르겠지만 많은 사람이 심신心身의 건강을 첫째 이유로 든다. 이밖에 취미로 산에 오르는 사람, 무료해서 등산을 하는 사람, 산에는 자유가 있어서 오른다는 사람 등 이유는 여러 가지다.

건강을 등산 이유로 대는 사람들 중 많은 이가 산의 기氣(정기)를 받고 싶어서라고 말한다. 산의 기란 무엇인가. 자연의 응축된 에너지라 할 수 있다. 자연이 발산하는 에너지를 몸과 마음으로 받아들인다는 것은 분명 건강에 좋을 것이다.

왜 산에 오르는가. 나는 정신의 양식糧食을 얻기 위해 산에 오른다. 그리고 그 양식은 높이 올라갈수록, 영산靈山일수록 더욱 풍부해진다. 몸이 나른하고 울적할 때 산정山頂에 서면 빠졌던 힘이 되살아나고 정신도 맑아진다.

산행의 최종 목적지는 출발점

등산의 최종 목적지는 정상이 아니다. 정상은 반환점일 뿐이다. 출발한 자리로 되돌아오는 산행이 되어야 한다. 앞이 안 보이는 심한 눈보라나 폭우가 내릴 때, 안개가 짙을 때는 길을 잃기 쉽다. 악천후에는 산에 오르지 말아야 하고, 산행 중 눈비가 내리면 속히 하산해야 한다. 산행 중 가슴이 답답하거나 심한 통증 등 몸에 이상이 느껴지면 일단 10분 이상 쉬는 게 좋다. 그래도 안정이 안 되면 서둘러 하산하고, 아주 심하면 119구조대나 산악구조대에 구조 요청을 해야 한다. 혼자서 고산 산행을 하는 것은 좋지 않다.

날씨가 나쁜 날 북한산에서 일어난 가슴 아픈 사고가 둘 있다. 2007년 7월 29

운해가 백운대를 넘지 못하고 맴돌고 있다. 2018·5·17 은평구에서

일, 서울에 천둥 번개를 동반한 많은 비가 내렸다. 이날 북한산 의상능선 용혈봉을 오르던 일행 중 4명이 낙뢰에 숨지고 4명이 크게 다치는 안타까운 사고가 발생했다. 서울 지역에 호우주의보가 내린 2020년 8월 22일에는 입산통제구역인 만경대에 올랐던 여성 2명 중 1명이 낙뢰로 숨지고, 1명은 중상을 입은 사고가 났다. 두 사건 모두 비 오는 날의 산행이 얼마나 위험한가를 가르쳐주는 교훈이다. 비 오는 날 산에서 스틱이나 우산 등의 쇠붙이는 위험물품 1호다. 산 정상이나 능선도 낙뢰 위험지역이다. 북한산은 아름다운 한편으로 전국에서 산악사고가 가장 많은 산이라는 불명예도 갖고 있다.

등산은 여행과 같다. 여행에서 때 묻은 일상을 버리고 새로운 에너지를 얻어오듯

산을 오르면서 활력을 충전할 수 있어야 한다. 여행을 하듯 설레는 마음으로 올랐다가 안전하게 하산하자. 산은 경마장이 아니다. 항상 처음으로 산에 오른다는 마음가짐과 한 발 늦더라도 여유를 갖는 자세가 산행의 기본이 되어야 한다. 느리게 걸으면 빨리 갈 때 보지 못한 멋진 풍경이 보인다. 산길에서 만나는 '산에서 버리지 말아야 할 것은 쓰레기와 생명'이라는 경구를 가슴에 새겨야 한다.

출발점으로 안전하게 돌아오기 위해서는 산에서 필요한 장비와 식음료를 준비해야 한다. 등산복·등산화·모자·장갑·물통·스틱·간식·여벌옷·구급약품 등은 산행의 필수품이다. 그중 중요한 것은 등산화다. 우선 발이 편하고 견고해야 한다. 발에 맞지 않거나 조악한 등산화로는 십 리도 못가서 발병이 난다.

식수는 하산 후에도 남을 정도로 지참하고, 여름철에는 겨울철의 두 배를 준비하는 것이 좋다. 북한산의 샘은 거의 폐정이 됐고, 남은 샘도 수질이 좋지 않아 '음용 부적격'이란 시험표가 붙어 있다. 짧은 코스라면 행동 간식, 장거리라면 도시락과 초콜릿 같은 고열량의 간식을 준비하자. 오이는 산행에서 좋은 간식이다. 땀으로 배출된 수분과 무기질을 보충해준다. 북한산에는 멧돼지와 유기견이 많으므로 산행 시 주의해야 한다. 유기견은 최근 개체수가 많이 늘었고, 여러 마리의 개가 몰려다니며 산객을 위협한다. 수년 전에는 혼자 산행중인 여자 산객이 유기견의 공격을 받은 일도 있었다.

제2장
국태민안 國泰民安의 염원을 쌓다

북한산과 북한산성. 2015·12·19 보현봉에서

제2장 국태민안國泰民安의 염원을 쌓다

산은 제 몸을 내주어 성城을 이루었고, 성은 산과 한 몸이 되었다. 이제 북한산北漢山과 북한산성北漢山城은 동의어다. 국태민안國泰民安과 사직의 만고불멸萬古不滅의 염원으로 쌓아올린 북한산성으로 들어가 보자.

인수봉. 오건민 작. 2017·12·25 만경대에서

'북한산성은 임진왜란과 병자호란의 혼란을 수습하고 성장과 부흥으로 비상하려는 조선시대의 열망이 담겨 있는 성지聖地였다. 강한 나라 조선을 세우려는 웅혼雄渾의 깃발이었다. 북한산성은 위대한 조선의 미래를 그린 조선 후기 사회의 이정표였고, 부국강병의 의지가 담긴 흔들림 없는 방위시설이었다. 한때 북한산은 새 나라를 여는 희망의 숲이었고, 삶의 언덕이었고, 풍류의 계곡도 넘쳐났다. 북한산성을 품은 북한산은 나라를 지켜주는 든든한 버팀목이었고, 믿음과 구도의 숲이었다. 북한산에 안긴 북한산성은 이제 우리 시대의 역사의 숲이 되고자 한다.'

- 경기문화재단 경기문화재연구원 제작 동영상 '역사 문화의 성, 다시 보는 북한산성'에서

1. 숙종, 북한산성에 오르다

숙종 최대의 국가사업

숙종 38년(1712년) 4월 10일, 임금은 북한산성에 행행行幸했다. 38년 동안 마음속으로 쌓아올렸던 성을 오르는 임금의 가슴은 벅찼을 것이다. 숙종의 거둥에는 열아홉 살의 세자 연잉군延礽君(후일 영조)이 총관摠管으로 부왕을 호가扈駕했다. 어가御駕가 대서문에 당도하자 임금은 문루에 올라 성곽을 돌아보며 흡족한 마음으로 시 한 수를 지었다.

> 서문으로 들어가 고개를 들어보니西門初入一回頭
> 장건한 기개에 마음이 웅대해져 시름 절로 사라지네氣壯心雄寫我憂
> 도성에서 가까운 곳에 견고한 금성탕지[1] 있으니國都咫尺金湯固
> 내 어찌 우리 백성이 있는 도성을 버리겠는가何棄吾民守漢州

숙종은 이날 북한산성 행행에서 모두 6수의 시를 지었다. 북한산성 축성의 기쁨이 너무 커 시흥이 솟았으리라. 숙종은 이에 앞서 축성공사가 한창인 1711년 7월 북한산성에 오르려 했으나 대신들이 만류해 완공 후로 미루었다. 그만큼 북한산성에 대한 애착과 기대가 컸다.

북한산성 축성은 숙종 대代 최대의 국가사업이었다. 숙종이 북한산성 축조를 결정하기까지에는 즉위년(1674년)부터 38년간에 걸쳐 여러 차례의 논의가 있었다. 즉위년 11월 지사知事 유혁연柳赫然이 북한北漢 지역에 산성을 쌓을 것을 주청한데 이어 영의정 허적許積과 형조판서 오정위吳挺緯도 고려가 쌓은 북한산 중흥산성重興山城의 수축을 진언했다. 숙종 원년(1675년), 임금은 총융사 김만기金萬基에게 북한산의 옛 성터를 살펴보게 하는 등 축성을 추진했지만 일부 대신의 반대도 만만찮았다. 비용이 많이 드는 북한산성보다는 개성 천마산에 대흥산성大興山城을 쌓자는 주장이

---

[1] 금성탕지(金城湯池) : 쇠로 쌓은 성의 주변에 연못을 파고 끓는 물을 채운 형상의 철통같은 방어시설.

백운대(左)와 만경대. 2020·9·4 행궁지에서

우세했다. 게다가 그해 흉년이 들었다. 나라 살림이 어려워지자 대흥산성을 먼저 쌓고 후일 북한산성을 축성하기로 대신회의에서 결론이 났다. 숙종의 나이 열다섯, 북한산성 축성이라는 국가대사를 결정하기에는 어린 나이였다. 하지만 그 나이에 대신들과 영토 수호의 의지를 천명하고 대규모 산성의 축성을 숙의했다는 것 또한 예사로운 일이 아니라 하겠다.

2,000여 년 전의 북한산성

기록을 보면 북한산에 처음 성을 쌓은 것은 2,000여 년 전이었다. 온조溫祚 14년 (기원전 5년) 북한산군에 성을 쌓은 것이 축성의 시발이다. 《삼국사기》에는 '개루왕 蓋婁王(재위 128~166년) 5년(132년)에 북한산성을 쌓았다'는 기록이 나온다. 《북한지》에는 '개로왕蓋鹵王(재위 455~475년) 21년(475년) 고구려 장수왕長壽王(재위 413~490년)이 침입해 성을 포위하자 개로왕이 탈출하다가 살해당하고 성은 버려졌으며, 조선 숙종 37년(1711년) 온조왕의 옛터에 산성을 쌓아 요새로 삼았다'고 기록돼 있다. 백제가 건국 초기 북한산에 쌓은 성은 지금의 북한산성이 아니고 말갈 등 북방의 적을 방어할 목적으로 축조한 토성土城이었을 것으로 학계는 추정하고 있다.

《고려사》와 《조선왕조실록》에 '한양산성'이란 기록이 보이는 등 숙종이 북한산성

여명의 북한산. 2017·12·19 공릉천에서

을 축성하기 전부터 북한산에 고려시대의 석성이 있었음을 알려주는 여러 자료가 남아 있다. '우왕禑王(재위 1374~1388년) 13년(1387년) 적의 침략에 대비, 한양산성을 수축할 것을 논의했고 다음 해 2월에는 요遼를 치기 위해 중흥산성을 수축하고 최영崔瑩 장군과 산성에서 작전회의를 가졌다. 같은 해 4월에는 세자 창昌과 근비謹妃를 북한산 중흥산성으로 이주시켰고, 최영은 장군봉 아래에서 군대를 훈련시켰다'는 기록도 있다. 《북한지》에는 '노적봉 아래에 중흥동重興洞의 옛 석성이 있다'고 적혀 있다.

고려시대의 북한산 중흥산성은 경기문화재단 경기문화재연구원이 시행한 '북한산성 성벽 정밀지표조사'에서도 실체가 드러났다. 중흥사 뒤 노적봉 일대 능선부에서 높이 1m 정도의 고려시대 중흥산성 성벽과 기단 일부를 확인했고, 부왕동암문 인근의 성벽 절개지에서도 중흥산성으로 추정되는 석축성벽을 찾아내 자기·도기·기와 등의 유물을 발굴했다. 《북한지》의 기록을 뒷받침하는 유물이다.

백제시대에 이미 북한산에 성을 쌓았다는 기록이 있고, 고려시대의 석성 일부가 발견됨에 따라 지금의 북한산성을 일부에서는 수축修築으로 보기도 한다. 옛 성터에 북한산성을 쌓아올렸을 것이라는 견해다. 하지만 북한산에서 백제의 성터는 아직까지 발견되지 않았고, 발굴 조사로 드러난 고려시대의 중흥산성도 북한산성에서 떨어진 중흥사 지역과 북한산성의 일부에서만 흔적을 찾을 수 있다. 따라서 오늘의 북한산성은 수축이 아닌 축성築城으로 보아야 한다.

38년의 장고 끝에 축성 결정

북한산성 축성론은 숙종에 앞서 선조宣祖(재위 1567~1608년)와 효종孝宗(재위 1649~1659년) 대에도 대두했었다. 왜의 침략壬辰倭亂(1592~1598년)을 받아 평안도 의주로 피신하는 등 고초를 겪은 선조는 전란중인 1596년 중흥산성의 수축을 추진했으나 재원 부족 등의 이유로 첫 삽도 뜨지 못했다.

인수봉과 도봉산(左). 2015·12·13 백운대에서

행궁지의 장초석. 뒤로 만경대(左)와 용암봉이 보인다. 2020·9·4

    효종은 인조仁祖(재위 1623~1649년)의 둘째 아들인 봉림대군鳳林大君이다. 정묘호란丁卯胡亂(1627년)에 이어 인조 14년(1636년) 12월 청淸 태종이 2만 대군을 이끌고 우리나라를 침공한 병자호란丙子胡亂이 일어났다. 임금은 남한산성으로 피신, 진을 치고 버텼지만 47일 만인 다음해 1월 30일 성을 내려와 한강변의 삼전도三田渡 수항단受降壇에서 청 태종 앞에 무릎을 꿇어야 했다. 강화도로 피신했던 봉림대군도 삼전도로 압송되었다. 정월 그믐날, 매서운 강바람이 몰아치는 삼전도에서 봉림대군은 부왕이 청 태종에게 삼배구고두三拜九叩頭[2]의 예를 올리는 치욕의 장면을 지켜보았다. 그것도 모자라 형 소현세자昭顯世子, 동생 인평대군麟坪大君과 함께 청나라에 볼모로 잡혀가 8년 간 굴욕의 시간을 보낸 봉림대군이다. 가슴에 맺힌 한이 컸으리라.
    효종은 즉위하자 그때의 치욕을 씻기 위해 북벌을 계획하고 북한산에서 군사훈련을 실시하는 한편 송시열宋時烈을 주축으로 북한산성의 축조를 추진했다. 하지만

---

2) 삼배구고두(三拜九叩頭) : 세 번 절하고 아홉 번 머리가 땅에 닿도록 조아리는 인사. 삼궤구고두례(三跪九叩頭禮)라고도 함.

즉위 10년 만에 급서함으로써 북한산성 축성도 북벌도 무산되었다. 효종은 세자 시절에도 북한산에 올라 지형을 살펴보는 등 북한산성 축성에 많은 관심을 가졌다고 한다.

숙종 대에 북한산성의 축성 논의가 다시 고개를 든 것은 숙종 28년(1703년)이었다. 우의정 신완申琓·이조판서 김구金構 등이 축성을 주청했고 임금도 긍정적인 검토를 명했지만, 풍수지리적인 문제와 청나라와의 외교마찰 우려 등으로 축성은 또 뒤로 미뤄졌다. 여기에 재정 부족까지 겹쳐 한양도성을 먼저 수축하는 쪽으로 방향을 틀었다. 이후에도 북한산성 축성 논의는 지지부진 이어졌다.

숙종 36년(1710년) 요동지역을 약탈하던 해적이 조선으로 몰려온다는 장계가 올라오자 임금은 북한산성 축조에 대한 의지를 굳히고 1711년(숙종 37년) 2월 5일, 드디어 북한산성 축성을 하명했다. 38년간의 장고長考 끝에 나온 결정이었다.

"북한산은 온조왕溫祚王의 옛 도읍지이면서 실로 천혜의 요충지이다. 도성과 지척지간에 천험의 요새가 있는데도 지금 축성하지 못한다면 다시 어느 때를 기다린단 말인가? 도성을 사수하자는 뜻은 좋지만 성안이 너무 넓어서 지켜내기가 어렵다. 북한산에 성을 쌓으려는 것은 백성들과 함께 나라를 지키기 위함이다."

숙종의 환국정치換局政治

열넷의 어린 나이로 왕위에 오른 숙종은 누구의 섭정도 받지 않고 친정親政을 편 임금이다. 당시 조정은 선대부터 이어온 서남西南의 붕당정치가 절정을 이뤄 국정이 어지러웠다.

숙종 즉위년인 1674년 2월, 효종孝宗의 비 인선왕후가 승하하자 시어머니인 자의대비(인조의 계비)의 복상문제를 놓고 서인과 남인 간에 벌어진 대립은 서인계가 물러나는 갑인예송甲寅禮訟·甲寅換局을 불러왔다. 숙종 6년(1680년)에는 영의정 허적許積의 조부 잠潛의 유악油幄3) 무단사용 사건에 이어 '삼복의 변三福之變'4)이 터져 남인계가 몰락하는 양상으로 반전한다. 이른바 경신환국庚申換局이다.

숙종 15년(1689년), 희빈장씨禧嬪張氏가 낳은 아들 균昀(후일 경종)을 왕세자로 책

---

3) 유악(油幄) : 왕실에서 사용하는 기름칠한 천막.

4) 삼복의 변(三福之變) : 허적의 서자 견(堅)이 인조의 손자이자 인평대군의 세 아들인 복창군(福昌君)·복선군(福善君)·복평군(福平君) 등과 역모를 도모한 사건.

향로봉(일명 삼지봉). 2017 · 9 · 14 금선사에서

봉하는 과정에서 중전(인현왕후)이 희빈을 투기했다는 이유로 폐하고 희빈을 중전에 앉힌다. 기사환국己巳換局으로, 서인은 제거되고 남인이 다시 세력을 잡는 정국으로 바뀐다.

숙종 20년(1694년)에는 중전장씨의 오빠 장희재張希載가 숙종이 총애하는 숙의최씨淑儀崔氏(후일 숙빈)를 독살하려 한 사건으로 또 한바탕 소용돌이가 몰아친다. 숙종은 인현왕후 민씨를 다시 중전의 자리에 앉히고, 중전장씨의 품계를 희빈으로 낮추었다. 이로 인해 남인 세력이 밀려나고 서인이 다시 득세하게 된다. 이른바 갑술환국甲戌換局이다.

숙종 27년(1701년)에는 더 끔찍한 사건이 터진다. 희빈장씨가 복위를 꾀할 목적으로 신당을 차려 놓고 중전(인현왕후)을 저주하는 굿판을 벌인 사실이 중전 승하 후 숙빈최씨에 의해 임금의 귀에 들어간다. 대로한 숙종이 희빈장씨에게 사약을 내리니 신사환국辛巳換局으로도 불리는 '무고巫蠱의 옥獄'이다. 숙빈최씨는 무수리(궁중

서오릉의 명릉. 오른쪽이 숙종의 능침. 2020·9·13

에서 잡일을 하는 여종) 출신으로, 그가 낳은 왕자 연잉군은 후일 영조로 즉위했다.

경기도 고양시 서오릉西五陵에는 숙종의 세 왕비와 대빈이 잠들어 있다. 숙종은 명릉明陵에 두 번째 왕비 인현왕후와 쌍릉으로 안장돼 있고, 그 옆에는 세 번째 왕비 인원왕후 김씨가 묻혀 있다. 요절한 원비 인경왕후는 경내의 익릉翼陵에 잠들어 있고, 명릉에서 서쪽으로 800m쯤 떨어진 언덕배기에 희빈장씨의 대빈묘大嬪墓가 있다. 장희빈이 낳은 경종景宗(재위 1720~1724년)은 즉위 후 어머니를 옥산부대빈玉山府大嬪으로 추존했다. 그래서 대빈묘라 부른다. 숙빈최씨는 경기도 파주시 광탄면 소령원昭寧園에 안장되어 있다.

2. 196일 만에 완공한 금성탕지

총 길이 11.6㎞의 북한산성

북한산성은 숙종이 축성을 결정한 날로부터 2개월 후인 1711년 4월 3일 공사에 착수, 6개월 16일 만인 10월 19일 체성體城 쌓는 일을 마무리했다. 북한산성보다 규모가 작은 남한산성(둘레 약 8㎞)을 2년여에 걸쳐 축성한 것과 비교하면 초스피드로 공사를 마친 셈이다.

북한산성과 용암봉·만경대·인수봉. 왼쪽은 노적봉. 2014·10·9 반룡봉 아래에서

백운대와 만경대 설경. 2014·2·10 응봉능선에서

 북한산성은 경기도 고양시와 서울시 은평구·종로구·성북구·강북구에 걸쳐 있다. 북한산성의 전체 둘레는 11.6㎞(성기의 높낮이를 계산한 실제 길이는 12.7㎞). 이 가운데 성벽을 쌓은 구간은 8.63㎞, 성돌을 올리지 않은 자연구간이 2.97㎞이다. 북한산성의 내부 면적은 그동안 620만㎡로 알려져 왔으나 경기문화재연구원이 2012년 실시한 정밀현황측량(GPS 측량) 결과 약 527만㎡(약 160만 평)로 밝혀졌다. 이중 고양시 관리가 523만㎡로 전체의 99.2%를 차지한다.

 북한산성을 6개월여 만에, 그것도 더운 계절에 완공할 수 있었던 비결은 어디에 있었을까. 먼저 능률적인 축성설계를 꼽아야 할 것이다. 천험天險의 지형을 이용해 축성 구간을 최소화하고, 성돌을 축성 현장인 북한산에서 조달한 것이 공기工期를 단축한 비결이라 할 수 있다. 북한산 곳곳의 바위에서는 지금도 축성 당시의 채석 흔적을 쉽게 만날 수 있다.

 북한산성의 성기城基는 백운대~시자봉~영취봉~원효봉~대서문~의상봉~용출

눈 내린 날. 2018·1·31 성덕봉에서

봉~용혈봉~증취봉~나월봉~나한봉~문수봉~성덕봉~시단봉~기룡봉~일출봉~용암봉~만경대 등 북한산의 주요 봉우리를 연결한 폐곡선이다. 크게는 산성주능선~원효봉능선~의상능선의 연결이다.

성은 지형에 따라 고축高築(높이 3~4.2m), 반축半築(높이 1.8~2.1m), 반반축半半築(높이 0.9~1.2m), 여장女墻(평균 높이 1.2m) 등으로 구분해 쌓았다. 지형이 낮아 방어가 취약한 곳에는 고축을, 깎아지른 듯 험준한 지형에는 반축이나 반반축, 혹은 여장의 축성 방식을 택했다. 북한산 정상부와 능선의 험준한 곳은 암벽 자체가 성벽의 역할을 하도록 설계했다. 백운대~시자봉~영취봉, 만경대~용암봉 구간과 용출봉 등 의상능선의 몇몇 봉우리가 돌을 쌓지 않은 천혜의 암벽 성이다.

훈련도감訓鍊都監·금위영禁衛營·어영청御營廳의 삼군문三軍門이 도성수축공사(1704~1709년)의 경험을 살려 축성 구간을 분담, 공사를 한 점도 공기 단축에 크게 기여한 것으로 분석된다. 수구문水口門 북쪽에서 용암봉(원효봉능선)까지는 훈련도감,

용암봉 남쪽에서 보현봉(산성주능선)까지는 금위영, 보현봉에서 수구문 남쪽(의상능선)까지는 어영청이 각각 쌓았다.

축성공사를 맡은 각 군문에는 책임감독관으로 낭청郎廳을 임명했고, 그 아래로 내책응內策應·외책응外策應·독책장督策將을 두어 공사를 감독케 했다. 세부 공사별로는 바위에서 성돌을 뜨는 책임자인 부석패장浮石牌將을 비롯해 축성패장築城牌將·수구패장水口牌將·운석패장運石牌將·치도패장治道牌將·이장편수泥匠邊首·야장편수冶匠邊首·석수편수石手邊首·목수편수木手邊首 등 각 분야에 따라 패장과 편수를 임명, 각각 맡은 공사를 책임지게 했다. 대서문·대동문·보국문·대성문의 성돌과 수구문터 바위에서 축성공사 당시 음각한 패장과 편수의 이름이 아직도 선명하게 남아 있는 것을 볼 수 있다. 이는 공사실명제와 같은 것으로, 당시 북한산성 축성에 얼마나 심혈을 기울였는가를 짐작케 한다. 이밖에 축성 경험이 있는 팔도의 의승병이 도총섭의 지휘 아래 축성에 참여한 것도 크게 도움이 됐고, 도성의 백성들도 식량을 지참하고 참여했다고 한다.

중성重城 축조로 방어력 높여

북한산성에는 6개의 대문大門과 8개의 암문暗門, 2개의 수구문水口門 등 모두 16개의 문이 있다. 동서남북에 대남문大南門·대서문大西門·대동문大東門·북문北門, 그리고 대성문大城門과 중성문中城門 등 6개의 대문을 냈다. 성곽의 요소에는 서암문西暗門·백운봉암문白雲峰暗門·용암암문龍巖暗門·청수동암문靑水洞暗門·부왕동암문扶旺洞暗門·가사당암문袈裟堂暗門·보국문輔國門 등 7개의 암문을 설치했고, 중성문에도 수구문과 사람 하나가 들락거릴 수 있는 암문을 각각 1개씩 냈다. 현재 14개의 문은 복원됐지만 홍수로 떠내려간 2개의 수구문은 흔적을 찾기도 어렵다.

북한산성의 축성이 끝나자 방어가 취약한 곳에 중성重城을 쌓아야 한다는 의견이 대두했다. 분지인 북한산성은 접시를 기울여 놓은 듯 북·동·남쪽은 높고 서쪽은 낮다. 동쪽의 백운봉암문은 해발 725m의 고소인데 비해 서쪽의 대서문은 해발 158m에 불과하다. 때문에 상대적으로 방어에 취약한 대서문이 적의 침공으로 뚫리더라도 중성에서 막겠다는 이중방어의 전략으로 축성해야 한다는 주장이었다.

증취봉과 노적봉의 낮은 구간을 연결한 중성의 축성 길이는 약 200m. 숙종 38년(1712년) 5월 공사에 착수, 숙종 40년(1714년) 가을에 마무리했다. 도성과 북한산성의 방어시설을 보완하기 위해서 한양도성과 북한산성을 연결하는 익성翼城을 쌓아야 한다는 주장도 나왔다. 인왕산에서 북한산 서부 비봉에 이르는 탕춘대성蕩春臺城을 쌓아 수도 방어를 완벽하게 하자는 전략이었다.

서성西城·외성外城으로도 불리는 탕춘대성은 인왕산에서 홍제천을 건너 북한산 향로봉 아래에 이르는 약 4km의 석성이다. 당초에는 인왕산 동북쪽에서 향로봉을 지나 북한산성과 연결하는 것을 목표로 숙종 39년(1713년) 공사를 시작했으나 대신들의 찬반 의견이 엇갈려 이내 중단되었다. 이후 공사 재개와 중단이 반복되다 1720년 숙종이 승하하면서 더 이상 공사가 진행되지 않았고 이후 영조 30년(1754년) 지금의 탕춘대성을 축성했을 뿐 북한산성과 이어지지는 못했다. 그래서 탕춘대성은 '미완의 성'이다. 탕춘대성에는 홍지문弘智門과 오간수문五間水門을 건립했는데 1921년 홍수로 모두 무너졌다. 한북문漢北門으로도 불리는 현재의 홍지문과 수문은 1977년 서울시가 복원한 것이다. 탕춘대성과 홍지문은 서울시유형문화재 제33호이다.

탕춘대蕩春臺는 연산군燕山君(재위 1494~1506년)이 지금의 서울시 종로구 신영동 냇가에 수각水閣을 짓고 미희들과 놀았던 데서 유래한 이름이다. 세검정 삼거리에서 북악터널 방향으로 100m쯤 올라가면 세검정초등학교 건너 도로변에 최근 세운 탕춘대터 표석이 있다.

홍지문과 오간수문. 2020·10·8

3. 결사 항전의 의지를 품은 성

북한산, 북한산성이 되다

북한산성을 작은 성국城國, 혹은 산국山國이라 해도 무리가 없을 것이다. 북한산성은 피란만을 목적으로 축조한 성이 아니다. 외침外侵으로 한양도성이 위기에 처하면 조정과 백성이 들어가 결사 항전하겠다는 '의지의 성'이었다. 때문에 산성 내에는 한 나라의 심장부인 궁궐(행궁)과 삼군문의 유영留營, 승병이 주둔하는 사찰, 각종 생활시설 등이 있어야 했다.

북한산성을 관리하는 기관으로 경리청經理廳과 관성소管城所를 설치했다. 경리청

내삼각산. 2017·6·4 부왕사지에서

영취봉(左)과 백운대. 2018·10·27 상운사에서

책임자로 도제조都提調(정1품)를 두었는데, 영의정이 당연직으로 겸임했다. 도제조 아래의 제조提調(종1품~종2품)는 재상 중에서 임금이 겸무를 명했다. 숙종 40년(1714년)에는 시설물 관리와 수비 책임자로 관성장管城將(종2품 무관)을 북한산성에 상주시켰다. 당시 북한산성의 위상이 어떠했는가를 가늠케 하는 직제라 하겠다. 상원봉上元峰 아래 자리한 행궁은 내전內殿과 외전外殿을 합해 전체가 120여 칸이었다. 삼군문의 각 지휘본부인 남장대南將臺·동장대東將臺·북장대北將臺를 조망이 좋은 봉우리에 각각 세우고, 성랑城廊 143개를 성곽 요소에 지었다. 성랑은 각 군문에 소속된 군인들이 보초근무를 하는 초소다.

식수 충당을 위해 26개의 연못과 99개의 우물을 팠다. 식량을 보관할 7개의 창고(경리청상창·중창·하창·호조창·금위영유영·어영청유영·훈련도감유영)를 짓고, 북한산성에 공급할 양곡을 보관할 대형 창고인 평창平倉을 탕춘대성 안(현 평창동 329-2번지)에 두었다. 숙종 41년(1715년), 상신相臣 이유李濡는 유사 시 북한산성 안에서 20만 명이 1년간 생활하는데 50만석의 곡식이 필요하다며 성내 7개 창고에 각 5만석, 평창에 45만석을 비축해야 한다고 임금에게 진언했다. 북한산성에 있는

9월의 북한산. 2014·9·22 칼바위봉에서

양식이 소진되면 가까운 평창에서 보급한다는 계획이었다. 축성 후 북한산성에는 병사와 승려 등 1,600여 명이 상주했다고 한다.

 팔도도총섭 성능 스님은 고려 때부터 있었던 30여 칸의 중흥사重興寺를 136칸으로 증축해 승영본부로 삼고 북한산성 축성 및 방어에 참여했다. 중흥사 외에 승병들이 상주할 용암사龍巖寺·보국사輔國寺·보광사普光寺(우이동 보광사가 아님)·부왕사扶旺寺·원각사圓覺寺·서암사西巖寺·국녕사國寧寺·상운사祥雲寺·태고사太古寺·진국사鎭國寺·봉성암奉聖庵·원효암元曉庵 등 12개의 사암寺庵을 창건했다. 사찰은 대부분 성문과 가까운 지점에 자리를 잡았는데, 이는 산성을 효율적으로 수비하기 위해서였다. 산성 내 사찰에는 승병 350명을 포함해 400여 명의 승려가 주석해 새벽과 저녁에는 예불을 올리고 낮에는 성곽을 지키거나 군사훈련을 했다. 하지만 다행히도 북한산성에서 전쟁은 일어나지 않았다.

 북한산성을 축성할 당시 성 안의 여러 마을에 주민들이 살고 있었던 것으로 보인다. 《북한지》에는 장춘동長春洞·옥류동玉流洞·청계동淸溪洞·노적동露積洞·영천동靈泉洞·은선동隱仙洞·용계동龍溪洞·규룡동虯龍洞·잠룡동潛龍洞·용류동龍流洞·백운동白雲洞·자하동紫霞洞 등의 마을 이름이 기록돼 있다. 계곡에는 여기담女妓潭·반룡담盤龍潭·월인담月印潭, 국녕폭國寧瀑·상운폭祥雲瀑 등의 못과 폭포가 있다고 적었다. 또 의상대義湘臺·원효대元曉臺·태고대太古臺·소요대逍遙臺·법왕대法王臺·유선대遊仙臺·곡룡대曲龍臺·요초대瑤草臺, 천룡강天龍岡·와룡강臥龍岡·주마강走馬岡, 산영루山映樓·항해루沆瀣樓·세심루洗心樓 등의 대臺와 강岡, 누각이 있다고 기록했다.

삼국시대의 격전장 북한산성

북한산과 북한산성은 서로를 떼어놓고 생각할 수 없는 관계다. 암괴로 이뤄진 천험의 북한산이 있으므로 해서 북한산성을 축성할 수 있었고, 성을 쌓으므로 해서 북한산은 서울의 진산으로서의 위상이 더욱 높아졌다. 오늘날 우리가 산행을 위해 밟고 다니는 북한산성은 나라의 만고불멸萬古不滅과 국태민안國泰民安의 염원으로 쌓아올린 성이다. 그 길에서는 발에 밟히는 성돌 하나에서도 나라를 위해 땀 흘렸던 선조들의 숨결이 느껴진다.

내삼각산의 봄. 2017·6·4 무량사에서

북한산은 백제가 건국의 터로 잡은 이래 백제·고구려·신라 삼국의 각축장이었다. 삼국의 영토 싸움에 가야국과 당나라까지 끼어들어 4~7세기의 북한산은 잠잠할 날이 없었다. 나제동맹羅濟同盟, 나당연합羅唐聯合, 신라·백제·가야의 연합 등 합종연횡도 빈번했다. 북한산이 삼국의 쟁패의 중심에 놓인 것은 북한산이 한강을 끼고 있는 요새였기 때문이다.

북한산에서 건국한 백제는 4세기까지 한강 유역과 북한산성을 무대로 주변 국가들과 전쟁을 벌이면서 세력을 키워나갔다. 특히 5세기 중반부터 6세기 중반까지 백제와 고구려는 북한산과 한산(한강 유역)에서 치열한 전투를 벌였다. 근초고왕近肖古王(재위 346~375년) 26년, 백제는 고구려의 평양성을 공격해 고국원왕故國原王(재위 331~371년)을 죽이는 전과를 올렸다. 고구려도 참지 않았다. 50여년 후인 장수왕長壽王(재위 413~490년) 26년(475년, 백제 개로왕 21년) 3만 군사를 이끌고 백제를 침공, 대승을 거두었다. 이 전쟁에서 백제 21대 개로왕蓋鹵王(재위 455~475년)은 고구려군에게 생포돼 처형당하고 도읍지마저 잃었다. 개로왕의 아들 문주왕文周王(재위 475~477년)은 즉위하자 도읍을 웅진熊津(현 공주)으로 옮기고 실지失地 회복에 나섰지만 천도遷都 등의 혼란 속에서 자객에게 살해되었다.

백제가 다시 북한산과 한산을 차지한 것은 무령왕武寧王(재위 501~523년) 때였다. 즉위 초부터 한강 유역을 수복하기 위해 북진정책을 펴온 무령왕은 고구려를 침공, 임진강 유역까지 진출했다. 그러나 그 기간은 길지 않았다. 529년 고구려 22대 안장왕安臧王(519~531년)에게 패해 또 군사적 요지를 내주어야 했다.

그 후 백제가 한산 지역을 되찾은 것은 26대 성왕聖王(재위 523~554년) 때였다. 538년 도읍을 웅진에서 사비泗沘(현 부여)로 옮기고 국호를 남부여南扶餘로 바꾼 성왕은 551년 신라와 연합, 고구려를 쫓아내는데 성공한다. 하지만 합종연횡에는 다양한 변수가 있는 법. 553년 신라와 당나라가 손을 잡은 나당羅唐연합군에게 밀려 백제는 또 건국의 터전을 내주고 만다.

이후 백제와 고구려는 각각 북한산을 차지하기 위해 몇 차례 신라를 쳐 보지만 번번이 실패한다. 고구려는 25대 평원왕平原王이 사위 온달溫達 장군을 앞세워 신라를 공격했으나 아차산 전투에서 온달을 잃고 패한다. 백제도 30대 무왕武王(재위 600~641년)이 수차에 걸쳐 옛 땅을 찾고자 전쟁을 벌였으나 오히려 황산벌 전투에서 대패하고, 31대 의자왕義慈王(재위 641~660년) 20년 사직의 문을 닫는다. 북한산에서 시작된 삼국의 전쟁은 신라가 고구려마저 쓰러트리고 삼국통일을 이뤄내면

북한산 운무. 2016·4·18 칼바위봉에서

서 끝이 난다.

　북한산성은 고려시대에 들어서도 전쟁의 소용돌이에 휩쓸렸다. 고려 8대 현종 원년, 거란의 침공을 받자 임금은 북한산 중흥동(중흥사 인근)으로 피신하고, 태조 왕건王建의 재궁梓宮을 향림사로 옮겨 안치했다. 현종 9년(1018년), 거란의 소손녕蕭遜寧이 재침입했을 때도 개성 현릉顯陵으로 돌아갔던 태조의 재궁을 다시 향림사로 옮겨야 했다.

　한동안 조용했던 북한산성은 현대에도 전쟁을 비켜가지 못했다. 한국전쟁 때는 북한산으로 숨어든 북한군을 우리 군이 추격하는 치열한 전투가 벌어졌고, 성은 황폐해졌다.

　1968년 1월 21일에는 청와대를 기습공격하기 위해 침투했다 실패, 도주하는 북한 124군부대와 우리 군의 격전이 비봉·사모바위 등 북한산 곳곳에서 벌어졌다. 사모바위 쉼터의 바위굴에는 당시 우리 군경에 쫓겨 도주하던 북한 무장공비 잔당 두 명의 모습을 재현한 밀납 인형이 있는데 수류탄을 가슴에 안고 앉아 있는 공비의 모습에서 당시의 전투가 얼마나 치열했는가를 알 수 있다. 공비침투사건 이후 사모바위 쉼터에는 수도방어를 위한 군부대가 주둔했고, 비봉능선은 산객들의 통행이 금지됐다가 20여년이 지나서야 풀렸다.

4. 일제강점기의 북한산성

외국 성직자의 별장이 된 행궁

숙종이 승하한 후의 북한산성은 어떻게 되었을까. 성능 스님은 북한산성 축성 34년이 지난 영조英祖(재위 1724~1776년) 21년 《북한지》의 집필을 끝내면서 말미에 이렇게 적었다.

'북한산성의 축성은 실로 만세萬世를 위한 숙종의 원대한 계획에 의해 이루어진 것이다. 축성 후에는 주장이 다양했으나 최근에 와서는 축성 당시의 재상들처럼 전심전력으로 관리를 계획하거나 시행하지 않고 있다. 그러니 지난날의 공훈이 모두 헛되이 버려지지 않을지 어찌 걱정이 되지 않겠는가.'

성능 스님이 우려했던 것처럼 북한산성은 시간이 흐르면서 차츰 황폐의 길로 접

성은 무너지고… 1930년대의 대성문

북한산성 행궁. 홍수로 붕괴되기 13년 전인 1902년 일본 미술사학자 세키노 타다시關野貞 촬영.

행궁에서 휴가를 즐기고 있는 성공회 성직자들. 처마에 영국 국기가 걸려 있다.

어들었다. 북한산성은 외침外侵으로 한양도성이 함락됐을 때를 대비해 쌓은 성이었다. 하지만 영조는 종묘사직과 백성을 지키기 위해서는 북한산성보다 한양도성을 견고히 한다는 정책을 폈다. 북한산 관리를 맡은 경리청을 폐지하고 북한산성의 방어를 담당했던 삼군문三軍門에게 도성 수비를 맡겼다. 정조正祖(재위 1776~1800년)는 즉위 초 북한산성의 관리 상태를 점검하고 성을 보수하는 등 관심을 보였으나 그 뿐이었다. 고종高宗(재위 1863~1907년)은 경리청을 부활해 다시 북한산성의 관리를 맡기고 낡은 행궁과 성가퀴를 중수했지만 갑오개혁甲午改革(1894~1896년) 등정변이 일어나면서 경리청은 폐지되었다. 나라가 백척간두에 선 당시의 정세에서 임금이나 대신들이나 북한산성이 안중에나 있었겠는가.

1904년 승영본부였던 중흥사가 불에 탔고 승병들이 머물던 승영사찰도 상당수가 소실되거나 폐쇄되었다. 1907년에는 대한제국 고종황제가 강제로 퇴위하고 1910년 한일병탄으로 국권을 잃으면서 북한산성의 관리도 점차 일제日帝로 바뀌어 갔다. 일제는 독립군과 의병들의 은거를 막기 위해 북한산에 일본군 헌병대를 파견하고, 산내에서의 활동을 감시 통제했다. 사찰에 불을 지르고 성문의 문루를 헐어내는 등 일제의 유린으로 북한산성은 빠르게 '황성옛터'로 변해갔다. 1912년에는 조선총독부의 압력으로 행궁의 사고史庫 건물을 영국성공회에 10년간 임대, 전시의 궁궐이 외국 성직자들의 여름 피서지로 전락했다.

일제강점기 이후의 북한산과 북한산성은 폐허가 됐고 광복 후에도 복원되지 않았다. 1900년대 중반에 찍은 것으로 보이는 대남문 사진에는 외벽에 흰 페인트로 쓴 '○○洋服店' '史△稷' '韓○億' '1937년' 등과 일본어로 낙서한 사진이 전하고 있다. 다른 사진에도 문루와 문비가 남아 있는 성문은 하나도 없고, 홍예만 덩그러니 서 있는 폐허의 모습이다. 일제는 서울 진산의 기氣를 끊고 민족정기를 말살할 의도로 백운대와 노적봉 정상에 수십 개의 철봉鐵棒을 박았다. 북한산의 철봉은 1980년대에 와서야 민간 주도로 모두 제거됐지만 바위에는 아직도 상흔이 남아 있다.

5. 북한산성, 제 모습을 찾아가다

99년 만에 모습 드러낸 행궁지

북한산성은 1990년대 들어 조금씩 제 모습을 찾기 시작했다. 서울시가 '서울 정도 600년, 서울 모습 다듬기 사업'으로 대남문·대성문·보국문·대동문·동장대를 복원했다. 백운봉암문·보국문·청수동암문·가사당암문·용암문 등 암문도 중수로 말끔해졌다. 대남문~용암봉, 대남문~문수봉~청수동암문에 이르는 허물어졌던 성곽도 보수공사로 되살아났다. 남은 구간의 성곽을 복원하면 북한산성은 비록 300여 년 전의 원형 그대로는 아닐지라도 전체가 온전한 석성으로 되살아날 것이다.

보일락 말락… 사모바위(右)와 비봉. 2000·12·14 승가봉에서

경기도는 1958년 대서문, 1998년 중성문을 각각 복원했고 2010년대 들어서는 북한산성의 유물 및 문화재발굴조사사업을 지속적으로 펼치고 있다. 경기문화재단

북한산성 대성문~보국문 구간. 2008·7·16 석가봉에서

경기문화재연구원은 2012년 5개년 계획으로 행궁지行宮址 발굴 조사에 착수, 2014년 마쳤다. 행궁 발굴 조사로 1915년 7월 폭우에 의한 산사태로 자취도 없이 사라졌던 행궁터의 전모가 매몰 99년 만인 2014년 지상으로 드러났다. 발굴에서는 조선시대의 유물 외에 램프와 스토브 등 영국성공회가 사용한 것으로 보이는 근대 서양의 유물도 함께 출토됐다.

경기문화재연구원은 행궁지 정비 사업을 계속 시행하고 있다. 2015년 내전지 후면 석축정비를 시작으로 2021년에는 내·외정전 영역과 배수로(북측) 정비를 마쳤고 2025년까지 행궁지 유적 정비, 배수로 정비를 완료할 예정이다. 고양시는 행궁의 복원을 계획하고 있다. 행궁을 원형대로 복원하면 북한산과 북한산성은 더 아름다워질 것이다.

경기문화재연구원은 이밖에도 2012년부터 2016년까지 북한산성 성벽 정밀지표조사, 성랑지城廊址 및 성벽 학술발굴조사, 성벽 및 부속시설 등의 발굴조사를 벌였다. 의상봉에서 문수봉에 이르는 성곽에서 옛 중흥산성터 일부와 40여 개의 북한산성 성랑지도 찾아냈다. 고양시는 1925년 대홍수로 유실됐던 산영루山映樓를 2014년 옛 모습으로 복원했다.

2012년 경기도·고양시·경기문화재단이 참여한 북한산성문화사업팀을 발족했다. '수려한 북한산과 북한산성을 역사·인문·환경이 조화를 이루는 복합문화유산명소로 발전시킨다'는 중장기 목표를 공동으로 추진하기 위한 기구였다. 2015년에는 문화재청·서울시·경기도·고양시·경기문화재단·국립공원관리공단 등 6개 기관이 북한산성보존관리협의회를 결성, 북한산성 종합정비수립계획 추진에 힘을 모으고 있다.

맑은 계곡과 쾌적한 산길

허물어지고 불에 타 폐허가 됐던 사찰도 한국전쟁 후 여러 곳이 중건됐다. 국녕사·태고사·상운사·원효암·봉성암이 중창됐고, 진국사는 노적사라는 이름으로 다시 세워졌다. 승영본부였던 중흥사는 2000년대 들어 대웅전·만세루·전륜전·도총섭 등을 옛 모습으로 복원했으며 서암사는 옛터에 대웅전을 건립했다. 부왕사터에는 부황사가 임시법당을 차리고 중건을 추진하고 있다.

북한산성 안을 비롯한 북한산의 환경도 말끔해졌다. 1900년대 초에서 한국전쟁 발발 전까지 북한산성 안팎에는 500여 호가 거주하고 있었다고 한다. 당시에는 산을 일궈 밭농사를 짓고 땔나무 장사로 생계를 꾸렸으나 영화 촬영팀과 행락객들을 상대로 토종닭을 삶아주는 등 음식장사에 눈을 돌리면서 북한산성 계곡은 차츰 번화한 식당가로 변했다.

2000년대 초까지 대서문을 중심으로 산성 안팎 계곡 가에는 대형 수영장과 55개의 음식점이 영업을 하고 있었으나 북한산정비계획에 따라 2011년을 마지막으로 모두 철거되었고 정릉계곡도 정비가 되었다. 탐방로를 메웠던 노점상은 사라졌고, 보현봉 자락에 있던 기도원과 굿당도 떠났다. 굿당은 고양시 효자동 북한산 자락과 북악터널 주변에 몇 개가 남아 있을 뿐이다. 음식점에서 쏟아져 나온 오폐수로 악취를 풍기던 계곡은 맑고 깨끗해져 1급수 어종인 버들치를 비롯해 여러 종류

북한산과 북한산성. 2018·10·27 원효봉에서

의 물고기가 서식하고 있다.

 북한산성을 세계문화유산으로 등재하기 위한 사업도 추진되고 있다. 북한산성문화사업팀이 북한산성 내의 문화재를 발굴하고 유적을 조사하는 한편 세계문화유산으로 등재하기 위해 발 벗고 나섰다. 고양시는 북한산성 세계문화유산 등재 사업의 일환으로 2014년 '북한산성의 세계 유산적 가치정립 학술세미나'를 열었고, 2018년에는 '북한산성 행궁지의 보존 정비와 활용방안 탐색을 위한 학술심포지엄'을 개최했다. 경기문화재재단·북한산성문화사업팀도 공동으로 2017년 '북한산성의 가치 재조명' 학술심포지엄을 갖는 등 북한산성을 세계문화유산으로 등재하기 위한 기초를 다져나갔다. 경기도의 북한산성 세계문화유산 등재 추진에 대해 서울시에서 한양도성·탕춘대성과 북한산성을 한데 묶어 공동으로 추진하는 것이 효과적일 것이라는 의견을 몇 년 전 내놓은 바 있다.

 문화재청도 경기도와 고양시, 서울시가 각각 추진해온 한양도성 및 탕춘대성·북한산성의 세계유산 등재사업을 공동으로 추진하는 것이 바람직하다고 권고했다. 이에 따라 3개 지자체는 2021년부터 3개의 성을 하나로 묶어 세계유산 등재사업

백운대(右)와 영취봉. 2018·9·5 북한동역사관에서

을 위해 노력했는데 2022년 12월 8일 유네스코로부터 낭보가 날아왔다. 3개의 성이 '세계유산 우선등재목록'에 올랐다는 통보를 받은 것이다.

우선등재목록은 등재신청 추진체계 및 연구진 구성, 등재기준을 충족하는 연구결과, 보존관리계획 등의 요건이 충족되었음을 의미한다. 이제 국내의 4단계 심의에서 최종 등재신청 대상이 되면 유네스코에 등재신청서를 제출, 그로부터 1년간 유네스코 자문기구인 국제기념물유적협의회의 현장실사 등 평가를 거쳐 세계유산위원회 정기총회에서 세계문화유산 등재 여부가 최종 결정된다.

수원화성은 1997년, 남한산성은 2014년 유네스코 세계문화유산으로 등재되었다. 북한산성(사적 제162호)은 한양도성(사적 제10호)·남한산성(사적 제57호)·수원화성(사적 제3호)·강화산성(사적 제132호)과 함께 조선시대 수도 방위의 중심 역할을 한 군사요충지였다. 북한산성·한양도성·탕춘대성이 동시에 세계문화유산으로 등재된다면 수도권에 있는 북한산성-한양도성-남한산성-수원화성이 세계문화유산 벨트를 형성하게 될 것이다.

제3장
북한산 60개 등산로를 걷다

만산홍엽으로 치장한 북한산. 2014·11·3 국립4·19민주묘지에서

제3장 북한산 60개 탐방로를 걷다

북한산의 탐방로는 크게 북한산성 입구, 삼천사, 진관사, 불광동, 구기동, 평창동, 정릉동, 수유동, 우이동, 고양시 효자동 등 10여 개가 기점이 된다. 이 중 산객들의 사랑을 많이 받는 코스는 고양시 효자동에서 마당바위를 거쳐 백운대로 오르는 숨은벽능선(사기막골·밤골 기점)과 북한산성 입구에서 의상봉으로 올라 문수봉까지 8개의 봉우리를 넘는 의상능선이 꼽힌다. 숨은벽능선은 이름처럼 보일 듯 말 듯한 북한산의 비경을 볼 수 있는 길이고, 의상능선은 '북한산의 공룡능선'으로 불리는 코스로 스릴과 아름다움을 동시에 맛볼 수 있다. 조금 힘이 드는 난이도도 두 코스의 매력이다. 이밖에 불광역에서 대남문에 이르는 비봉능선, 정릉에서 대동문으로 가는 칼바위능선, 우이동에서 백운대로 오르는 하루재 길도 인기 있는 코스다.

새벽 만경대의 사진가. 2018·10·17

북한산의 등산 코스

■ 북한산성 입구 기점 코스

북한산성 입구(북한산성탐방지원센터)를 들머리로 하는 법정탐방로는 무려 13개가 나 있다. 이중 백운대로 가는 길과 대남문으로 오르는 길, 의상능선길이 산객이 많다. 북한산성계곡을 끼고 대남문으로 오르는 길에는 가사당암문·부왕동암문·북한산대피소·청수동암문·대동문·보국문 방향으로 가는 여러 길이 갈래를 친다.

노적사와 노적봉. 2020·9·4

■ 불광동 기점 코스

북한산 진입로 중 가장 산객이 많이 모이는 불광동에서 족두리봉이나 비봉~사모바위~대남문으로 가는 코스는 7개나 된다. 샛길까지 합하면 10개가 넘는다. 불광

가을 보현봉. 2020·10·31 대남문에서

동에서 족두리봉을 1차 목적지로 잡는 코스는 불광역~대호아파트, 불광역~용화1공원지킴터, 불광역·독바위역~정진공원지킴터, 불광중~불광공원지킴터를 각각 기점으로 하는 4개의 탐방로가 있다. 족두리봉을 거치지 않고 향로봉~사모바위~대남문으로 가는 코스로는 불광중~불광공원지킴터~향로봉, 불광중~선림공원지킴터~향로봉북단, 불광동~옛성길능선~탕춘대능선~비봉~사모바위, 구기터널 서쪽 입구 구기공원지킴터~향로봉~사모바위로 오르는 길이 각각 1개씩 있다.

■ 삼천사 기점 코스

서울시 진관동 삼천사(삼천탐방지원센터)에서 오르는 길은 모두 4개다. 삼천사 아래 미타교에서 응봉으로 오르는 응봉능선 코스, 삼천사에서 삼천사계곡을 끼고 사모바위·청수동암문·부왕동암문으로 각각 가는 길이 하나씩 있다.

■ 진관사 기점 코스

진관사(진관탐방지원센터)에서 오르는 길은 4개가 있는데 모두 비봉~사모바위를

1차 목적지로 한다. 진관사에서 진관사계곡을 따라가는 비봉코스와 진관사 일주문에서 기자촌능선의 406봉 안부鞍部(산마루가 말안장처럼 움푹 들어간 지형)로 올라 비봉~사모바위로 가는 길, 일주문에서 응봉능선으로 오르는 길이 각각 1개씩 있다. 진관동 기자촌에서 기자촌능선으로 올라 사모바위로 가는 길도 진관사 코스에 포함한다.

■ 구기동 기점 코스

구기동 코스는 북한산국립공원 구기분소에서 대남문으로 가는 길과 승가사를 거쳐 사모바위로 오르는 두 길이 주 등산로다. 다른 코스로는 구기동 러시아대사관 관저 앞에서 승가공원지킴터로 들어가 승가사로 가는 자동찻길과 이북오도청 위 비봉탐방지원센터에서 금선사~포금정사지~비봉으로 올라서는 길이 있다. 이밖에 구기사에서 탕춘대능선, 이북오도청 건너 한일주택 마을에서 탕춘대능선으로 입산하는 길도 있다.

■ 평창동 기점 코스

북악터널 서쪽 형제봉 입구에서 형제봉능선으로 올라 대성문으로 가는 길과 평창동 평창공원지킴터에서 대성문으로 오르는 두 길이 있다. 형제봉은 국민대 정문 옆 북악1공원지킴터에서도 오를 수 있다.

■ 우이동 기점 코스

우이동에서 출발하는 탐방로는 모두 5개가 있다. 우이동 종점에서 도선사~하루재~백운대 코스와 육모정고개~영봉~백운대로 가는 길이 각각 1개, 도선사에서 용암문으로 오르는 길이 1개, 진달래능선을 타고 대동문으로 가는 능선 코스와 선운교에서 소귀천계곡~대동문으로 오르는 계곡 코스가 각각 1개씩 있다.

■ 정릉동 기점 코스

정릉동에서 보국문~대동문으로 가는 길과 대성문으로 오르는 길이 각각 4개씩 모두 8개 코스가 있다. 정릉탐방지원센터에서 보국샘을 지나 보국문으로 가는 길과 정릉초등학교에서 칼바위공원지킴터~칼바위능선으로 오르는 길이 인기 코스다. 정릉탐방지원센터에서 넓적바위를 거쳐 칼바위능선으로 올라서는 코스와 대원사에서 칼바위능선으로 오르는 코스, 정릉탐방지원센터에서 영취사를 거쳐 대성문으로 가는 길, 대성능선에서 대성문으로 오르는 길이 각각 1개씩 있다. 정릉탐방지원센터에서 형제봉북단으로 올라 대성문으로 가는 길과 국민대 정문 옆 북악1공원지킴터에서 바로 형제봉능선으로 오르는 길, 북악1공원지킴터~영불사~형제봉북단~대성문으로 오르는 길이 있다. 이밖에 국민대 후문과 청덕초교에서 오르는 길이 있다.

■ 수유동 기점 코스

수유동에서 오르는 탐방로는 무려 9개나 되지만 산행의 1차 목적지는 모두 대동문이다. 북한산국립공원 수유분소를 기점으로 하는 백련사 길과 운가사 코스, 솔밭근린공원에서 오르는 보광사 코스, 아카데미탐방지원센터에서 구천폭포를 지나 대동문으로 가는 코스와 성도원을 거쳐 진달래능선으로 오르는 길이 있다. 화계공원지킴터~삼성암 코스, 냉골공원지킴터 기점의 냉골·범골 코스, 빨래골공원지킴터에서 칼바위공원지킴터를 거쳐 칼바위능선으로 가는 코스도 있다.

교외선 터널로 들어온 북한산. 2015·9·6 벽제역에서

■ 고양시 효자동 기점 코스

고양시 효자동 기점의 탐방로는 모두 4개다. 북한산길(39번국도)에서 사기막공원지킴터와 밤골공원지킴터를 각각 기점으로 해 숨은벽능선으로 올라 백운대로 가는 길이 2개, 효자비마을에서 백운대로 오르는 길과 원효봉으로 가는 길이 각각 1개가 있다.

■ 16성문 이어돌기

대서문을 통과해 중성문~가사당암문~부왕동암문~청수동암문~대남문~대성문~보국문~대동문~용암문~백운봉암문~북문~서암문~수구문터 등 16개의 성문을 밟는 산행이다. 거리는 약 16㎞. 최근에는 진관동 진관사에서 시작해 삼천사~국녕사~법용사~노적사~용학사~중흥사~태고사~봉성암~대성암~문수사~승가사를 거쳐 구기동 관음사에서 마감하는 북한산 사찰순례 산행도 생겼다.

북한산 산행을 더 재미있게 하려면 우이동에서 불광동까지(혹은 반대로) 걷는 종주산행이나 사기막골에서 백운대로 올라 산성주능선~의상능선을 타고 북한산성입구(혹은 그 반대로)로 하산하는 원형종주 산행도 해봄직하다. 두 종주 모두 7시간 이상이 걸리는 힘든 산행이다.

동장대의 일출. 2016·3·22 용출봉에서

북한산성 큰문을 열고
— 북한산성 입구 기점 코스

북한산의 가을. 윤홍 작. 2017·10·22 칼바위봉에서

북한산성 큰문을 열고
-북한산성 입구 기점 코스

인수봉 운해와 일출. 윤홍 작. 2015·5·31 만경대에서

1. 북한산성 입구~대동사~백운봉암문~백운대
약 4.3㎞, 2시간 내외 소요, 난이도 상

신록이 아름다운 오월의 북한산

 오월의 북한산은 스무 살 청년이다. 오월의 북한산에 들면 누구나 나이를 잊는다. 찬란한 햇살에 반짝이는 신록의 품속에서 숨 쉬고 있다는 사실이 즐겁고 행복하다. 백운대로 가는 산객들의 발걸음도 가볍고 활기차다.
 북한산성 입구(북한산성탐방지원센터)에서 백운대로 가는 길의 초입은 자동찻길과 계곡으로 오르는 두 길이 있다. 계곡길이 0.2㎞ 정도 가깝지만 합류지점인 북한동역사관까지 걸리는 시간은 25~30분으로 두 길이 비슷하다.

백운대 상고대. 2017·2·23 만경대에서

 자동찻길을 들머리로 잡아보자. 이 길은 북한산성 입구에서 대서문~무량사~북한동역사관~대동사~약수암터~백운봉암문~백운대로 이어지는 약 4.3㎞의 산길

대서문의 봄. 2015·4·13

이다. 북한산성탐방지원센터에서 약 1㎞의 완만한 포장길을 10여분 오르면 대서문이다. 대서문은 1900년대 초 무너져 홍예만 남았던 것을 1958년 경기도가 당시 이승만 대통령의 북한산 순시에 맞춰 문루를 복원하고, 도로도 차가 다닐 수 있게 정비했다. 문루의 정면에 걸린 '大西門' 문패는 이승만 박사의 글씨다. 대서문 석벽에는 '辛卯 六月十三日 始役 九月初十日 完畢 都廳書員 洪萬秋 外策應 書員 林春蕃'이란 각자가 보인다. 공사의 시작일과 마친 날짜와 공사 책임자는 홍만추와 임춘번이라고 기록한 각자다. 지하철 역사나 큰 다리에서 볼 수 있는 동판에 새긴 요즘의 공사개요와 같은 것이다.

대서문 안팎에는 벚나무가 몇 그루 있다. 그 벚나무들은 1년에 꽃을 두 번 피운다. 봄이면 화사한 벚꽃이 흐드러지게 피고, 가을이 되면 벚나무 잎이 붉게 단풍이 들어 꽃처럼 아름답다. 대서문을 들어서면 언덕 왼쪽에서 아담한 한옥 한 채가 산객을 맞이한다. 대부분의 산객이 무슨 기와집인가 궁금해 하는데 전통한옥체험관이라고 한다. 그 앞을 천 번도 넘게 다녔지만 대문이 열려 있는 것을 한 번도 보지 못했다.

체험관에서 언덕길을 한 굽이 돌면 경기도 전통사찰 제1호인 무량사無量寺가 나온다. 무량사 범종각 위의 석조미륵불전은 북한산 정상부가 멋있게 보이는 포토 존이다. 정면으로 백운대·만경대·노적봉·원효봉의 웅장한 자태가 하늘을 가득 채우고, 백운봉암문에서 흐르는 계곡도 한눈에 들어온다. 그 경치만으로도 산객의 가슴이 설레고 백운대로 향하는 발걸음이 서둘러진다.

살구가 익어가는 산길

무량사에서 북한동역사관까지는 5분이 채 안 걸린다. 초여름이면 살구 익는 냄새가 산경과 어우러져 산객들의 발길을 멈추게 하는 길이다. 예전에는 대서문 인근에서 살구농사로 1년에 쌀 30여 가마를 벌었다고 한다. 북한동역사관은 북한산성 안 북한동에 거주했던 주민들의 과거 생활상과 북한산의 경관 사진 등을 전시해 놓은 곳으로 상가 철거 후 세웠다. 산성탐방지원센터에서 북한동역사관까지 1.7㎞를 걸었다. 앞으로 백운대까지 2.6㎞는 1시간 반 정도를 잡아야 한다.

개연폭포. 2016·5·17

북한동역사관에서 새마을교를 건너 '백운대 2.6㎞·원효봉 1.2㎞' 이정표를 따라가면 보리사菩提寺 앞에 고양시 보호수인 아름드리 향나무가 한 그루가 서 있다. 안내판에 수령이 350년이라고 적혀 있으니 북한산성을 쌓기 전부터 있었던 노향목老香木이다. 보리사 아래 계곡 가에 하창지下倉址가 잡초에 묻혀 있다. 하창은 북한산성 축성 후 군량미를 보관했던 창고다.

보리사 앞 쉼터에서 장비를 점검하고 조금 오르면 왼쪽으로 옥류계곡이 만들어낸 개연폭포(일명 상운폭포)가 쏟아지는 소리가 들린다. 정릉계곡의 청수폭포, 구천계곡의 구천폭포, 평창계곡의 동령폭포와 함께 북한산 4대 폭포 가운데 하나인데 그중 가장 명물이다. 평소에는 물줄기가 그리 세지 않지만 장마철이면 4단인지 5단인지 모를 여러 개의 폭포가 계곡 곳곳에 물기둥을 만들어 장관을 연출한다. 하지만 들어가지 못하는 출입금지 구역이다.

개연폭포에서 5분쯤 올라 '祥雲洞界(상운동계)'라고 새긴 바위를 지나면 삼거리

이정표. 2018·10·23 상운사 입구에서

인수봉을 오르는 사람들. 2015. 10. 25

갈림길에 '백운대 1.6㎞·원효봉 0.5㎞' 이정표가 있다. 삼거리에서 왼쪽의 0.5㎞ 이정표는 상운사~북문~원효봉으로 가는 길이고, 백운대는 1.6㎞ 방향으로 직진해야 한다. 이정표에서 5분 정도, 다리를 건너 돌계단을 오르면 대동사 일주문이다. 3개의 각목을 잇대 만든 일주문에 '三角山靈鷲峰大東寺(삼각산영취봉대동사)'라고 금박으로 새겼고, 양 기둥에는 두 줄의 주련이 번역문과 함께 적혀 있다.

諸惡莫作 衆善奉行 自淨其意 是諸佛敎(제악막작 중선봉행 자정기의 시제불교). '일체의 악을 짓지 말 것이며 모든 선을 받들어 행하라. 마음을 깨끗이 하는 것이 모든 부처님의 가르침이다.' 칠불통게七佛通偈에 나오는 법구라고 한다.

대동사 일주문 인근은 가을이면 하늘을 가린 단풍나무가 불붙은 듯 붉고 화려해 산객의 발걸음을 멈추게 하는 곳이다. 대동사에서 10여 분을 오르면 길은 가팔라진다. 쇠줄에 의지해 오르다 뒤돌아보면 기린봉麒麟峰 너머로 의상봉과 용출봉이 배웅을 하듯 서 있다. 조금 더 올라 쉼터에 닿자 나뭇가지 사이로 날카로운 만경대萬景臺 암봉이 앞을 가린다. 쉼터 남쪽으로는 산 아래 서남쪽에서 보는 것과는 전혀 다른 모습의 노적봉이 눈에 들어온다. 노적가리를 닮은 근육질의 암벽은 간데없고 낙타 등 같은 봉우리 2개(동봉·서봉)가 보일 뿐이다.

쉼터의 이정표는 '백운봉암문 0.5㎞·백운대 0.8㎞'. 쉼터에서 백운대까지는 숨은벽능선 코스의 V협곡과 함께 북한산 탐방로 가운데 가장 힘이 드는 깔딱고개다. 쉼터에서 돌계단을 조금 오르면 제2쉼터인 약수암터가 나오고, 백운대를 향해 20여분을 올라서면 삼거리에 닿는다. 삼거리에서 오른쪽(남쪽)은 만경대 사면斜面을 돌아 대남문으로 가는 산성주능선길이고, 동쪽의 계단을 오르면 북한산성 성문 가운데 가장 높은 곳에 위치한 백운봉암문白雲峯暗門(해발 725m)이다. 문의 높이 5척6촌(약 1.7m)·너비 6척3촌(약 1.9m). 백운봉암문은 일제日帝가 이름을 바꾸어 몇 년 전까지만 해도 '衛門(위문)'이란 나무문패가 걸려 있었다.

백운봉암문에서 백운대 정상까지는 봄 가을철 주말과 공휴일에는 산객이 많이 몰려 '신호등을 달아야 한다'는 우스갯소리가 나올 정도로 혼잡하다. 우측통행을 하도록 쇠줄을 두 줄로 매어 놓았지만 워낙 사람이 많아 평소 10분 거리가 30분 넘게 걸린다. 백운봉암문에서 힘겹게 오르면 북한산의 주봉인 백운대 정상이다. 태극기가 펄럭이는 정상의 바위에 '北漢山 白雲臺 836m'라고 깊게 새겨 놓았다. 2016년 음각한 것이다.

백운대. 2017·7·16

북한산의 문패 백운대

　백운대는 북한산의 문패이자 다른 이름이다. '백운대' 하면 먼저 북한산을 떠올리게 되고, '북한산에 간다'고 하면 백운대를 생각하게 된다. 북한산의 모든 길은 백운대로 통한다.

　일망무제一望無際. 백운대 정상에 서면 한눈으로 다 볼 수 없을 정도로 산하山下가 넓고 아득하다. 발아래의 푸른 산들이 파도처럼 물결쳐 온다. 북한산보다 높은 원주 치악산(해발 1,282m)·가평 명지산(해발 1,267m)·양평 용문산(해발 1,157m) 등 강원·경기도의 1,000m가 넘는 산들도 백운대를 향해 머리를 조아리고 있는 듯하다. 날씨가 맑은 날은 백운대에서 개성의 송악산이 뚜렷하게 보이고, 강화도의 올망졸망한 산들과 인천 앞바다의 풍경도 눈에 들어온다.

　백운대에서 동쪽으로는 끌밋한 자태의 인수봉이 석주石柱처럼 하늘을 받치고 있

백운대 정상의 3·1운동 암각문(左)과 통일서원비. 2017·10·18

고, 남쪽에는 짐승의 발바닥 같은 만경대가 날카롭게 서 있다. 만경대는 국망봉國望峰으로도 불린다. 조선 태조의 왕사인 무학無學 대사가 새 도읍지를 찾아다닐 때 올라가 산 아래를 살펴보았다고 해서 붙은 별칭이다.

백운대는 행정구역으로는 경기도 고양시 덕양구 북한동 산 1-1번지다. 백운대 정상의 바위에 가로 1.5m·세로 2.7m 크기의 '3·1운동 암각문'이 새겨져 있다. 암각문 네 귀퉁이에는 큰 글씨로 '敬天愛人경천애인'이라 쓰고, 그 안에 '獨立宣言記事 己未年二月十日 朝鮮獨立宣言書作成 京城府淸進町 六堂崔南善也 庚寅生 己未年三月一日 塔洞公園獨立宣言萬歲導唱 海州 首陽山人 鄭在鎔也 丙戌生'이라고 모두 69자를 새겼다. '독립선언서는 기미년 2월 10일 청진동에서 경인년(1890년)에 태어난 육당 최남선崔南善이 썼고, 3월 1일 탑골공원에서 정재용鄭在鎔이 독립선언만세를 선창했다'는 내용이다. 각자刻字를 한 사람은 황해도 해주 출생의 정재용(1886~1976년) 선생. 독립선언서를 낭독한 혐의로 체포돼 평양감옥에서 2년 6개월간의 옥고를 치른 독립운동가다. 암각문에 나오는 수양산首陽山(해발 899m)은 선생의 고향인 해주海州의 진산이다. 암각문은 산객들의 등산화에 밟혀 훼손되던 것을 고양시가 1993년 향토유적 제32호로 지정, 나무울타리를 쳐 보호하고 있다.

백운대 정상의 태극기는 개인택시업을 하는 정왕원 씨가 2006년부터 자비로 달고 있다. 정상은 바람이 거세 태극기의 가장자리가 금세 나달나달해지고, 대기오염으로 검은 때가 묻어 사나흘에 한 번씩 바꾸어 달아야 한다. 3·1운동 암각문 바로 아래에는 '통일서원비'가 서 있다. 무릎 높이의 작은 오석에 '조상 대대로 물려받은 조국강산/ 겨레도 나라도 하나이기에/ 피와 사랑으로 하나 되어/ 우리 손으로 통일을 이루오리다'라고 새겨져 있다. 1975년 한국산악회가 통일을 염원해 세운 비다. 노산 이은상 선생이 글을 짓고 일중 김충현 선생이 글씨를 썼다.

백운대에 서면 누구나 시인이 된다. 하물며 다산茶山 정약용丁若鏞이 백운대에 오른 감흥을 덮고 그냥 하산했겠는가.

> 누가 뾰족하게 잘 깎아 다듬어誰斲觚稜巧
> 우뚝하게 이 석대를 세워 두었나超然有此臺
> 흰구름 바다를 가로지르고白雲橫海斷
> 가을빛 온 하늘에 가득하여라秋色滿天來
> 육합은 원만하여 결함 없건만六合團無缺
> 천년 세월 아득하여 아니 돌아오나니千年溘不回
> 바람결에 홀연 휘파람 불고臨風忽舒嘯
> 하늘 땅 둘러보며 유유하기만頫仰一悠哉
>
> - 국립공원관리공단 문학연구서 《여유당전서》에서

다산 정약용의 시 '등백운대登白雲臺' 전문이다. 다산은 33세 때인 1794년 중형 약전若銓과 함께 북한산에 올라 산영루를 거쳐 중흥사에서 하룻밤을 보내고 다음 날 백운대에 올라 이 시를 지었다고 한다.

백운대에서 서울 시가지를 보며 잠시 생각에 잠긴다. '지금 내가 서 있는 이 암봉과 836m 아래의 서울 도심과는 무엇이 다른가.' 얼른 답이 나오지 않는다. 도심에서 느낄 수 없는 기분이 들뿐이다. 올라올 때는 힘들고 무거운 가슴이었는데 백운대 정상에 서니 가슴이 뻥 뚫리는 것 같다. 선경이란 게 이런 것인가. 백운봉암

백운대 오리바위. 2015 · 11 · 26

문에서 우이동으로 하산하는 길은 235쪽 우이동~하루재~백운봉암문~백운대 코스, 대남문으로 가는 길은 136쪽 산성주능선코스(대남문~대동문~백운봉암문)참조.

🚌 교통

34 · 704번 버스, 고양마을버스 077번 북한산성 하차. 주말 · 공휴일 구파발~북한산성 맞춤버스 운행. 산성탐방지원센터 유료주차장.

2. 북한산성 입구~중흥사~대남문
약 5.2㎞, 2시간 내외 소요, 난이도 중

계곡의 청류에 가을이 흐르고

'떨어지는 잎이라고 쓸지를 마오/ 맑은 밤에 그 소리 듣기 좋다오/ 바람이 불어 오면 서걱서걱 소리 나고/ 달이 떠오르면 그림자 어수선해라…' 김시습이 중흥사에 머물던 젊은 시절에 썼다는 시에 김광자 작곡가가 곡을 붙인 가곡 '낙엽'이다. '낙엽'이 흐르는 것 같은 중흥사 앞을 거쳐 대남문으로 간다.

인수봉. 오건민 작. 만경대에서

북한산성 입구에서 중흥사를 거쳐 대남문大南門까지 5.2㎞는 물소리가 시원한 북한산성계곡을 끼고 오르는 데다 길이 완만해 초보자나 노약자도 어렵지 않게 산행을 할 수 있는 코스다. 이 길은 중간에 의상능선이나 산성주능선으로 갈 수 있는 탐방로가 여럿 갈래를 치고 있어서 산행 중 발길 닿는 대로 목적지를 바꿀 수도 있

산과 도시. 의상능선 나한봉(앞) 너머로 안산과 여의도. 2015·11·15 백운대에서

다. 북한산성 입구에서 북한동역사관까지는 앞에서 안내한 백운대코스를 참조하기로 한다. 대남문 길은 북한동역사관에서 중성문~산영루~중흥사~경리청상창지~금위영유영지~대성암~대남문으로 이어진다.

북한동역사관 앞의 새마을교를 건너 오른쪽으로 방향을 잡는다. 선봉사를 지나면 법용사, 여기서 가팔라지기 시작한 길을 5분쯤 오르면 중성문中城門이다. 중성문은 중성重城에 낸 문으로, 지금의 문루는 1998년 경기도가 복원했다. 중성문 옆에 냈던 수구문은 문을 설치하기 위해 바위를 깎아낸 홈만 남아 있고, 시구문 역할을 했던 암문은 폭 2.1m·높이 1.8m로 최근 되살렸다. 성문을 통과해 성곽으로 올라가 보자. 중성문 문루 위로 북쪽 하늘을 가득 채운 노적봉이 둥글게 솟아 있고, 그 뒤로는 멀리 백운대가 태극기를 흔들고 있는 것이 보인다.

중성문에서 대남문으로 가는 탐방로에서 벗어나 왼쪽의 노적교를 건너 노적사露積寺로 오른다. 가을철이면 단풍이 아름다운 길이다. 노적사는 북한산성 축성 후 성능 스님이 85칸으로 창건했으며 당시의 이름은 진국사鎭國寺였다. 화재로 석축만 남았던 것을 1960년 무위無爲 스님이 중창하면서 노적사로 개명했다. 1977년 현

주지 종후宗厚 스님이 재중창하면서 많은 불사로 절의 규모가 상당히 커졌다. 네팔 팔탄 타쉬 지하초사에서 이운해온 부처님사리 7과를 사리탑에 봉안하고, 대웅전 불상 뒤의 벽을 유리창으로 만들어 법당에서 밖의 사리탑이 보이게 한 것도 특이하다. 대웅전 문 앞에는 북한산성 축성 당시 제작한 것으로 추정되는 강아지 크기 정도의 석사자상石獅子像(고양시향토문화재 제63호)이 수호신처럼 서 있다.

노적사 마당에 서면 대웅전 지붕 위로 우뚝 솟은 노적봉의 웅장한 자태에 위압감을 느낀다. 약간 비스듬히 누운 듯 버티고 있는 노적봉은 보기만 해도 배가 부른 노적가리를 닮았다. 대웅전 앞에서 서쪽으로 보이는 의상봉과 용출봉도 그림 같다.

백운동문 각자. 2014·1·1 용학사입구에서

노적사 마당의 범종각을 지나 북쪽에 쳐진 철사울타리를 자세히 보면 쪽문이 있다. 훈련도감지訓鍊都監址와 북장대지北將臺址로 통하는 문인데, 노적봉으로 가는 길이어서 암벽장비가 없는 산객은 출입을 통제한다. 쪽문을 통과해 0.3㎞를 오르면 삼군문의 하나인 훈련도감訓局 터다. 건물은 오래 전에 없어졌고 길이 200m·높이 7m 정도의 석축만 남아 있다. 큰 돌에 새긴 '戌(무)'자가 눈길을 끈다. 주변의 바위에 '天符倧檀紫戌院·戌鼎 金龜淵·后天符·將·戌法臺' 등의 글씨와 팔괘, 이상한 그림 등이 새겨져 있는데, 1900년대 초 어느 종교단체가 기도처로 삼으면서 조각한 것이라고 한다.

훈련도감터에서 0.3㎞를 더 올라가면 북한산성의 세 장대將臺 중 하나인 북장대지다. 노적봉 턱밑이 되는 봉우리인데, 북한산성 내부가 한눈으로 들어와 군사 지휘소로 적격이었을 것이라는 생각이 든다.

산영루엔 다산茶山의 문향文香이

노적사에서 동쪽으로 난 계단을 내려서면 진국교다. 최근에 세운 진국로鎭國路 돌비와 정자를 지나 조금 오르면 길은 위아래 두 갈래로 나뉜다. 위는 전부터 있었던

산영루.
2019·8·13

산길이고, 아래는 트럭이 다닐 수 있는 길인데 두 길은 산영루에서 합해진다. 왼쪽 산길로 올라서면 '白雲洞門백운동문'이라고 깊게 해서체로 음각한 큰 바위를 만난다. 《북한지》에 '백운동은 장군봉 아래 있으며 문에 白雲洞門이라는 네 글자를 새겨 놓았다'고 기록돼 있는 그 바위다. 백운동문 바위에서 산영루로 가기 전 용학사龍鶴寺에 들러 보자. 요사 장독대 뒤에 신장상神將像 4구를 음각한 큰 바위가 있다. 부리부리한 눈과 바람에 휘날리는 옷자락을 강조한 암각신장상은 가치 있는 유물로 보이는데 문화재로 등록되지는 않았고, 조성연대도 알 수 없다. 신장은 무력으로 불법佛法을 수호하는 불교 호법신 가운데 하나다. 용학사에서 나오면 바로 산영루山映樓(경기도기념물 제223호)와 북한승도절목北漢僧徒節目(경기도유형문화재 제357호)을 만난다.

　　山映樓. 얼마나 멋진 이름인가. 산 그림자가 계곡물에 비치는 곳이어서 붙인 이름이라고 한다. 산영루 앞은 북한산 계곡 중 가장 경치가 아름다운 곳이다. 비라도 많이 내린 날에는 쏟아지는 폭포와 정자가 어우러져 북한산 제1경으로 꼽아도 손색이 없을 정도다. 산영루 누각 팔작지붕 아래로 흐르는 옥계수를 보고 어찌 시 한 수가 없으리오. 누각 안쪽에 다산 정약용의 시 '산영루에서'가 걸려 있다.

> 험한 돌길 끊어지자 높은 난간 나타나니 巖蹊纔斷見危欄
> 겨드랑이에 날개 돋쳐 날아갈 것 같구나 雙腋冷冷欲羽翰
> 십여 곳 절간 종소리 가을빛 저물어가고 十院疎鐘秋色暮
> 온 산의 누런 잎에 물소리 차가와라 萬山黃葉水聲寒
> 숲 속에 말 매어두고 얘기꽃을 피우는데 林中繫馬談諧作
> 구름 속에 만난 스님은 예절도 너그럽다 雲裏逢僧禮貌寬
> 해 지자 흐릿한 구름 산 빛을 가뒀는데 日落煙霏銷蒼翠
> 행주行廚에선 술상을 올린다고 알려오네 行廚已報進杯盤

다산이 1794년(정조 18년) 가을, 중형 약전若銓과 함께 북한산에 올랐을 때 산영루에서 지은 시라고 한다. 앞에서 소개한 시 '등백운대登白雲臺'와 같은 시기의 작품이다. 아름다운 산경 속에서 계곡의 시원한 물소리를 벗 삼아 술상을 마주한 선비 형제의 다정한 모습이 떠오른다.

조선 후기의 문인 성호星湖 이익李瀷은 시 '삼각산팔경三角山八景5) - 산영루제월山

북한승도절목비.
2018·10·2

---

5) 삼각산팔경(三角山八景) : 백운대백운(白雲臺白雲)·노적봉조일(露積峯朝日)·상운동폭류(祥雲洞瀑流)·서암사반석(西巖寺盤石)·산영루제월(山映樓霽月)·용암사연화(龍巖寺煙花)·국

인수봉과 도봉산. 2017·12·25 백운대에서

映樓霽月'에서 '둥근달 구름을 헤치고 떠오르니/ 높은 누각 반쯤 허공에 떠 있고/ 위에는 느긋이 휘파람 부는 사람/ 아래에는 영롱하게 빛나는 물결'이라고 노래했다. 시를 따라 그림이 그려진다.

《북한지》에는 '중흥사 앞 작은 다리 위에 산영루가 있었는데 지금은 없어졌다'고 기록돼 있다(다리란 부왕동암문으로 건너는 지금의 징검다리를 뜻하는 듯). 산영루는 북한산성 축성 당시에는 건재했으나 30여 년 후 무너졌고, 그 후 다시 건립한 누각도 1925년(을축년) 대홍수 때 유실됐다고 한다. 10개의 장초석만 잡초에 묻혀 있었던 것을 고양시가 2014년 원형대로 복원했다.

북한승도절목은 북한산성을 수비하는 승영의 최고책임자인 팔도도총섭 선출 과정에서 발생하는 부조리를 없애기 위한 방침을 명문화한 와비臥碑다. 철종 6년 (1855년), 산길에 박혀있는 화강암반을 가로 226㎝·세로 107㎝ 크기로 얕게 파내

녕사석문(國寧寺石門) · 원효암낙조(元曉庵落照)

고 그 안에 319자의 승영 규정을 새겨 넣었다. 비교적 상태가 좋은 비문에는 '성 밖에 팔도도총섭 자리를 노리는 승려가 많으므로 비밀투표로 공명정대하게 선출해야 한다'는 등의 3개 항목이 구체적으로 적혀 있다. 당시 팔도도총섭이 승려에게는 요직이었음을 알게 해주는 명문이다. 승영본부였던 중흥사重興寺와 지척의 거리다.

산영루 뒤는 26기의 선정비善政碑가 서 있는 '비석거리'다. 북한산성을 관리했던 총융사摠戎使(종2품)의 선정과 공덕을 기려 세운 것들인데 선정비를 보는 산객들의 반응은 시큰둥하다. 관리가 잘 안 돼서 비스듬히 누워 있는 것도 있고, 허리가 동강났거나 갓 부문만 나뒹구는 비석도 보인다. 어떤 이는 2개의 선정비가 나란히 서 있다.

김시습이 출가한 중흥사

중흥사는 고려 태조 왕건王建이 즉위 21년(938년)에 창건했다고 한다. 여말麗末의 고승 태고太古 보우普愚 국사가 중수, 주석하면서 선불교의 중심사찰로 자리매김했다.

중흥사는 매월당 김시습이 젊은 시절 공부를 했던 절이다. 다섯 살 때 세종世宗(재위 1418~1450년) 앞에서 시를 지어 비단 50필과 호를 하사받은 '5세 신동神童'이었고, 율곡栗谷 이이李珥가 '백세百世의 스승'이라고 칭송할 정도로 글재주가 뛰어났던 매월당이다. 김시습은 중흥사에 머물던 스물한 살 때 수양대군이 조카인 단종端宗(재위 1452~1455년)의 왕위를 찬탈했다는 소식을 듣고 통분하여 그날로 삭발염의削髮染衣, 설잠雪岑이란 법명으로 전국을 떠돌아다녔다고 한다. 그는 유랑 중에도 우리나라 최초의 한문소설 《금오신화金鰲新話》를 지었다.

대남문으로 가는 길은 중흥사 앞 삼거리에서 길이 갈린다. '북한산대피소 0.8㎞·대남문 2.0㎞' 이정표에서 대남문 방향으로 1시간 정도를 더 올라야 한다. 중흥사에서 금위영유영지禁衛營留營址를 지나 대남문 아래 어영청유영지御營廳留營址까지는 북한산성과 관련된 문화유산이 많은 곳이다. 길은 평지나 다름없다. 중흥사에서 10분쯤 오르면 호조창지戶曹倉址가 나오고 이어 행궁권역行宮圈域이란 안내판이 서 있는 삼거리에 닿는다. 오른쪽은 행궁지行宮址를 거쳐 청수동암문~문수봉~대남문으로 가는 길이다. 행궁권역에서 대남문까지 1.5㎞. 여기서 잠시 걸음을 멈추고 뒤를 돌아보자. 나뭇가지 사이로 보이는 백운대·만경대·노적봉의 하얀 암벽이 눈부시다.

노적봉 · 백운대 · 만경대 · 용암봉(좌로부터). 2014·5·9 행궁권역에서

대남문에 서면 바람이 보인다

　행궁권역 안내판에서 작은 계곡을 건너 조금 가면 어른 키 높이의 축대가 있는 넓은 집터가 나온다. 경리청상창지經理廳上倉址인데 축대를 쌓은 돌의 크기가 어마어마하다. 돌 1개의 무게가 어림잡아 1톤은 넘어 보인다. 관성소는 무기와 군량을 담당하는 기관으로, 상창·중창·하창·호조창의 관리를 맡았다.

　경리청상창지에서 작은 계곡을 건너 '대동문 0.5㎞'와 '보국문 0.4㎞' 이정표를 차례로 지나면 '금위영유영지·금위영이건기비·보광사지'등의 표지판을 만난다. 삼군문의 하나인 금위영禁衛營이 있었던 곳이다. 금위영은 북한산성 축성 당시에는 대동문 인근에 있었으나 지세가 험해 붕괴위험이 크다는 이유로 건립 4년 후인 1715년 보국사(폐사) 아래로 옮겼고, 이러한 사실을 기록한 금위영이건기비禁衛營移建記碑(경기도유형문화재 제87호)를 새 금위영유영지에 세웠다. 비의 총 높이 1.41m·비 높이 1.05m·너비 2.25m의 와비로, 뒷면은 땅에 묻혀 있다. 최근 인근 계곡에서 '禁衛營'이라고 새겨진 바위가 발견됐다.

금위영이건기비

　금위영유영지에서 5분 정도 오르면 어영청유영지다. 북한산성 축성과 방어를 담당한 어영청이 주둔했던 곳인데, 지금은 대성암大聖庵이 자리하고 있다. 어영청터는 높이 2m가 넘는 철판으로 가려져 있어서 내부를 볼 수 없다. 매장문화재 발굴 조사를 하고 있다는 안내문만 오래 전부터 펜스에 붙어 있을 뿐이다. 철판으로 가리기 전에 보았을 때는 잡초만 무성한 공터였다. 어영청유영지에서 대남문까지는 0.5㎞. 완만했던 길이 조금 가팔라졌을 뿐 가까운 거리여서 10분이면 닿을 수 있다. 대남문 문루에서 보는 백운대·인수봉·만경대 등 북한산 정상부의 웅대한 모습이 그림 같다.

　대남문은 바람이 참 좋다. 구기계곡과 북한산성계곡을 왕래하는 골바람은 아무리 더운 여름에도 금세 땀을 식혀준다. 대남문은 축성 당시의 이름은 소남문小南門이었고 문수사와 가까워 문수문文殊門으로도 불렸다. 대남문의 높이와 너비는 각 11척(약 3.3m). 1990년대 초 문루를 복원했으나 붕괴위험이 있어 헐어내고 2018년 다시 지었다. 대남문에서 백운대로 가는 길은 136쪽 산성주능선(대남문~대동문~백운봉암문) 코스, 불광동으로 가려면 161쪽 불광동~족두리봉~향로봉~비봉능선~대남문 코스, 구기동으로 하산은 211쪽 구기동~구기분소~구기계곡~대남문 코스 참조.

🚌 교통

　34·704번 버스, 고양 마을버스 077번 북한산성 하차. 주말·공휴일 구파발~북한산성 맞춤버스 운행. 산성탐방지원센터 유료주차장.

3. 북한산성 입구~국녕사~가사당암문
약 2.8㎞, 1시간 내외 소요, 난이도 하

만불萬佛에 둘러싸인 국녕대불

 아카시아꽃 향기가 콧속을 파고든다. 아기 속살 같이 보드랍고 곱던 나뭇잎은 점점 갈맷빛으로 물들어간다. 초록은 생명의 색이다. 북한산의 봄은 생명 그 자체다.
 북한산성 입구에서 북한동역사관~법용사를 거쳐 국녕사~가사당암문으로 가는 길은 '의상의 길'로 불린다. 의상 대사가 수도했다는 의상대가 국녕사 인근에 있어서 붙인 이름이다. 이 길은 단조롭고 조용하다. 북한산성 입구에서 북한동역사관까지는 앞서 안내한 백운대 가는 길이나 대남문 코스와 같다. 길은 북한동역사관~선봉사를 지나 법용사 앞에서 '의상봉 1.1㎞·국녕사 0.6㎞' 이정표를 따라 오른쪽

북한산의 여름. 오건민 작. 2020·7·23 수유동에서

북한산 뒤태. 2015·9·7 상장능선에서

계단 위에 있는 법용사 대웅전 앞을 지나야 한다. 조금 올라 작은 다리를 건너면 길은 조금 가팔라지지만 심한 경사는 아니다.

 다시 작은 계곡을 건너 계단을 조금 오르면 거대한 불상이 앞을 가로막는다. 국녕사의 트레이드마크나 다름없는 국녕대불國寧大佛이다. 높이 24m, 눈에 꽉 찰 정도로 웅장하다. 공식 이름은 합장환희여래불合掌歡喜如來佛. 의상능선의 제2봉인 용출봉龍出峰을 등지고 앉아 있는 대불의 좌우후면에는 만불萬佛이 봉안돼 있다. 일만 여래如來의 자비가 만방에 퍼지는 듯하다. 용출봉은 용이 승천했다는 전설을 지닌 성봉聖峰이다. 용출봉의 신령스러운 기운이 내려와 모인 용심혈龍心穴에 해당하는 자리에 대불을 봉안했다고 한다.

 국녕사는 의상대사의 기도터에 사명 대사가 국난에 대비, '호국기도도량 승병양성도량'의 이념으로 창건했다고 한다. 북한산성을 쌓은 후 성의 수비를 위해 청휘淸

국녕사 합장환희여래불. 2017·6·22

徽·철선徹禪 두 스님이 86칸 규모로 중건했으며, 한국전쟁 때 소실됐던 것을 1998년 능인선원이 복원했다.

  대불 옆으로 난 긴 계단을 올라서면 내삼각산內三角山(백운대·만경대·노적봉)의 웅대한 암괴가 삼형제처럼 서로 기대고 있는 것이 멋지게 보인다. 다시 4~5분 급경사 길을 올라가면 가사당암문袈裟堂暗門에 닿는다. 높이·너비 각 7척(약 2.1m)의 가사당암문은 서쪽의 진관동에서 북한산성으로 오르는 길목을 통제하기 위해 설치한 암문으로 의상봉과 용출봉 사이의 안부鞍部에 위치해 있다. 북한산성 축성 당시에는 국녕사 위에 있어서 국녕문國寧門으로도 불렸다. 문을 통과해 서쪽은 은평구 진관동 백화사로 하산하는 길이다. 가사당암문에서 문수봉까지 가는 등행 길은 142쪽 '북한산의 공룡능선' 의상능선 코스에서 안내한다.

🚌 교통

  34·704번 버스, 고양 마을버스 077번 북한산성 하차. 주말·공휴일 구파발~북한산성 맞춤버스 운행. 산성탐방지원센터 유료주차장.

4. 북한산성 입구~부왕사지~부왕동암문
약 3.8km, 1시간30분 내외 소요, 난이도 하

청하동靑霞洞이 어디메뇨

스님이 말했다. '잘 물든 단풍은 봄꽃보다 아름답다.' 단풍이 아무리 아름답기로서니 생기발랄한 봄꽃에 비할 건가. 스님의 눈은 속진俗塵에 사는 속인들과는 다른가 보다. 스님의 말씀을 따라 단풍이 아름다운 청하동靑霞洞으로 들어선다.

북한산성 입구에서 대서문~중성문~부왕사지扶旺寺址(현 부황사)를 거쳐 의상능선의 중간 지점인 부왕동암문으로 오르는 길은 산영루 아래에서 길이 갈린다. 산영루까지는 109쪽 북한산성 입구~대남문 코스를 참조. 산영루 아래에서 '부황사 0.5

비봉의 일출. 2015·1·31 관봉에서

㎞·부왕동암문 0.9㎞' 이정표를 따라 오른쪽 징검다리를 건너야 한다. 이정표에서 부왕사지까지 약 10분, 부왕동암문扶旺洞暗門까지는 25분 정도가 걸린다.

징검다리를 건너 3~4분 오르면 길가에 '靑霞洞門청하동문'이라고 해서체로 크게 새겨놓은 바위를 만난다. 백운동문처럼 북한산성의 옛 마을 이름인 듯하다. 《북한지》에는 청하동이란 지명은 없고 자하동紫霞洞이란 동네 이름이 나오는데, 누군가가 자하동에 청하동이란 문패를 단 것은 아닌지. 그런데 이름이 좀 의아하다. '霞'는 '노을'을 뜻하는데 '푸른노을靑霞'이라니…. '霞'는 노을과 비슷한 '이내'의 뜻을 갖고

청하동문(上)과 최송설당 암각문. 2018·10·19

있고, '이내'는 '해가 질 무렵 멀리 보이는 푸르스름하고 흐릿한 기운. 남기嵐氣'라고 국어사전에 나와 있다. '霞'는 '무지개' '요염'등의 뜻도 갖고 있다니 아마도 선경처럼 아름다운 곳이어서 '靑霞'라는 이름을 붙이지 않았을까 생각해 본다.

부왕사지에서 부왕동암문으로 오르는 길은 가을이면 불타는 단풍이 아름다운 단풍골이다. 시인 묵객들이 아름다운 경치를 보고 그냥 지나쳤겠는가. 추사秋史 김정희金正喜는 '산구경하기 어디가 좋을까/ 북한산 옛 절 부왕사라네/…/ 맑은 단풍에 동구도 밝구려'라고 읊었고, 청장관靑莊館 이덕무李德懋는 '단풍골로 깊숙이 들어가니/ 놀란 새들은 하늘로 높이 나는구나/ 노승이 웃음으로 반겨주는데/…/ 저 바위에 글자는 언제 누가 새겼는고'라고 노래했다. 이덕무가 말한 바위의 글자는 '靑霞洞門'을 가리킨 것이 아닌지.

청하동문 바위에서 조금 오르면 길가에 '崔松雪堂최송설당'이라고 새긴 커다란

부왕사지 장초석 너머로 보이는 북한산 정상부. 2018·10·19

바위가 산객을 맞이한다. 경북 김천 출생인 최송설당(1855~1939년)은 남편과 사별 후 영친왕英親王의 보모로 궁에 들어가 귀비에 봉해졌고, 고종高宗으로부터 송설당이라는 호를 하사받았다. 궁에서 나온 후 전 재산을 희사해 송설학원을 설립, 김천고등보통학교를 세웠는데 이 학교가 오늘의 김천중고등학교다. 그녀는 시문에도 능해 《최송설당문집》 전3권을 남겼다.

　최송설당 바위에서 조금 오르면 부왕사지다. 부왕사는 1717년 심운尋雲 스님이 111칸으로 창건했다. 상당히 큰 절이었는데, 지금은 폐허가 돼 높이 1.5m 정도의 장초석 12기와 높이 1m 정도의 '扶皇寺' 표석만이 옛 절터임을 말해 주고 있다. 扶旺寺에 왜 扶皇寺란 표석을 세웠는지에 대해서는 전하는 문헌이 없다. 부왕사지

백운대의 여인. 2014·8·28

에 수년 전부터 부황사란 이름으로 임시법당을 짓고 중창불사중이다.

부왕사지의 장초석 멀리로는 북한산 정상부를 비롯해 배가 불룩한 노적봉의 거대한 암괴가 햇살에 빛난다. 부왕사지에서 나와 가파른 길을 15분쯤 오르면 부왕동암문이다. 부왕동암문은 20여 년 전까지만 해도 '소남문'이란 나무문패가 붙어 있었고, 바깥 성벽에 '小南門'이라고 새긴 글씨가 지금도 희미하게 남아 있다. 문의 높이 9척(약 2.72m)·너비 8척(약 2.42m). 북한산성 축성 당시에는 동쪽에 원각사 圓覺寺가 있어 원각문이라고도 했다. 부왕동암문이 있는 안부鞍部는 삼천사와 부왕사를 이어주는 고갯마루로, 환희령歡喜嶺이라 불렀다고 한다.

🚌 교통

34·704번 버스, 고양 마을버스 077번 북한산성 하차. 주말·공휴일 구파발~북한산성 맞춤버스 운행. 산성탐방지원센터 유료주차장.

5. 북한산성 입구~태고사~북한산대피소
약 4.0㎞, 1시간30분 내외 소요, 난이도 하

오색단풍 터널이 아름다운 곳

지루한 장마가 물러갔다. 하늘은 맑고 물소리는 시원하다. 쏟아지는 북한산성계곡 물에 속세의 찌든 가슴을 씻는다. 일상의 잡다한 생각으로 심란했던 마음이 한결 맑아진다.

북한산성 입구에서 중성문~중흥사를 거쳐 북한산대피소로 가는 길은 거리가 짧고 길도 완만해 나이든 산객도 힘 들이지 않고 오를 수 있다. 계곡의 시원한 물소리가 음악이 돼 산객의 발걸음을 가볍게 해준다.

중흥사까지는 109쪽에서 안내한 대남문 가는 길과 같다. 산영루를 지나 중흥사 앞 삼거리에서 '북한산대피소 0.8㎞' 이정표를 따라 좌회전해야 한다. 대피소로 올라가는 길가에 태고사太古寺가 있다. 이 길은 한국 선불교의 초석을 놓은 여말의 선승 보우普愚 국사가 창건한 태고사가 있다 하여 '태고의 길'이란 이름이 붙었다. 보우 스님은 중흥사를 중창한 후 동암東庵(현 태고사)을 짓고 5년 간 머물면서 시 '태고암가太古庵歌'를 지었다. 지금의 태고사는 한국전쟁 때 폐허가 된 것을 1964년 청암靑岩 스님이 중창했다.

태고사 대웅전 옆에는 보우국사의 시호를 딴 원증국사탑비圓證國師塔碑가 있고, 대웅전 뒤로 올라가면 원증국사승탑(부도·보물 제749호)을 볼 수 있다. 태고사 마당에는 수령 180년이 넘었다는 높이 25m 정도의 귀룽나무(고양시 보호수)가 하늘을 가리고 서 있다. 음력 3월 말께부터 부처님 오신 날 무렵까지 우유색 꽃을 피워 절을 찾는 이들의 마음을 밝혀주는 광명의 나무다.

태고사에서 대피소를 향해 돌이 깔린 길을 조금 오르면 '수도정진 도량이므로 등산객은 출입을 삼가기 바란다'는 작은 안내판이 산객의 발길을 막는다. 구암봉龜巖峰 아래에 있는 봉성암奉聖庵으로 가는 길이다. 봉성암은 숙종 39년(1713년) 성능 스님이 25칸 규모로 창건한 암자다. 대웅전 뒤에는 성능 스님의 승탑(경기도유형문화재 제188호)이 의상봉과 마주보고 서 있다. 봉성암 대웅전 앞에서 북쪽을 보면 만

백운대(左)와 만경대 설경. 2017·2·23 노적봉 안부에서

경대·용암봉·노적봉과 백운대 일부가 북한산의 또 다른 절경으로 눈에 들어온다.

태고사에서 일출봉 아래 북한산대피소까지 20여분을 오르는 길은 가을이면 오색 단풍이 터널을 이뤄 아름답다. 대피소에 서면 멀리 보현봉과 문수봉 사이로 대남문이 보이고, 서쪽으로 의상능선도 눈에 들어온다.

대피소는 용암사龍巖寺가 있었던 자리이다. 87칸 규모로 북한산성 축성 후 창건한 용암사는 위치로 보아 용암문 일대의 수비와 승병들의 훈련장으로 쓰였던 것으로 학계는 추정하고 있다. 북한산대피소에서는 용암문~백운대나 대동문~대남문으로 산행을 이어갈 수 있다. 우이동으로 하산은 247쪽 우이동~도선사~용암문 코스를 참조한다.

교통

34·704번 버스, 고양 마을버스 077번 북한산성 하차. 주말·공휴일 구파발~북한산성 맞춤버스 운행. 산성탐방지원센터 유료주차장.

북한산의 문화재

태고사 원증국사탑비 太古寺 圓證國師塔碑 보물 제611호(1977년 지정)

'만법이 절대 진리이고, 일체 중생은 불성을 지니고 있다'는 화두를 깨달았다는 여말 麗末의 고승 원증 국사 보우의 탑비다. 공민왕恭愍王의 스승이었던 보우가 입적하자 우왕 禑王은 목은牧隱 이색李穡에게 그의 생애를 정리한 글을 짓게 하고 태고사에 비로 세웠다. 글씨는 당대의 명필 권주權鑄의 솜씨다. 비문에는 보우국사가 원元나라에 유학, 선승 석옥청공石屋淸珙으로부터 임제선臨濟禪의 법맥을 이어 받고 구산九山 통합운동에 앞장섰다는 내용이 적혀 있다.

6. 북한산성 입구~행궁지~대남문
약 5.4㎞, 2시간10분 내외 소요, 난이도 중

북한산성의 심장 행궁

산길이 고즈넉하다. 이름 모를 산새소리만이 적막을 깬다. 범접할 수 없는 경건함이 산길에 흐른다. '숙종의 길'이어서 그럴 게다. 북한산성을 쌓은 임금은 대서문을 거쳐 이 길로 행궁에 올라 시를 지었다. 숙종이 올랐던 어로御路를 따라 행궁지로 간다.

북한산성 입구(북한산성탐방지원센터)에서 행궁지~남장대지~716봉~청수동암문

노적봉 · 백운대 · 만경대 · 용암봉(左로부터). 2020·9·4 행궁지에서

겨울 백운대. 2019·1·30 만경대 사면에서

~문수봉을 거쳐 대남문으로 가는 길은 조용한 산행을 하고 싶은 산객들이 즐겨 찾는 코스다. 대남문 코스에 비해 한적하다.

　북한산성 입구에서 중흥사까지는 109쪽 대남문 가는 길과 같다. 중흥사에서 대남문 방향으로 5분쯤 올라가면 '행궁권역'에 닿는다. 경리청상창·호조창·관성소 등이 있었던 지역이다. 여기서 '청수동암문 1.5㎞' 이정표를 따라 오른쪽으로 0.2㎞를 오르면 행궁지다. 북한산성을 축조한 숙종이 1712년 4월 10일 처음으로 이 길을 통해 행궁에 올랐다고 해서 '숙종의 길'로 부른다. 숙종이 행궁에서 지었다는 시 한 수를 감상하고 길을 가자.

　　　도성에서 십 리 떨어진 행궁에 이르니間關十里到行宮
　　　우뚝 솟은 시단봉이 바로 동쪽에 보이누나峯峯柴丹卽在東
　　　노적봉 상봉엔 흰 구름이 머물고露積峯頭雲未捲
　　　백운대 위에는 안개가 몽롱하게 흐르누나白雲臺上霧猶朦

행궁지에서 보는 북한산 정상부의 산세가 그림 같다. 백운대 머리에는 흰 구름이 떠 가고, 정면으로는 시단봉에 세운 동장대가 수문장처럼 행궁을 굽어보고 있다. 만경대에서 동장대로 흐르는 산성주능선도 멋지다. 숙종이 시로 읊은 그대로의 경관이다.

행궁지에서 길은 갑자기 가팔라져 힘든 길이 남장대지南將臺址(해발 715m)인 상원봉까지 이어진다. 남장대지는 옛 장대의 흔적은 찾아볼 수 없고 최근에 세운 작은 표지판만이 역사를 말해주고 있다. 남장대지에서 보는 북한산 정상부와 의상능선, 산성주능선, 대남문과 보현봉의 산경이 파노라마처럼 펼쳐진다. 조금 더 오르면 의상능선의 일곱 번째 봉우리인 716봉, 여기서 급경사 성곽길을 내려서면 청수동암문靑水洞暗門이다. 문의 높이·너비 각 7척(약 2.1m).

청수동암문은 탕춘대능선과 비봉능선에서 성내로 들어오는 길을 통제하기 위해 설치했다. 행궁권역에서 약 50분 소요. 청수동암문에서 비탈길을 타고 문수봉에 오르면 발아래에 대남문이 기다린다. 대남문에서 북한산성 입구로 하산은 109쪽 북한산성 입구~중흥사~대남문 코스 참조.

🚌 교통

34·704번 버스, 고양 마을버스 077번 북한산성 하차. 주말·공휴일 구파발~북한산성 맞춤버스 운행. 산성탐방지원센터 유료주차장.

7. 북한산성 입구~대동문·보국문·대성문
4.5㎞~5㎞, 1시간40분 내외 소요, 난이도 하

■ 북한산성 입구~대동문
약4.5㎞, 1시간 40분 내외 소요

산딸나무 꽃길을 따라
길가에 하얀 꽃이 무더기로 피었다. 산딸나무다. 우리 옛사람들은 넉 장의 흰 꽃이 사방을 비추는 나무라 하여 사조화四照花라고도 했다. 하지만 넉 장의 흰 꽃잎은 꽃받침이고 그 안에 있는 녹색의 작은 알맹이가 꽃이다.

백운대·만경대·노적봉·의상봉(左로부터). 2018·7·31 고양시 지축동에서

경리청상창지에서 대동문大東門으로 가는 코스는 봄이면 군락을 이룬 산딸나무가 꽃을 피우고, 가을에는 붉은 단풍이 하늘을 가려 산행의 즐거움을 더해 주는 아름다운 길이다. 북한산성 입구에서 대서문~중흥사까지는 109쪽 북한산성 입구~대남문 코스를 참조키로 한다.

중흥사에서 조금 올라 행궁권역을 지나면 경리청상창지이고, 작은 계곡을 건너 5분쯤 오르면 왼쪽에 '대동문 0.5㎞' 이정표가 서 있다. 이정표에서 대동문까지는 거리가 짧거니와 경사가 심하지 않아서 10분 정도면 닿는다.

대동문 안쪽의 육축부 무사석에는 '禁衛營 自龍岩 至普賢峯 二千八百二十步分十五牌, □□辛卯四月始後九月畢築 都廳中軍 築應監官 李弼臣 李後鋼, □□□□ 李喜升 □□哨官 □世欽'이라고 음각한 명문이 보인다. '용암봉에서 보현봉까지 2,820보를 금위영 15패가 맡아 신묘년 4월에 공사를 시작해 9월에 마쳤으며 축응감독관은 이필신 이후강…'이라고 축성공사 책임자의 이름을 새겨 놓은 명문이다. 성문 안벽에서도 축성 당시 음각한 것으로 보이는 '金益範 任興秀 鄭宜濟 鄭啓運' 등의 이름을 읽을 수 있다. 이름 위에 직책을 새겼으나 마모가 심해 판독이 어렵다.

높이 13척(약 4m)·너비 14척(약 4.3m)의 대동문은 축성 당시에는 소동문小東門이라 했으나 30여 년 후 대동문으로 바뀌었다. 문수봉에서 백운봉암문을 잇는 산성주능선의 중간지점에 있으며 대동문에서는 진달래능선으로 하산하거나 백운대로 산행을 이어갈 수 있다. 1993년 복원했으나 목재기둥이 부식, 심하게 파손되는 등 구조적인 위험 요소가 발견돼 2023년 문루를 전면 해체, 재건설했다.

대동문에서 우이동으로 하산은 250쪽 우이동~진달래능선~대동문 코스나 253쪽 우이동~소귀천계곡~대동문 코스 참조.

■ 북한산성 입구~보국문

약 4.5㎞, 1시간 40분 내외 소요

석가현으로 가는 길

경리청상창지 위 '대동문 0.5㎞' 이정표가 있는 곳에서 다시 0.1㎞를 오르면 '보국문 0.4㎞' 이정표를 만난다. 옛 보국사輔國寺가 있었던 곳으로, 이정표를 따라 왼

눈 내린 북한산 노적봉 뒤로 비봉능선이 보인다. 2017·12·25 백운대에서

쪽으로 꺾어야 보국문으로 간다. 보국사는 북한산성 축성 후 탁심 스님이 177칸으로 창건했다고 한다. 상당히 큰 사찰이었으나 일제에 의한 훼손과 한국전쟁 등을 겪으면서 폐사, 지금은 그 터를 찾기도 어렵다.

보국사지에서 보국문으로 오르는 길은 산객이 많이 다니지 않아 한적하다. 경사가 완만해서 이정표에서 10~15분이면 닿는다. 보국문 지붕에 서면 칼바위봉과 정릉동 일대가 한눈에 들어온다. 육축의 개구부(안쪽 성돌)에 '禁營□□ 千一百八十六步 辛卯四月日始役九月日 畢役 邊手 金徙□ 李□重'라는 각자가 보인다. '금위영에서 1,186보를 신묘년 4월에 시작해 9월에 마쳤으며, 편수는 김사□ 이□중'이라고 새겨 넣은 것이다. 신묘년은 북한산성을 축성한 1711년이다.

보국문은 북한산성 축성 당시에는 동암문東暗門으로 불렸다. 1993년 출입구 너비 5척3촌(약 1.6m)·높이 7척3촌(약 2.2m)의 장방형으로 복원했으나 안전에 문제가 생겨 2022년 성문 주변을 해체, 재설치하고 성문 위로 빗물이 유입되지 않도록 배수로를 보완·정비했다. 보국문이 있는 고갯마루를 예전에는 석가현釋迦峴이라 했고, 정릉동은 사을한리沙乙閑里였다고 한다.

보국문에서 백운대 가는 길은 136쪽 산성주능선(대남문~대동문~백운봉암문) 코스, 정릉동은 259쪽 정릉동~보국샘~보국문 코스를 참조한다.

■ 북한산성 입구~대성문

약 5㎞, 2시간 내외 소요

대성문에 음각한 300년 역사

북한산성 입구에서 대성문大城門으로 가는 5㎞는 대남문 가는 길과 크게 다르지 않다. 대성암이 있는 어영청유영지까지는 같은 길을 간다. 대서문~중흥사~경리청 상창지~대동문 이정표~보국문 이정표를 지나면 금위영유영지 표지판이 서 있다. 금위영이건기비가 있는 곳이다. 여기서 완만한 길을 조금 오르면 대성암이 있는 어영청유영지다.

대성암大聖庵은 고려 때의 나암사 법맥을 이은 사찰이라고 한다. 2015년 경기도 문화재자료로 지정된 아미타삼존괘불도(1928년 제작)를 비롯해 목활자본 묘법연화경(경기도유형문화재 제303호), 선림보훈(경기도유형문화재 제304호) 등 몇 점의 문화재를 소장하고 있다. 산신각에 율곡 이이·이순신 장군·명성황후의 초상을 모신 게 특이하다.

대성문 석벽에 암각한 북한산성 공사 책임자 이름.
2020·10·31

대성암 앞에서 왼쪽으로 난 길로 5분 남짓 오르면 바로 대성문이다. 대성문은 높이 13척(약 4m)·너비 14척(약 4.5m)으로 북한산성 성문 중 가장 크다. 축성 당시에는 대동문大東門으로 불리다 30여년 후 대성문으로 바뀌었다. 대성문 바깥쪽의 육축부 무사석에는 '禁營 監造牌將 張泰興 石手邊手 金善云'이라고 해서체로 음각한 글씨가 선명하게 남아 있다. 금위영 감조패장 장태흥, 석수편수 김선운이 공사를 담당했다는 명문이다. 편액 '大城門'은 숙종의 어필을 집자한 것이다.

　대성문은 정릉동이나 북악터널, 평창동에서 출발하는 산행의 경유지가 되는 곳이다. 북한산성 입구나 정릉동에서 대성문을 목표로 오르는 산객은 그리 많지 않다. 어느 코스로 올라오든 대부분이 대성문을 통과해 다음 지점으로 간다. 1991년 복원한 문루가 부실해 2018년 헐어내고 다시 올렸다. 대성문에서 백운대 가는 길은 136쪽 산성주능선(대남문~대동문~백운봉암문) 코스, 불광동 방향은 161쪽 불광동~족두리봉~향로봉~비봉능선~대남문 코스, 북악터널로 하산은 225쪽 북악터널~형제봉능선~대성문 코스를 참조한다.

교통

　34·704번 버스, 고양 마을버스 077번 북한산성 하차. 주말·공휴일 구파발~북한산성 맞춤버스 운행. 산성탐방지원센터 유료주차장.

8. 산성주능선(대남문~대성문~대동문~보국문~백운봉암문)
약 4.3㎞, 1시간30분 내외 소요, 난이도 하

북한산에서 가장 아름다운 길

문득 행복은 작은 미소로부터 시작된다는 것을 깨닫는다. 마음을 비우고 그 자리에 웃음을 채우는 덕목으로 살아간다면 이미 행복이다. 사랑하는 마음으로, 항상 미소를 잃지 않는 마음으로 산에 오르면 행복이 채워진다는 것도 산길에서 배운다. 산에서는 모든 게 편안해진다는 것도 알게 된다.

산 좀 다녔다는 사람은 산성주능선을 북한산에서 가장 아름다운 길로 꼽는다. 전망이 빼어난 데다 흙길이어서 걷기가 좋다. 산성주능선은 문수봉에서 대남문~잠룡봉~대성문~화룡봉~성덕봉~보국문~대동문~덕장봉~시단봉~기룡봉~일출봉~용암봉~만경대 사면~백운봉암문에 이르는 성곽이다.

동장대의 가을. 2018·10·2

북한산성과 도봉산. 2015·12·19 보현봉에서

　대남문에서 잠룡봉을 거쳐 대성문까지 0.3㎞의 성곽길은 5분 정도면 닿지만 대성문에서 보국문까지 0.6㎞는 내려가는 길이라 해도 좀 까다로워 10분이 넘게 걸린다. 워낙 가팔라서 눈이라도 내린 날은 엉덩방아를 찧기 십상이다.

　대성문에서 성곽을 타고 가다 보국문을 50m쯤 앞둔 성덕봉聖德峰 중턱에 전망대가 있다. 대臺를 만든 건 아니고 북한산 정상부가 잘 보이는 곳에 사진 안내판을 세웠다. 백운대·인수봉·만경대·노적봉·영취봉과 동장대, 멀리 도봉산까지 북한산국립공원이 한눈에 들어오는 사진 촬영의 명소다.

　성덕봉에서 내려서면 보국문에서 용암문까지 2.1㎞는 계속 걷기 좋은 길이다. 보국문에서 비탈길을 오르면 조망이 좋은 치성雉城을 만난다. 석가봉으로도 불리는 곳인데 발아래로는 날카로운 칼바위봉이 솟아 있고, 서울 동북부의 시가지가 넓게 펼쳐져 보인다. 정릉동이나 수유동에서 칼바위능선을 타고 올라오는 능선길의 종점이기도 하다.

　보국문에서 0.6㎞ 지나 만나는 대동문은 북한산에서 가장 좋은 쉼터다. 넓은 데다 여름이면 아름드리나무들이 그늘을 만들어주고, 화장실까지 있어서 산행 쉼터로는 흠잡을 데가 없다. 대부분의 산객들이 이곳에서 배낭을 풀고 식사를 하거나 쉬어간다.

만경대 허리에서 본 승경勝景

대동문에서 가야 할 길의 이정표는 '백운대 3.1㎞ · 백운봉암문 2.8㎞ · 용암문 1.5㎞ · 북한산대피소 1.3㎞'. 대동문에서 성곽을 따라 가파른 길을 오르면 커다란 상석이 있는 덕장봉德藏峰에 선다. 인수봉 · 만경대 · 노적봉 · 동장대와 산성주능선이 멋있게 보이는 치성으로, 이곳에서 매년 1월 1일 새해 해맞이 행사가 열린다. 성곽 길을 조금 더 가면 동장대가 있는 시단봉柴丹峯에 닿는다.

동장대는 원래 단층이었던 것을 1996년 서울시가 중층 누각으로 복원했다. 편액 '東將臺'는 복원 당시 조순趙淳 서울시장의 글씨인데, 힘이 느껴진다. 동장대에서 다시 성곽을 따라 걸으면 치성인 기룡봉起龍峰, 여기서 보는 북한산 정상부의 암벽이 수려하다. 백운대는 만경대에 가려 태극기가 펄럭이는 이마만 보이지만 인수봉과 만경대의 웅대한 자태는 보는 이의 눈을 떼지 못하게 한다.

기룡봉에서 내려와 성곽을 벗어나면 북한산대피소다. 20여 년 전에는 간식을 팔고 잠도 재워주는 사설 산장이었으나 지금은 북한산국립공원이 무인대피소로 운영하고 있다. 북한산대피소 아래에 엠포르산악회가 1968년 지은 작은 대피소도 산객들의 유용한 쉼터다.

대피소에서 0.2㎞를 가면 우이동 · 도선사에서 올라온 길과 만나는 용암암문龍巖暗門이 나온다. 여기서 산성주능선의 끝인 백운봉암문까지 1.5㎞의 길은 서서히 경사도를 높인다. 용암문에서 10여분 오르면 노적봉 동쪽의 안부에 닿고, 길은 만경대 서쪽 사면斜面으로 바뀐다. 삼각형의 백운대가 아름답게 보이는 이 길의 서쪽은 아득한 단애로, 내려다보면 오금이 저리면서도 가슴이 탁 트인다. 산성주능선길이 아름답다는 건 걷기가 좋기도 하지만 전망 좋은 만경대 사면길이 있어서가 아닐까 생각해본다. 가까이로는 북한산성 내부가 한눈에 들어오고, 그 너머로 서울시 은평구와 여의도, 일산신도시, 한강 하류, 멀리 김포시와 강화도까지 조망된다. 북쪽으로는 백운대의 흰 암벽이 눈부시고, 백운대 서쪽으로는 시자봉~영취봉~원효봉을 잇는 원효봉능선이 장벽처럼 서 있다.

2005년 촐라체에서 무슨 일이

나는 만경대 사면을 지날 때면 KBS가 2012년 3월 방영한 3부작 다큐멘터리 '이카로스의 꿈'을 떠올린다. 산 아래의 경치가 너무 아름다워 TV프로그램에서 본

산성주능선. 만경대에서 보현봉까지 활 모양으로 휘어졌다. 2015·3·4 만경대에서

것처럼 날고(뛰어내리고) 싶은 충동이 일게 하는 그런 길이다.

'이카로스의 꿈'은 우리나라의 산악인 3명이 패러글라이더로 히말라야 상공 3,200㎞를 비행하는 여정을 담은 프로그램이다. 주인공은 논픽션《끈 : 우리는 끝내 서로를 놓지 않았다》의 저자 박정헌(1971~) 씨. 그는 안나푸르나·K2·가셔브룸 등 히말라야의 8,000m급 고봉 8좌를 등정한 베테랑 산악인이다. 그런 그가 왜 발로 산에 오르지 않고 패러글라이더로 히말라야의 하늘을 날아야 했을까.

2005년 겨울, 박씨는 후배 최강식 씨와 한 조가 되어 에베레스트 서남쪽에 있는 촐라체(해발 6,440m) 북벽 도전에 나섰다. 그때까지 촐라체 북벽 등정은 1995년 프랑스 팀이 유일했고, 알파인 스타일[1]로 동계 등정에 나선 것은 박씨 팀이 처음이었다. 출발 사흘 만에 등정에 성공한 두 사람은 하산 중 뜻하지 않은 사고를 당한다. 안자일렌[2] 상태로 하산하던 중 최씨가 해발 5,300m 지점에서 깊이 25m의 크레바스로 떨어진 것이다.

---

[1] 알파인 스타일 : 많은 장비나 셰르파의 도움 없이 소수 인원이 일시에 하는 등정.

[2] 안자일렌 : 위험을 줄이기 위해 자일로 서로의 몸을 이어 묶는 것.

북한산 뒤태 설경. 2021·2·4 노고산에서

　최씨는 두 다리가 부러졌고 위에서 자일을 당기고 있는 박씨도 충격으로 갈비뼈가 부러진 상태였다. 두 사람을 지탱하고 있는 것은 지름 5㎜짜리 줄 하나가 전부. 박씨의 체중은 70kg, 아래에 있는 최씨는 체중 78kg에다 장비까지 합해 90kg이 넘었다. 체중이 가벼운 사람이 무거운 사람을 25m 위로 끌어올린다는 것은 거의 불가능한 일이다. 게다가 두 사람은 나흘 째 음식은커녕 물조차 제대로 먹지 못했고, 박씨는 눈까지 다친 상태였다.

　박씨는 고민한다. '자일을 끊어야 하나…' 이런 경우 둘 다 죽느니 한 사람이라도 살기 위해 자일을 끊는데, 산악인들은 이를 '클라이머 모럴'이라고 한다. 팽팽하게 당겨진 자일은 칼을 대기만 하면 금세 '핑' 하고 끊어질 것이다. 시간이 흐른다. 박씨는 잠시나마 '칼'을 생각했던 자신을 꾸짖고 자일을 당기기 시작, 3시간의 사투 끝에 최씨를 끌어올리는데 성공한다. 박씨는 설상가상으로 설맹(雪盲)[3]에 걸려 한 치 앞도 못 보는 상황이었다. 이때부터 최씨는 박씨의 눈이 되고 박씨는 최씨의 다리가 되어 필사적인 하산을 시도, 조난 6일 만에 야크 움막까지 내려와 현지 주민에게 구조된다. 그들이 한국으로 돌아왔을 때 박씨는 손가락 여덟 개와 발가락 두 개를 잃었고, 최씨는 손가락 아홉 개와 발가락 대부분을 잃은 상태였다.

---

3) 설맹(雪盲) : 쌓인 눈의 반사로 인한 자외선의 자극으로 일어나는 눈의 염증.

인수봉 아래로 운해가… 오건민 작. 2022·6·22 영봉에서

　두 발로 산을 오를 수 없게 된 박씨는 2011~2012년 패러글라이더로 히말라야 상공을 날며 자신의 손가락 발가락을 바친 촐라체 상공에서 제2의 삶을 확인한다. 2015년에는 자전거·스키·카약 등으로 히말라야 5,800㎞를 횡단, 산악인으로는 새로운 기록을 남겼다. 박씨는 《끈》의 서문에 이렇게 썼다. '길고도 짧은 운명의 끈은 죽음이 아니라 이 세상에서 가장 아름다운 삶의 끈으로 우리를 다시 묶어 주었다.' 박씨는 진주에서 실내암벽장을 운영하며 산을 주제로 한 초청강연 활동을 하고 있다.

　두 사람의 촐라체 등정 조난기는 박범신 작가의 장편소설 《촐라체》의 모티프가 되었다. 소설에서는 두 사람을 아버지가 다른 동복同腹 형제로 설정하고, 최씨가 크레바스에 빠졌을 때 현지 시장에서 구입한 중고품 자일이 아랫사람의 체중을 견디지 못하고 끊어지는 상황으로 바꾸어 소설적인 재미를 더했다.

　만경대 서쪽 사면을 조심조심 지나 계단에 서서 북쪽 하늘을 본다. 아, 거기 백운대가 파란 하늘을 뚫고 우뚝 솟아있다. 정상에 서 있는 태극기의 펄럭임도 선명하다. 산성주능선길은 만경대 사면을 돌아 백운봉암문에서 끝난다.

🚌 교통

　34·704번 버스, 고양 마을버스 077번 북한산성 하차. 주말·공휴일 구파발~북한산성 입구

9. '북한산의 공룡능선' 의상능선

■ **A코스 : 북한산로~내시묘역~벙커~의상봉~문수봉**
약 4.7㎞, 2시간40분 내외 소요, 난이도 상

■ **B코스 : 북한산성 입구~벙커~의상봉~문수봉**
약 4.5㎞, 2시간40분 내외 소요, 난이도 상

사철 꽃이 피는 여기소마을

의상능선은 의상봉(해발 502m)에서 용출봉(해발 571m)~용혈봉(해발 581m)~증취봉(해발 593m)~나월봉(해발 657m)~나한봉(해발 681m)~716봉(해발 715.5m)~문수봉(해발 727m)까지 점점 고도를 높이는 8개의 암봉이 남북으로 길게 이어져 있다. 오르락내리락 하는 험준한 능선을 타는 재미도 크지만 좌우로 펼쳐지는 조망이 좋아서 북한산 산행의 백미白眉로 꼽힌다. '북한산의 공룡능선'이라는 별칭이 결코 과찬으로 들리지 않는다.

능선 산행이라고 해서 산성주능선이나 비봉능선을 생각하면 오산이다. 쇠줄을 잡고 힘겹게 오르면 급한 내리막 바윗길이 이어지는 등 잠시라도 한눈을 팔면 사고가 날 수도 있다. 제1봉 의상봉, 제2봉 용출봉, 제5봉 나월봉을 오르기가 힘이 든다. 20여 년 전만 해도 안전시설이라고는 의상봉 중턱 암벽에 설치한 밧줄 하나와 쇠고리 한 개가 전부였다. 바윗길인 용출봉에도 안전시설이 전혀 안 돼 있어서 수직의 바위틈을 기어올라야 했다. 상당히 위험한 산행이었으나 최근 의상봉·용출봉·용혈봉·나월봉·716봉 등 곳곳에 튼튼한 쇠줄과 철제계단을 설치, 안심하고 오를 수 있게 됐다.

서울시 진관동에서 의상봉으로 오르는 들머리는 2개가 있다. ①북한산길(39번국도) 여기소마을 입구에서 백화사白華寺~내시묘역을 지나 오르는 길과 ②북한산성 입구에서 자동찻길을 0.3㎞ 올라간 지점의 '의상봉 1.2㎞' 이정표를 따라가는 코스가 있다. 두 기점의 코스는 출발 20여분 후 벙커가 있는 의상봉 하단에서 만나 함께 의상봉을 오른다. 여기서는 두 코스를 묶어서 안내한다.

오봉 너머로 본 북한산. 2020 · 11 · 9 여성봉에서

기녀의 애달픈 사연 잠긴 汝其沼

　백화사 입구에서 버스를 내리면 여기소경로당 앞에 여기소汝其沼 터의 유래를 알려주는 작은 표석이 있다. '조선 숙종 때 북한산성 축성에 동원된 관리를 만나러 먼 시골에서 온 기생이 뜻을 이루지 못하자 이 못에 몸을 던졌다는 전설에서 너汝의 그其 사랑이 잠긴 못沼, 곧 여기소라 하였다고 전해온다.' 북한산성을 조속히 축성하려고 했던 당시의 엄격한 군율을 엿보게 하는 전설이다. 연못은 오래 전 메워져 흔적도 찾을 수 없다.

　백화사 입구 버스정류장에서 산길 입구까지 0.7㎞는 시골마을 같은 은평구 진관동 여기소마을을 지나야 한다. 마당이 들여다보이는 철사울타리에는 사철 꽃이 만발하고, 항상 안온한 분위기여서 서울에 이런 동네가 있을까 하는 생각이 들 정도로 깨끗하고 아름다운 마을이다.

　여기소마을 입구에서 옛 매표소인 산불감시초소까지는 15분 정도가 걸린다. 이 길은 북한산둘레길 10구간 내시묘역길이기도 하다. 내시묘역은 조선시대 환관들의

의상능선. 2018·9·1 승가봉에서

집단묘역이었다. 종1품 숭록대부를 비롯해 정2품 자헌대부, 낮게는 종9품까지 내시의 분묘 45기가 있었으나 2012년 소유주가 묘역을 매각, 이제는 내시묘역이 아니다. 개인의 농원이 돼 무덤도 묘비도 모두 사라졌다. 환관의 무덤도 한 시대의 문화유산인데 안타까운 일이다.

탐방로 입구인 산불감시초소에서 둘레길을 따라 20m쯤 가면 길가에 '慶川君 賜牌地 定界內 松禁勿侵碑(경천군 사패지 정계내 송금물침비)가 서 있다. '하사한 땅의 소나무 벌목과 침입을 금한다'는 내용을 적은 비석(서울시기념물 제35호)이다. 경천군은 경주이씨 이해룡李海龍 선생이다. 글씨가 동시대의 명필 석봉石峯 한호韓濩 못지않다는 평가를 받은 인물로 선조 때 사자관寫字官, 내섬시주부內贍寺主簿 등을 지냈다.

경천군 비에서 초소로 되돌아오면 길은 두 갈래다. 왼쪽은 의상봉義湘峰으로 가는 1.4㎞ 길이고, 오른쪽은 의상봉을 거치지 않고 가사당암문으로 바로 오르는 1.8㎞의 백화사계곡길이다. 이 길은 의상북능선과 용출봉능선에 갇혀 있어 좀 답답하지

백발의 인수봉. 2017·2·23 도선사 주차장에서

만 계곡이 아름다워 산행에 재미를 준다. 이 책에서는 안내를 생략했지만 혼자서 걷기에 좋은 길이다.

초소에서 의상봉으로 가는 길은 노송이 우거진 평지에서 서서히 가팔라지기 시작한다. 버스에서 내려 걸은 지 30여 분, 벙커가 있는 삼거리에 닿는다. 북한산성 입구에서 올라온 길과 만나는 지점이다.

북한산성 입구에서 출발하는 B코스로 돌아가 보자. 북한산성탐방지원센터에서 자동찻길을 0.3㎞ 오르면 오른쪽에 '의상봉 1.2㎞' 이정표가 나온다(200m 위 용암사에서 오르는 샛길도 있다). 경사가 심한 길을 조금 오르면 벙커가 있는 곳에서 백화사 입구 기점 코스와 만난다.

이제부터 의상능선 산행의 진수를 맛보게 된다. 벙커에서 비탈이 심한 바윗길을 지나 쇠줄을 몇 차례 당기면 작은 철제계단이 나온다. 다시 쇠줄을 잡고 올라서면 '토끼바위'로 불리는 기암 앞인데, 여기서 보는 전망이 참 좋다. 맑은 환경을 자랑하는 북한산초등학교가 발아래에 놓여 있고 서울시 은평구와 경기도 고양시 일대가 한눈에 들어온다. 의상봉 아래 자리한 북한산초등학교는 2004년 '아름다운 학교'로 선정돼 교육감 표창을 받았고, 2017년에는 '가고 싶고 머물고 싶은 학교'로 지정된 숲속의 배움터다.

길은 여전히 험하다. '해발 424m · 의상봉 0.2㎞' 푯말을 지나 까마득하게 올려다 보이는 세 번째 철제계단을 올라서면 의상봉이다. 여기소마을 입구에서 의상봉까지 1시간에 오른다면 준족에 속한다. 의상봉에서 보는 북한산 정상부의 경치가 절승이다. 백운대 · 만경대 · 노적봉 · 용암봉을 비롯해 북한산성을 연결하는 암봉들이 병풍을 쳤고, 동쪽으로는 산성주능선이 길게 누워있다. 발아래로는 노적사 · 중흥사 · 상운사 · 대동사 등 산성 안의 절집이 숲속에 점점으로 박혀있는 것이 눈에 들어온다.

의상봉 정상의 이정표는 '대남문 3.0㎞'. 남은 길이 멀고 험하다. 의상봉에서 비탈길을 조심스레 내려서면 가사당암문이다. '대남문 2.7㎞ · 백화사 2.0㎞' 이정표에서 '대남문 2.7㎞'를 따라가야 한다. '백화사 2.0㎞'는 앞의 산불감시초소 코스에서 잠깐 안내한 '조용한 백화사 계곡길'이다. 가사당암문에서 의상능선의 제2봉인 용출봉龍出峰까지 15분 정도는 쇠줄에 의지해 올라야 하는 가파른 길이 이어진다. 겨울철 눈이 쌓이거나 얼어붙으면 아이젠도 무용지물일 정도로 오르기가 힘이 든다.

자일파티와 칼, 생生과 사死

쇠줄을 당겨 용출봉을 오르면서 '자일파티(seil party)'를 생각한다. 자일파티란 설산이나 암벽 등정에서 팀을 이룬 두 사람(혹은 세 사람)이 자일을 공유해 등정하는 것을 말한다. 자일은 서로가 살기 위한 생명줄이지만 항상 보호 장비가 되는 것은 아니다. 상하로 매달려 있는 상황에서 불의의 조난을 당해 두 사람 모두 탈출하기가 어렵다면 한 사람이라도 살기 위해 자일을 끊을 수밖에 없다. 내가 살기 위해 줄을 끊어 파트너를 희생시킬 수도 있고, 반대로 파트너를 살리기 위해 내가 줄을 끊어 스스로 죽음을 택하는 경우도 있다.

영화 〈버티칼 리미트〉에는 암벽 등반 도중 아버지가 같은 줄에 매달린 남매를 살리기 위해 아들에게 자일을 끊으라고 강요, 자신을 희생하는 장면이 도입부에 나온다. 또 영화 후반부에는 크레바스에 빠진 두 명의 조난자를 구하러 들어간 구조자가 어쩔 수 없이 자일을 끊어 한 사람을 희생시킨다.

운무에 싸인 만경대.
백운대에서

하지만 예외도 있다. 앞에서 썼듯 촐라체 등정을 마치고 하산하던 중 조난을 당한 박정헌·최강식 씨 팀은 위기상황에서 자일을 끊지 않고도 두 사람 모두 살아서 돌아왔다. 이와는 반대로 줄을 끊으므로 해서 둘 다 살아난 극적인 경우도 있다.

영화 〈친구의 자일을 끊어라(원제 Touching the void·허공으로 떨어지다)〉는 영국의 산악인 조 심슨과 사이먼 예이츠가 극한상황에서 자일을 끊어야만 했던 실화를 두 사람의 증언으로 재구성한 다큐멘터리다.

조와 사이먼은 1985년 6월 안데스산맥의 시울라 그란데(해발 6,400m) 서벽 정상 등정에 성공하지만 하산 이틀째가 되던 날 사고가 난다. 수직 빙벽을 앞서 내려가던 조가 미끄러져 크레바스로 빠지면서 다리가 부러진 것이다. 박정헌·최강식 씨의 조난과 같은 경우다. 칠흑 같은 어둠 속에 눈보라까지 심해 둘 사이는 대화조차 불가능한 극한상황에 처한다. 조는 지상에서 얼마나 깊이 떨어졌는지도 모른다. 위에서 줄을 잡고 있는 사이먼도 위기이긴 마찬가지다. 자칫 두 사람 모두 목숨을 잃을 상황에 이르자 사이먼은 '칼'을 생각한다. '한 사람이라도 살아야 한다'. 사이먼은 고민 끝에 파트너가 매달려 있는 자일을 끊고 혼자 베이스캠프로 돌아온다.

크레바스에 갇힌 조는 어떻게 됐을까. 조는 무릎이 부서져 뼈가 드러난 부상에도 15m 높이의 빙벽을 빠져나와 베이스캠프로 기어간다. 72시간의 긴 사투 끝에 생환한 조가 사이먼을 만나서 한 말은….

"사이먼, 네가 나를 살렸어. 혼자 살아 돌아온 그날 밤 넌 무척 괴롭고 힘이 들었겠지. 하지만 난 널 욕하거나 비웃지 않아. 그 방법밖에 없었으니까."(영화 〈친구의

북한산 여명. 2016·1·9 노고산에서

자일을 끊어라〉 재구성)

만약 사이먼이 자일을 끊지 않고 버텼다면 어떻게 되었을까. 두 사람 모두 죽었을 수도 있다. 〈친구의 자일을 끊어라〉는 2004년 '영국 최고의 영화'로 선정됐고, 조 심슨은 기사작위를 받는 등 산악계의 영웅으로 떠올랐다.

팔봉八峰을 넘어 대남문으로

용출봉에서 철제계단을 내려서서 제3봉인 용혈봉龍穴峰까지는 무난한 길이어서 10분 정도면 갈 수 있다. 용혈봉에서 제4봉인 증취봉甑炊峰도 10분이 채 안 걸린다. 증취봉에서 북한산 정상부와 산성주능선을 조망한 후 2분 정도 내려가면 부왕동암문에 '대남문 1.5㎞' 이정표가 기다린다. 부왕동암문에서는 삼천사(서쪽)·중흥사(동쪽) 방향으로 탈출할 수 있다.

문수봉까지 남은 봉우리는 4개. 나월봉~나한봉~716봉~문수봉을 차례로 넘어야 한다. 부왕동암문에서 제5봉인 나월봉羅月峰으로 향한다. 코가 땅에 닿을 정도로 가파른 길이다. 부왕동암문에서 10분쯤 오르면 '대남문 0.8㎞' 이정표가 금줄에 걸려 있다. 나월봉 정상 구간은 위험하니 우회하라는 안내다. 금줄을 넘으면 나월봉 동쪽 사면을 아슬아슬하게 지나 '에스컬레이터'로 불리는 바위틈으로 내려가는 지름길이 있다. 거리가 가깝고 힘이 덜 들기 때문에 산객들이 많이 이용한다. 하지만 산에서 금지사항은 지켜야 한다. 산과의 약속이다.

금줄에서 이정표를 따라 왼쪽으로 내려섰다가 전망이 좋은 능선에 올라 제6봉인 나한봉羅漢峰으로 향한다. 경기문화재연구원은 최근 치성인 나한봉에서 성랑지를 발굴했다. 다시 바윗길을 3분 정도 오르면 삼각점이 있는 716봉, 여기서 급경사를 내려와 청수동암문을 지나면 의상능선의 마지막 봉우리인 문수봉文殊峰에 닿는다. 북쪽으로 북한산 정상부가 웅장하게 솟아 있고, 남서쪽으로는 비봉능선·구기계곡·북악산·인왕산·안산이 파노라마처럼 펼쳐져 가슴이 확 트이는 상쾌함을 느끼게 한다. 문수봉에서 동쪽 성곽을 따라 내려서면 대남문이다.

🚌 교통

34·704번 버스, 고양 마을버스 077번 백화사·북한산성 하차. 주말·공휴일 구파발~북한산성 맞춤버스 운행. 산성탐방지원센터 유료주차장.

10. 북한산성 입구~원효봉(ⓐ상운사 코스·ⓑ서암문 코스)

원효의 숨결을 따라서

봄빛이 움트는 북한산 골짜기를 걷는다. '원효元曉의 길'이다. 원효 대사가 수도했다는 원효암元曉庵으로 가는 길이어서 붙인 이름이다. 중국 유학길에서 해골에 고

눈 내린 날. 인수봉·백운대·영취봉(左로부터). 2017·12·31 고양시 효자동에서

인 물을 먹고 일체유심조一切唯心造(마음이 모든 것을 지어낸다)의 깨달음을 얻었다는 원효의 숨결이 느껴진다. 중생도 이 깨달음을 얻을 수 있을까. 그 답을 찾아 저녁 풍경이 아름답다는 원효봉으로 향한다.

해발 505m의 원효봉元曉峰은 북한산성 입구에서 보면 후덕한 여인상이다. 둥그스레할 뿐 모난 데가 없다. 원효봉 치마바위 암벽 위로 여래가 가부좌를 틀고 있는

형상의 바위가 보인다. 불자들은 이를 '부처님이 나투신 것'이라고 본다.

북한산성 입구에서 원효봉으로 오르는 길은 두 갈래가 있다. ①은 북한동역사관~보리사~상운사~북문을 거쳐 원효봉 정상에 이르는 길(A코스)이고, ②는 북한산성 입구에서 북한산둘레길(밤골 방향)을 따라가다 서암문~원효암을 거쳐 오르는 B코스다. 원효봉으로 가는 다른 코스로는 고양시 효자동 효자비마을에서 원효봉 북쪽으로 오르는 길이 있다(이 길은 효자동 기점에서 안내한다).

■ A코스 : 북한산성 입구~상운사~원효봉
약 2.7㎞, 1시간10분 내외 소요, 난이도 하

칠유암에 선비들의 풍류가

북한산성 입구에서 북한동역사관으로 가는 자동찻길은 앞의 백운대 코스에서 설명했으므로 여기서는 계곡길로 올라보자.

북한산성탐방지원센터에서 20m쯤 위 계곡으로 접어들면 원효봉이 둥그렇게 솟아 있는 것이 보이고, 그 오른쪽으로는 백운대·만경대·노적봉이 산객을 반긴다. 북한천으로도 불리는 이 계곡은 10년 전만 해도 수영장과 많은 음식점이 있어서 소란스럽고 지저분했으나 모두 철거돼 탐방로가 쾌적해졌다. 평탄한 계곡길을 지나 계단을 오르면 왼쪽 계곡에 커다란 바위들이 엉켜 있는 것이 보인다. 수구문水口門터다.

너비 50척(약 15m)·높이 16척(약 4.8m)의 수구문은 1915년 홍수로 무너졌으며 을축년(1925년) 대홍수 때 유구遺構마저도 모두 떠내려갔다고 한다. 계곡의 바위에 수구문 공사내역을 새긴 글씨가 희미하게 남아 있다. '辛卯 六月十三日 始役 九月初十日 完畢 水口牌將 通德郎 徐尙遠 書記 □□…' 1711년 6월 13일 공사를 시작해 9월 10일 공사를 마쳤고, 책임 패장은 통덕랑(정5품) 서상원이라고 쓰여 있다. 수구문은 단순이 물길만 안내하는 것이 아니라 방어의 기능도 갖고 있었다.

수구문터에서 짧은 비탈을 넘으면 북한산성의 수비를 위해 광헌廣軒 스님이 133칸 규모로 창건한 서암사西巖寺다. 서암사에서 언덕을 넘으면 '七遊巖(칠유암)'이라는 글씨가 깊게 새겨진 커다란 바위가 계곡을 막고 있는 것이 보인다. 일곱 선비가

칠유암.
2015·9·17

모여 술잔을 기울이며 시를 주고받았던 바위로, 글씨는 조선 후기의 시인 강박姜樸의 솜씨라고 한다.

　칠유암을 지나 철제계단을 따라 오르는 계곡은 여름 장마철이면 크고 작은 바위 사이로 쏟아지는 계곡수가 폭포를 이뤄 장관을 연출한다. 산객들이 향옥탄響玉灘으로 부르는 폭포인데, 이름을 확인할만한 자료를 찾지 못했다(산영루 앞을 흐르는 작은 폭포를 향옥탄으로 부르는 기록도 있다). 조선 후기의 실학자 성해응成海應은 향옥탄을 비롯해 산영루山映樓·민지암閔漬巖(서암사 인근의 바위)·환희령歡喜嶺(부왕동암문 안부)을 북한산 4대 명승지로 꼽았다. 철제계단에서 조금 더 올라 왼쪽으로 원효교가 보이는 곳에서 오른쪽 계단을 올라서면 북한동역사관이 있는 광장이다.

낙조에 산객도 붉게 물들고

　북한동역사관에서 새마을교~보리사를 지나 10여분, 백운대 가는 길에서 보았던 '祥雲洞界'바위를 지나 삼거리에 닿는다. 여기서 왼쪽 길로 들어가 원효봉까지 0.5㎞, 상운사는 0.3㎞에 불과하지만 계단 길이 가파르다. 상운동교를 건너면 2개의 석장승이 산객을 맞는다. 상운사祥雲寺의 일주문인데, 장승에 '入此門內 莫存知解(입차문내 막존지해)'라고 새겨져 있다. '이 문 안으로 들어오려면(진리를 깨치려면) 알음알이(갖고 있는 지식)를 모두 버리라'는 뜻이라고 한다.

　영취봉靈鷲峰(해발 662m) 아래 자리한 상운사는 참으로 터를 잘 잡았다는 생각이 든다. 자궁을 연상케 하는 터에 절이 들어섰다. 경내에서 보는 북한산 정상부의 자태가 웅장하면서 수려하다. 상운사 북동쪽으로 영취봉·백운대·만경대·노적봉이

상운사 목조아미타삼존불. 2014·4·10

병풍을 치고 있고, 서쪽으로는 원효봉이 사찰을 향해 절을 하고 있는 형상이다.

상운사는 원효대사가 창건했고, 1722년(경종 2년) 승장僧將 회수懷秀 스님이 133칸 규모로 중창했다. 원래의 이름은 노적사露積寺였으나 영조英祖 대에 바꾸었다고 한다. 상운사 천불전千佛殿에는 1713년에 제작한 목조아미타삼존불木造阿彌陀三尊佛(경기도유형문화재 제190호)이 봉안돼 있다. 고려 초기에 조성된 것으로 추정되는 경내의 석불좌상(경기도유형문화재 제354호)과 수령 400년이 넘었다는 향나무는 기도 발이 좋다고 소문이 난 불자들의 인기 기도처다.

상운사에서 나와 북문으로 오르는 길의 오른쪽으로 높이 10m·너비 7m 정도의 큰 바위에 얕게 선각線刻한 작은 마애불좌상이 보인다. 높이 1m·폭 60㎝ 정도의 작은 마애불 하나만 삐딱하게 바위 한쪽에 새겨져 있어서 삼존불을 조각하려다 미완에 그친 게 아닌가 하는 게 학계의 견해다. 조선 후기에 제작된 마애불로 추정하고 있다.

상운사에서 북문北門까지 0.1㎞, 북문에서 원효봉까지도 0.1㎞다. 북문에서 동쪽

북문. 홍예는 아름다운데 문루가 없다. 2014·5·28

은 영취봉을 거쳐 백운대로 가는 원효봉능선 암벽길이어서 장비를 갖춘 산객에게만 통행을 허용하고 있다. 영취봉과 원효봉 사이 안부에 세운 북문은 높이 11척(약 3.3m)·너비 10척(약 3m)으로, 홍예의 곡선이 우아한데 문루가 없다. '북한도'에도 문루가 그려져 있지 않다. 북한산성 축조 얼마 후 무너졌다는 설과 방화로 소실됐다는 설이 전한다.

　원효봉 정상은 넓은 암반으로 돼 있는 빼어난 전망대다. 인수봉을 뺀 북한산의 주요 봉우리와 능선, 북한산성 내부를 한눈에 볼 수 있다. 해질 무렵 원효봉에서 보는 낙조는 산객의 마음까지 붉게 물들인다.

의상능선 낙조. 2015·9·27 반룡봉에서

■ B코스 : 북한산성 입구~서암문~원효암~원효봉
약 2.4㎞, 1시간10분 내외 소요, 난이도 하

원효 대사의 수행처 원효암

원효봉으로 가는 다른 길(B코스)은 북한산성 입구(북한산성탐방지원센터)에서 북한산둘레길 밤골 방향의 둘레교가 산행 들머리가 된다. 둘레교를 건너 '전주이씨 해안군파 서흥군묘소'를 지나면 효자농원 표지판이 있는 삼거리에 '원효봉 1.6㎞·원효암 1㎞' 이정표가 서 있다.

원효봉 이정표를 따라 오른쪽 길로 꺾어 10여분 오르면 작은 문이 열린다. 몇 년 전까지만 해도 '시구문屍軀門'이란 문패가 붙어 있었던 서암문西暗門이다. 북한산성 축성 후 성 안에서 사람이 죽으면 대문으로 시신이 나가지 못하게 하고 시구문으로

원효암. 원효 대사의
기도처에 세웠다.
2015·5·9

내보냈는데, 서암문과 중성문에 나 있는 암문은 시신의 출구였다. 서암문의 높이·너비는 각 7척(약 2.1m).

서암문으로 들어서면 길은 두 갈래다. 오른쪽 오솔길은 아미타사(옛 덕암사)~원효교를 지나 북한동역사관으로 가는 길이고, 원효봉은 왼쪽으로 난 성곽을 타야 한다. 주말엔 대서문을 지나는 길이 번잡하다고 해서 아미타사를 거쳐 백운대로 오르는 산객도 적지 않다. 이 길은 조금 멀지만 포장로가 아니라는 좋은 점도 있다.

서암문에서 원효봉까지의 성곽길은 코가 땅에 닿을 정도로 가파르고 전망이라고는 전혀 없어 팍팍하게 느껴지는 길이다. 하지만 원효암에 들어서면 답답했던 가슴이 뻥 뚫린다. 북한동 일대가 발아래 펼쳐지고, 건너편으로는 산성주능선과 의상능선이 장엄하게 뻗어 있는 것이 눈에 들어온다.

원효암은 원효 대사가 수도를 한 옛터에 성능 스님이 10칸 규모로 세운 작은 암자다. 원효 대사가 수행했다는 원효대元曉臺 자리에는 산신각이 들어섰다. 건너편으로 의상 대사가 수도했다는 의상봉이 빤히 건너다보이는 위치다. 대웅전에는 삼존불과 원효 대사의 존영이 봉안돼 있다. 조선 후기의 문신 성호星湖 이익李瀷은 시 '삼각산팔경三角山八景'에서 '원효암낙조元曉庵落照'를 북한산 제8경으로 꼽고 시를 읊었다.

서쪽 봉우리로에 해는 지고 있고 西嶺瞻殘日
하늘은 핏빛으로 붉게 물 들었는데 光輝血色紅
몇 조각의 구름은 다투어 빛나고 餘雲爭盪射
숲에는 저녁 안개가 자욱하네 林靄共濛濛

원효암에서 조금 오르면 쇠줄이 걸려 있는 커다란 암봉을 만난다. 보기만 해도 아슬아슬하다. 산객들이 간혹 원효대로 잘못 알고 있는데 전위바위라고 한다. 여기서 보는 풍광이 멋지다. 동쪽으로 영취봉~백운대~만경대로 이어지는 천연성채가 힘차게 솟아 있고, 멀리 보이는 도봉산도 아름답다. 서암문에서 가파른 성곽길을 오르는 동안 힘들었던 산행의 피로가 일시에 풀리는 기분이다. 전위바위에서 쇠줄을 잡고 조심스레 내려선 다음 3분정도 오르면 원효봉 정상에 선다.

교통

34·704번 버스, 고양 마을버스 077번 북한산성 하차. 주말·공휴일 구파발~북한산성 맞춤버스 운행. 산성탐방지원센터 유료주차장.

불심의 길 모정의 길
― 불광동 기점 코스

사모바위의 일출. 2015·1·23

불심의 길 모정의 길
-불광동 기점 코스

족두리봉. 2016·10·3. 은평구 구산동에서

1. 불광동~족두리봉~향로봉~비봉능선~대남문
약 6km, 2시간40분 내외 소요, 난이도 상

비봉능선에서 보는 비경

인연因緣은 사람과 사람을 잇는 가장 아름다운 언어다. 인因이 씨앗이라면 연緣은 밭이다. 인이 결과를 산출하는 직접적 원인이라면 연은 이를 도와주는 간접적 원인이라 할 것이다. 산객은 모두 같은 인연으로 산을 오르는 사람들이 아닐까 생각하며 산길을 연다.

비봉. 2017·9·16 향로봉 아래에서

불광동에서 대남문까지 가는 산행은 거리가 멀고 족두리봉·향로봉·비봉·승가봉·문수봉 등 5개 봉우리를 넘어야 한다. 힘은 좀 들지만 볼거리가 많다. 비봉과 사모바위, 승가봉에서 보는 북한산 정상부와 여러 능선, 서울 시가지는 어느 계절에 보아도 아름답다.

산과 구름이 벗하여. 2015·9·7 상장능선에서

　불광역에서 족두리봉으로 오르는 길은 ①불광초등학교 앞으로 난 불광로를 따라가다 대호아파트 앞에서 오른쪽으로 꺾어 들어가는 길과 ②진흥로의 북한산생태공원에서 불광사를 지나 북한산둘레길로 접어드는 길이 있다. 대호아파트는 지하철 6호선 독바위역에서도 멀지 않다.

　대호아파트 코스는 아파트를 끼고 비탈진 골목길을 조금 올라 삼환그린파크 옆으로 난 좁고 가파른 계단이 산행 들머리다. 주택가를 벗어나면 이내 '족두리봉 0.8㎞' 이정표의 안내를 받는다. 북한산둘레길과 족두리봉으로 가는 등산로가 교차하는 곳이다. 여기서 둘레길로 가지 말고 산길로 올라가야 한다. 족두리봉 정상까지 거리는 짧지만 가파르다. 기어올라야 하는 암벽구간도 있다.

　족두리봉(해발 370m)에 서면 동쪽의 향로봉 너머로 보현봉이 눈에 들어오고, 남쪽으로는 북악산·인왕산·안산이 키 재기를 하고 있는 것도 보인다. 서울월드컵경기장 일대, 김포공항, 김포시, 고양시가 잘 보이는 전망 좋은 곳이다. 불광역에서 족두리봉까지 1.5㎞는 50분 정도가 걸린다. 족두리봉 정상의 '향로봉 1.7㎞·비봉 2.3㎞' 이정표가 갈 길을 알려준다.

족두리봉 북쪽의 암벽 사면을 조심스럽게 돌아 향로봉香爐峯(해발 535m) 아래 안부인 향로봉오거리까지는 내리막인 구기불광능선이다. 향로봉오거리에서 남쪽은 구기터널, 북쪽은 불광공원지킴터(웃산 불광사·불광중)로 가는 길이고 2시 방향의 샛길은 향로봉 사면을 돌아 탕춘대능선으로 붙는다.

오거리에서 향로봉으로 오르는 0.8㎞는 손을 짚고 기어야 할 정도로 경사가 심한 바윗길이 간간 있지만 거리가 짧기 때문에 금세 향로봉 아래 산불감시초소에 닿는다. 초소에서 향로봉 정상 암벽 구간은 통제구역이어서 우회해야 한다. 초소 앞 '상명대 2.0㎞·비봉 1.1㎞' 이정표에서 비봉 방향으로 향로봉 사면을 돌면 전망이 좋은 바위쉼터에 선다. 시원하고 전망이 좋아서 대부분의 산객이 쉬어가는 인기 쉼터다. 세검정 일대가 내려다보이고, 남산 N서울타워와 잠실 롯데월드타워가 한눈에 들어온다. 동쪽으로 솟은 보현봉과 비봉도 멋있다.

신라인의 기상이 서린 비봉

다시 향로봉 동쪽 사면을 돌아 400여 개의 계단을 오르면 향로봉 북단 삼거리에 선다. 기자촌과 진관사에서 올라온 길이 합해진 기자촌능선 끝의 삼거리로, 향로봉오거리에서 향로봉 사면을 180° 정도 우회한 지점이다. 족두리봉에서 약 50분 소요. 삼거리에 세운 '대남문 2.9㎞·사모바위 1.1㎞' 이정표에서부터 문수봉 아래까지는 평지나 다름없는 비봉능선이 이어진다. 향로봉북단 삼거리에서 관봉을 지나 3~4분이면 비봉에 닿는다.

진흥왕순수비. 오른쪽 비가 진품.
왼쪽은 비봉에 세운 복제비

비봉碑峰(해발 560m)은 국보 제3호인 신라 진흥왕순수비眞興王巡狩碑(높이 1.54m・너비 0.69m・두께 0.16m)가 있었던 암봉이다. 신라가 백제로부터 북한산과 한강유역을 빼앗은 이태 뒤인 555년 세운 비로, 4개의 신라 순수척경비 가운데 하나다. 1816년 추사 김정희가 발견해 비문 384자 가운데 68자를 심정審定, 진흥왕순수비라는 사실을 세상에 알렸다. 진품은 훼손을 막기 위해 1972년 국립중앙박물관으로 이전 소장하고 유지遺址는 사적 제228호로 지정, 그 자리에 복제비를 세웠다.

비봉의 서벽西壁은 경사가 심한 암벽이어서 오르내리는 것을 통제하므로 동벽東壁으로 올라야 한다. 동벽 역시 오르기가 쉽지는 않지만 바위에 발판을 파놓아 오를 만하다. 비봉은 북한산 정상부와 의상능선・비봉능선・응봉능선・사자능선과 서울 시내, 김포시, 강화군 일대를 한눈에 볼 수 있는 전망대 봉우리다.

비봉에서 사모紗帽바위(해발 556m)는 0.5㎞로 3분 정도면 닿는다. 대남문까지는 1.7㎞. 사모바위는 불광동・구기동・삼천사・진관사에서 올라온 길이 만나는 북한산 탐방로의 요지이다. 금세 굴러 떨어질 것 같은 사모바위에서 내려다보는 전망이 좋고 쉴 자리도 많아 주말이면 산객들로 북새통을 이루는 쉼터다. 사모바위에서 대남문 이정표를 따라 능선을 걸으면 승가봉僧伽峰(해발 567m)이다. 승가봉에서는 보는 사위의 경관이 아름다워 대부분의 산객이 쉬어간다. 북한산 정상부에 안개구름이라도 흐르는 날은 백운대가 섬처럼 떠 보이고 발아래 깔린 서울 시내와 멀리 관악산의 실루엣 같은 자태, 그리고 뿔처럼 솟은 비봉과 사모바위가 한강을 내려다보고 있는 모습도 아름답다.

승가봉에서 내려서면 구멍바위로 불리는 석문봉石門峰을 지나게 된다. 사람 하나가 지날 만한 바위구멍으로, 보현봉・문수봉・716봉・나한봉이 액자 속의 풍경화처럼 담기는 암문暗門 같은 곳이다. 석문봉을 지나 5분 정도 가면 문수봉 아래 안부에 닿는다. 여기서 길은 두 갈래다. ①가파른 계곡을 올라 청수동암문~문수봉~대남문으로 가는 길과 ②문수봉 암벽을 타고 문수봉~대남문으로 가는 두 길이 있다. 청수동암문 계곡길은 깔딱고개여서 좀 힘이 든다. 그래서 스릴도 느낄 겸 문수봉 서쪽 암벽을 오르는 산객이 많다. 암벽길도 수월하지는 않지만 10여 년 전 쇠말뚝을 박고 쇠줄을 연결하는 등 안전시설을 설치해 담력만 있으면 오를 수 있다. 계곡길이든 암벽길이든 안부에서 15분 정도면 문수봉 정상에 선다.

문수봉에 서면 북동쪽으로 북한산 정상부를 비롯해 원효봉능선・의상능선・산성

여명. 2015·1·23. 사모바위에서

주능선이 파노라마처럼 펼쳐져 보이고 남쪽으로는 사자능선과 구기계곡, 서울 시내가 한눈에 내려다보인다. 물 한 잔 마시면서 불광동에서 출발해 지금까지 걸어온 족두리봉~향로봉~비봉~사모바위~승가봉~석문봉~문수봉으로 연결되는 능선을 내려다보는 것도 산행의 또 다른 재미가 될 수 있다. 자신이 살아온 길을 뒤돌아보듯…. 문수봉에서 성곽을 따라 내려서면 대남문이다.

대남문에서 북한산성 입구로 하산은 109쪽 북한산성 입구~중흥사~대남문, 구기동 방향은 211쪽 구기동~구기분소~대남문 코스 참조.

교통

지하철 3·6호선과 불광역을 경유하는 버스 불광역 하차, 지하철 6호선 독바위역 하차.

2. 불광역~용화1공원지킴터~족두리봉
약 1.7㎞, 45분 내외 소요, 난이도 하

유두봉乳頭峰이냐 수리봉이냐

불광역에서 비봉능선 산행의 1차 목표가 되는 족두리봉은 여러 이름을 갖고 있다. 봉우리가 독[甕]을 엎어놓은 것 같다고 해서, 혹은 봉우리 인근에 옹기를 엎어놓은 것 같은 바위가 있어 오래 전부터 '독바위봉'으로 불렸었다. 생김새가 수리의 머리를 닮았다 해서 '수리봉[鷲峰]'이라고도 했다. 또 봉긋이 솟은 암봉이 여인의 풍만한 젖가슴을 닮아 30여 년 전까지만 해도 '젖꼭지봉' '유두봉乳頭峰'으로 많이 불렸으나 듣기가 거북해서였는지 쓰지 않고 10여 년 전부터 족두리봉으로 정착이 됐다. 봉우리 위에 있는 작은 바위가 멀리서 보면 족두리를 쓴 것 같다고 해서 붙인 이름이라고 한다.

유두봉으로 불렸던 족두리봉. 2017·9·14 금선사 위에서

백운대에서 새해 일출을 본 산객들이 하산하고 있다. 윤홍 작. 2016·1·1

    용화1공원지킴터에서 족두리봉으로 오르는 코스는 불광역에서 구기터널 방향으로 10분 거리인 북한산생태공원이 산행 들머리다. 공원이 끝나는 지점의 통나무집 식당 앞에서 '족두리봉 1.0㎞·용화1공원지킴터 0.2㎞' 이정표를 따라가야 한다. 통나무집 옆에 있는 오만불(불교용품 판매점) 앞 오솔길로 들어가 예전의 용화2매표소(폐쇄)를 거쳐 족두리봉으로 가는 길도 있다.

    통나무집에서 왼쪽의 용화사 앞 골목길을 조금 들어가면 용화1공원지킴터, 다시 경사가 심한 0.3㎞를 오르면 '족두리봉 0.5㎞' 이정표가 나온다. 오만불에서 올라온 길과 만나는 지점이다. 오만불 기점은 불광동에서 구기터널로 가는 진흥로19길 골목에서 오른쪽 심우정사 앞 산길이 들머리다. 산길을 올라 삼거리 철책에서 직진하면 용화1공원지킴터에서 올라온 길과 합류한다.

    두 길이 합해진 곳에서 조금 오르면 길 한 가운데에서 앉아 쉬기 좋은 상석을 만

북한산. 정상부와 상장능선, 산성주능선, 비봉능선, 의상능선, 사기막골이 한 눈에 들어온다.
2016·10·2 노고산에서 180° 파노라마 촬영

난다. 묘가 있었던 자리인데, 상석의 글씨가 심하게 마모돼 전문을 알아보기는 어렵지만 앞부분의 '淑人南陽梁氏(숙인남양양씨)'라는 글자는 읽을 수 있다. 숙인이라면 조선시대 정3품 당하관 및 종3품의 종친이나 문무관의 적처嫡妻에게 주었던 작호인데 어쩌다 산객들의 휴식 의자가 되었는지. 상석에서 길은 바윗길로 바뀌지만 험하지는 않다. 짧은 슬랩을 올라 비탈진 바위에 서면 대부분의 산객들이 배낭을 내려놓는다. 전망이 좋은 곳이다. 불광역에서 구기터널로 가는 진흥로가 발아래로 길게 뻗어 있고, 내부순환로 너머로는 북악산·인왕산·안산과 서울 시가지가 눈에 들어온다.

바위 쉼터에서 조금 오르면 거대한 암괴가 앞을 가로막는다. 족두리봉이다. '향로봉 2.0㎞'를 알려주는 이정표에서 정면으로 난 암벽(족두리봉남벽)을 기어올라야 하는데, 경사가 60°는 족히 돼 보인다. 이 길은 위험하므로 암벽훈련이 안 된 산객은 암봉의 오른쪽 길로 가야 한다. 이 길도 바윗길이지만 암벽보다는 수월하다. 이정표에서 5분 정도면 족두리봉 정상에 선다. 족두리봉에서 백운대 등 북한산 정상부는 보이지 않지만 서쪽 지역이 시원스레 펼쳐져 있는 것을 볼 수 있다.

🚌 교통

지하철 3·6호선과 불광역을 경유하는 버스 불광역 하차. 7022·7211·7212번 버스 삼성래미안아파트 하차.

3. 독바위역~정진공원지킴터~족두리봉
약 2.1㎞, 1시간 내외 소요, 난이도 하

북한산 서부의 명물 족두리봉

북한산의 봄은 작은 생명에서부터 온다. 물푸레나무에 싹이 돋기 시작하면 노랑제비꽃도 마른 덤불을 헤치고 얼굴을 내민다. 현호색과 산괴불주머니도 새봄의 식구가 된다.

지하철 6호선 독바위역에서 족두리봉으로 가려면 정진사 위 정진공원지킴터를 지나야 하는데 마을길이 여러 갈래여서 좀 복잡하다. 출입구가 하나밖에 없는 독바위역에서 길을 건너 수양헬스사우나 골목으로 들어서는 것이 찾기 쉽다. 힐스테이트아파트를 지나 나지막한 언덕을 넘어 '불광로16길'을 가리키는 전신주에서 우회전하면 토담집(식당)이 나오는데, 여기가 갈림길이다. 북쪽으로 난 굽은 길은 수리공원에서 북한산둘레길이나 불광공원지킴터로 가는 길이고, 정진공원지킴터는 토담집에서 이정표를 따라 직진해야 한다.

토담집에서 조금 오르면 왼쪽에 정진사가 있다. 정진사로 들어가지 말고 오른쪽 나무계단을 올라야 정진공원지킴터로 가게 되는데, 네거리에 서울둘레길·북한산둘레길·북한산탐방로 이정표가 함께 있어서 좀 혼란스럽다. 독바위역에서 정진공원지킴터까지 15분 정도가 걸린다. 족두리봉까지 남은 거리는 1.1㎞.

정진공원지킴터에서 바윗길 0.3㎞를 조심스레 오르면 족두리봉북서능선(불광공원지킴터~족두리봉)의 중간 지점인 네거리에 선다. 불광공원지킴터에서 올라온 길과 동쪽의 향림계곡으로 빠지는 샛길이 만나는 지점이다. 족두리봉은 우측으로 뻗은 능선 0.8㎞를 더 올라야 한다. 경사도가 만만치 않지만 거리가 짧고 좌우로 펼쳐지는 경치가 아름다워서 크게 힘이 들지 않는다. 정진공원지킴터에서 족두리봉까지 40분 정도 소요. 족두리봉에서 향로봉~비봉~대남문으로 계속 가는 길은 161쪽 불광동~족두리봉~향로봉~사모바위~대남문 코스를 참조한다.

🚌 교통
지하철 6호선·7720·7734번 버스 독바위역 하차.

4. 불광중~불광공원지킴터~향로봉오거리~사모바위
약 4km, 1시간30분 내외 소요, 난이도 중

물소리 아름다운 향림계곡

불광중학교~불광공원지킴터에서 향로봉오거리~향로봉~사모바위로 가는 길은 주말은 물론 평일에도 이용하는 산객이 많다. 불광공원지킴터 앞에서 '향로봉 2.3㎞·비봉 2.9㎞' 이정표를 따라 작은 다리를 건넌다. 가파른 계단을 오르면 불광요산회, 여기서 까마득하게 보이는 나무계단과 바위 비탈길을 타면 불광요산회 체력단련장에 닿고, 왼쪽으로 미끈한 암봉이 눈에 들어온다. 이름 없는 봉우리였는데 봉우리 뒤편에 선림사禪林寺가 있어서 선림봉禪林峰, 또는 사발을 엎어 놓은 것 같다

운하에 싸인 백운대(左)와 만경대. 2018·8·28 사모바위에서

산과 도시. 2022·9·20 은평구 봉산에서

고 해서 최근엔 사발바위라 부른다.

　체력단련장에서 오솔길을 지나 쇠줄을 당겨 바윗길을 오르면 전망이 좋은 쉼터에 선다. 선림봉과 기자촌능선, 향로봉 서쪽 암벽이 병풍을 친 것처럼 서 있다. 쉼터에서 편안한 길을 5분쯤 가면 '향로봉 1.4㎞·족두리봉 1.3㎞' 이정표를 만난다. 향림계곡 삼거리인데 여기서 길을 잘 잡아야 한다. 왼쪽으로 가는 '향로봉 1.4㎞' 이정표는 이 코스에서 예정한 향로봉오거리로 가는 길이 아니고 향림사지로 알려진 솔밭쉼터를 거쳐 기자촌능선의 406봉 안부로 올라 향로봉북단으로 가는 기자촌능선길의 이정표다. 향로봉오거리로 가는 길은 '족두리봉 1.3㎞' 이정표를 따라 향림계곡을 건너야 한다. 계곡을 건너 오른쪽으로 꺾으면 향로봉오거리로 가는 길이 나온다.

　향림계곡에서 향로봉오거리로 가지 않고 향로봉북단으로 바로 오르는 계곡길이 있어 평일에도 많은 산객들이 오랫동안 이용했는데 최근 금줄을 쳐 출입을 통제하고 있다. 향로봉오거리에서 향로봉으로 올라 사모바위를 거쳐 대남문으로 산행을 계속하는 길은 161쪽 불광동~족두리봉~향로봉~사모바위~대남문 코스를 참조한다.

신록의 북한산. 2017·6·2 4·19민주묘지에서

■ 불광중~불광공원지킴터~족두리봉

불광중학교 앞길로 들어가 불광공원지킴터에서 '족두리봉 1.1㎞' 이정표를 따라 오른쪽 급경사 길로 올라서면 족두리봉으로 갈 수 있다. 불광공원지킴터 앞 이정표에서 능선을 따라 0.3㎞ 올라가면 네거리가 나온다. 정진공원지킴터에서 올라온 길과 향림계곡으로 가는 갈림길이기도 하다. 네거리에서 족두리봉 정상까지 0.8㎞는 15분 남짓, 불광중에서는 1시간이면 오를 수 있다.

교통

은평마을버스 06번 종점, 7720·7734번 버스 불광중 하차. 571·701·720·7211번 버스 불광지구대나 대창센시티아파트 하차.

5. 불광중~선림공원지킴터~기자촌능선~사모바위
약 4km, 1시간40분 내외 소요, 난이도 하

고즈넉한 선림사 길

금빛 햇살이 신록을 애무하고 있는 아침이다. 산객의 야윈 앙가슴에 신록이 반짝이는 작은 꽃밭 하나 일구고 싶다. 한 뼘 작은 꽃밭에 오늘의 삶을 정성들여 가꾸고 싶은 마음을 배낭에 담아 산길을 간다.

선림공원지킴터로 오르는 길은 ①불광중학교 후문에서 북한산둘레길 진관사 방향 이정표를 따라 산으로 들어서는 길과 ②은평경찰서 앞 폭포동아파트 입구에서 선림사~북한산둘레길로 오르는 두 길이 있다. 불광중 후문이 길을 찾기 쉽다.

불광중 후문에서 둘레길을 따라 5분 정도 산길을 가면 선림사 뒤에서 올라오는 둘레길과 만나는 곳에 선림공원지킴터가 있다. 선림공원지킴터에서 기자촌능선의 406봉 안부까지는 1.3km, 향로봉 북단 2.0km, 사모바위 3.1km. 선림공원지킴터에서 완만한 비탈길을 5분여 오르면 전망이 좋은 쉼터에 닿고, 조금 더 가면 약수터가 있는 갈림길이다. 갈림길에서 약수터로 가지 말고 오른쪽으로 꺾어 조금 오르면 송전탑이 있는 삼거리에서 '향로봉 1.1km · 족두리봉 1.4km' 이정표를 만난다. 불광중~향림계곡에서 올라온 길과 만난 지점이다. 송전탑에서 왼쪽의 '향로봉 1.1km' 이정표를 따라 10분 정도 가면 기자촌능선 406봉 아래 안부에 닿는다.

기자촌과 진관사에서 각각 올라온 길과 선림공원지킴터 · 불광공원지킴터에서 올라온 길이 만난 안부에서 '향로봉 0.7km' 이정표를 따라 능선을 20여 분 오르면 향로봉북단에 선다. 사모바위~대남문으로 산행을 계속하려면 161쪽 불광동~족두리봉~향로봉~사모바위~대남문 코스를, 기자촌으로 가려면 206쪽을 참조한다.

🚌 교통

은평마을버스 06번 종점, 7720 · 7734번 버스 불광중 하차. 571 · 701 · 720 · 7211번 버스 불광지구대나 대창센시티아파트 하차.

사모바위와 관봉. 2017·12·15 승가봉에서

6. 불광역~옛성길능선~탕춘대능선~사모바위
약 4.7㎞, 2시간 내외 소요, 난이도 하

걷기 좋은 탕춘대능선

 바람이 낡은 계절을 밀어내고 새 계절을 불러왔다. 북한산의 계절은 아랫마을보다 한 뼘 먼저 오고 한 발 먼저 간다. 산객의 걸음은 산의 계절에 맞추느라 늘 분주하다. 북한산의 가을을 만나기 위해 배낭을 추스른다.
 불광동에서 향로봉이나 비봉으로 가는 옛성길능선은 주말이면 산객이 몰리는 코스다. 북한산 탐방로와 북한산둘레길이 장미공원에서 탕춘대성암문(독박골암문)까지 함께 가기 때문이다. 불광역에서 시작하는 옛성길능선 산행 들머리는 여러 개가 있다. ①불광역 네거리의 녹번파출소에서 서울혁신파크(옛 질병관리본부) 담을 끼고 구기터널 쪽으로 5~6분 가다 진흥로16길로 들어서는 길과 ②이 길에서 조금 더 가 샘터가 있는 장미공원에서 오르는 길이 주 등산로다. 다른 길로는 ③녹번파출소에

비봉능선과 평창동. 2014·9·19 북악산길 팔각정에서

서 서울혁신파크 정문을 지나 통일로62길 서울기록원 쪽으로 오르는 길과 ④양천누리터어린이공원~어울초등학교를 지나 오르는 두 길이 있다. ⑤이밖에 녹번역 위 산골고개에서 오르는 길도 있는데, 이 길들은 모두 옛성길능선 시작점인 서울우수조망명소(전망바위) 아래에서 만난다.

북한산생태공원 건너 장미공원을 들머리로 잡아보자. 장미공원 샘터에서 가파른 계단을 올라 송전탑을 지나면 정자 쉼터가 나오고, 오른쪽에서 길이 하나 합해진다. 진흥로16길과 통일로62길·푸르지오아파트에서 올라온 길이다. 정자에서 조금 오르면 오른쪽에서 어울초등학교와 산골고개에서 올라온 길이 붙고, 곧 서울시 우수조망명소에 선다. 보현봉과 문수봉~대남문~승가봉~사모바위~비봉~향로봉으로 이어지는 비봉능선이 한눈에 들어오는 전망 좋은 곳이다.

여기서부터 탕춘대성암문까지 10여분은 걷기 좋은 흙길이 이어진다. 암문을 통과하면 상명대·홍지문에서 올라온 길이 합류한다. 마사토를 깔아놓은 듯 부드러운 흙길의 탕춘대능선을 걷다보면 왼쪽으로 풍만한 젖가슴을 닮은 족두리봉이 눈에 들어온다. 족두리봉은 어느 위치에서 보아도 예쁘지만 탕춘대능선에서 보았을 때가 가장 아름답다.

능선길을 계속 걷는다. 멀리 향로봉이 보일 때쯤 오른쪽으로 구기동 이북오도청~한일주택에서 올라온 샛길 하나를 보태면 곧 탕춘대공원지킴터다. 공원지킴터에서 향로봉을 향해 3분 정도 오르면 오른쪽으로 포금정사지~비봉으로 가는 갈림길이 나온다. 갈림길의 작은 바위에 서면 향로봉과 비봉, 멀리로는 보현봉과 사자능선이 길게 늘여져 있는 것이 보인다.

갈림길에서 오른쪽 길로 10분 정도 오르면 포금정사지다. 구기동~비봉공원지킴터~금선사에서 올라온 길과 만나는 넓은 쉼터로, 여기서 비봉은 0.6㎞, 사모바위는 1.1㎞를 더 가야 한다. 상당히 거칠어진 길을 20분 정도 오르면 비봉 아래 안부에 닿는다. 진관사에서 올라온 길, 족두리봉~향로봉에서 온 길이 만나는 지점이다. 여기서부터 대남문 방향은 161쪽 불광동~족두리봉~향로봉~사모바위~대남문 코스를 참조한다.

🚌 교통

지하철 3·6호선이나 버스 불광역 하차. 7022·7211·7212번 버스 삼성래미안아파트 하차.

7. 구기터널~향로봉~사모바위
약 3.4㎞, 약 1시간 30분 내외 소요, 난이도 하

노송이 아름다운 각황사

구기터널 서쪽 입구에서의 산행은 향로봉~비봉을 거쳐 사모바위가 1차 목표가 된다. 구기터널 서쪽 입구 구기터널공원지킴터 앞에 '각황사 0.9㎞·비봉 2.7㎞' 이정표가 있다. 초입은 완만하다. 힘들이지 않고 걷다보면 삼거리에 '각황사 0.4㎞·향로봉 1.6㎞' 이정표를 다시 만난다. 왼쪽은 각황사를 거쳐 향로봉으로 가는 길, 오른쪽은 향로봉으로 바로 오르는 계곡길이다.

각황사覺皇寺는 10여 그루의 노송에 둘러싸인 작은 절집이다. 전남 구례 화엄사華嚴寺의 각황전覺皇殿을 연상케 하는 절 이름이 마음에 들어서 이따금 들르는데 항상 조용하다. 길이 완만해 이정표에서 각황사까지 10분이 채 안 걸린다. 각황사에서 족두리봉 뒤쪽 능선으로 오르는 길이 있었으나 몇 년 전 폐쇄됐다.

각황사로 길을 잡지 말고 '향로봉 1.6㎞' 이정표를 따라 조금 가면 넓은 쉼터가 나오고, 길가에 돌출된 바위를 지나면 곧 샘이 있는 쉼터에 닿는다. 각황사를 들러

각황사. 2021·2·6

올라온 길과 만나는 곳으로 샘은 폐정이 된 지 오래다. 구기터널공원지킴터에서 약 25분, 불광역에서는 45분 정도가 걸린다. 쉼터에서 탕춘대공원지킴터로 올라가는 길을 몇 년 전 막았다. 비봉으로 가려면 북쪽으로 난 오르막길을 타고 향로봉오거리로 올라야 한다. 구기터널공원지킴터에서 오거리까지는 1.3㎞, 약 40분의 거리다. 오거리에서 향로봉을 지나 비봉·사모바위로 가는 길은 161쪽 불광동~족두리봉~향로봉~사모바위~대남문 코스를 참조한다.

교통

불광역에서 구기터널 입구까지 걷거나 7022·7211·7212·7730번 버스 구기터널 하차.

북한산 일출 반영. 2015 · 12 · 12 파주시 봉일천에서

삼천사골에 비류폭포 날리고
-삼천사 기점 코스

상고대가 내린 날의 인수봉과 도봉산. 오건민 작. 2021·12·25 만경대에서

삼천사골에 비류폭포 날리고
-삼천사 기점 코스

용출봉과 삼천사. 2017·11·5

1. 삼천사~응봉능선~사모바위
약 3.3㎞, 1시간20분 내외 소요, 난이도 중

백운대와 만경대. 2018·10·17 노적봉에서

응봉에서 보는 진경산수

한 폭의 그림 속에 들어앉은 느낌이다. 이만한 산수화재山水畵材도 없으리라. 진경산수의 대가 겸재謙齋 정선鄭敾도 탐낼 만한 승경勝景에 갇혀 갈 길을 잃었다. 응봉능선에서 보는 북한산 정상부와 의상능선은 한 폭의 동양화다.

서울시 은평구 진관동 삼천탐방지원센터에서 약 60m 위에 있는 수복식당 앞 골목으로 들어서는 것으로 응봉능선 산행을 시작한다. 차가 다니는 길가의 '삼각산

문수봉과 비봉능선. 2017 · 9 · 16

 '적멸보궁 삼천사' 표석을 지나 미타교를 건너면 언덕길에 응봉능선 탐방로를 알려주는 '사모바위 2.3㎞ · 비봉 3.0㎞' 이정표가 서 있다. 산길은 처음부터 아주 가파르다. 급경사길을 25~30분 정도 힘겹게 올라야 한다. 숨이 너무 차서 주저앉고 싶을 때쯤 나뭇가지 사이로 백운대 이마가 보이고, 곧 응봉능선의 첫 봉우리에 닿는다. 해발 333m의 응봉鷹峰이다. 봉峰이라고 이름을 올린 북한산 봉우리 가운데 아주 낮은 편인데도 오르기가 상당히 힘이 든다.

 가파른 길을 힘겹게 올라온 터라 응봉에서 누구나 배낭을 내려놓는다. 발 아래로 진관사가 고즈넉하게 자리하고 있는 것이 보이고 서울월드컵경기장 너머로는 인천 계양산, 김포 문수산, 강화 고려산 등 서쪽의 올망졸망한 산들이 조망된다. 응봉 바위 위로 올라가면 의상능선 너머로 백운대의 뾰족한 모습을 볼 수 있다. 눈이라도 내린 날에는 백운대 정상이 히말라야의 한 봉우리처럼 보이는 곳이다.

응봉에서 완만한 능선을 지나 쇠줄을 매어 놓은 가파른 바윗길을 30여 분 오르면 전망바위에 선다. 여기서 멋지게 보이는 북한산 정상부의 사진을 찍고 조금 올라 이동통신안테나를 지나면 곧 사모바위 쉼터다. 사모바위는 해발 556m에 지나지 않지만 산성주능선·의상능선·원효봉능선·비봉능선·기자촌능선 등 우이동 쪽 영봉 일대를 제외한 북한산의 수려한 자태가 한눈에 들어오고 산하山下의 경치가 아름답게 보이는 곳이다.

사모바위에서 대남문이나 불광동 방향은 161쪽 불광동~족두리봉~향로봉~비봉능선~대남문 코스, 구기동으로 하산은 214쪽 구기동~삼거리쉼터~승가사~사모바위나 217쪽 구기동~승가공원지킴터~사모바위 코스 참조.

교통

701·7211·7723번 버스 하나고·삼천사 입구 하차.

2. 삼천사~비류폭포~사모바위
약 3.3㎞, 1시간10분 내외 소요, 난이도 하

금빛 미소로 맞아주는 여래

삼천사三千寺 마애여래입상의 미소가 금빛으로 빛나는 아침이다. 처처에 부처요, 골골에 법음(法音)이 울려 퍼진다. 삼천 명의 승려가 주석했다는 삼천승동三千僧洞은 불국토답게 정념正念에 잠겼다. 언제나 조용히 흐르는 삼천폭포를 거슬러 오르면 비류폭포의 물방울이 바람에 날려 산객의 옷에 푸른 물감을 적신다.

서울시 진관동 삼천탐방지원센터에서 삼천사 경내까지는 0.8㎞로 10분 정도면 갈 수 있다. 삼천사에서 사모바위로 가는 계곡길은 북한산 탐방로 중 가장 편안한

비류폭포. 2017·7·7

코스로 꼽힌다. 사모바위까지의 거리도 십 리가 채 안 돼 걸음이 빠른 산객은 1시간 안에 오를 수 있다. 길은 편하지만 볼거리가 별로 없다. 비류폭포 위 반석에 앉아 구름이 맴도는 용출봉·용혈봉·증취봉을 잠깐 보는 것 외에는 이렇다 할 경치가 없고 답답한 계곡 산행이 이어질 뿐이다.

지금의 삼천사三千寺는 신라 문무왕 1년(661년) 원효 대사가 개산한 삼천사三川寺가 모체다. 《북한지》에는 3,000여 명의 승려가 수도할 정도로 번창했고, 삼천사라는 이름도 여기서 유래한 것으로 추측된다고 했으나 삼천 승려를 뜻하는 '三千寺'란 사명寺名은 임진왜란 이후부터 썼다고 한다. 三川寺는 임진왜란 때 전소되다시피 했고, 훗날 지금의 마애여래입상이 있던 암자 자리에 진영 화상이 '三千寺'란 이름으로 복원했다. 원효 대사가 창건한 三川寺의 옛터는 현 삼천사에서 부왕동암문 쪽으로 2㎞ 정도 올라간 증취봉 아래에 있다.

삼천사는 부처님의 진신사리를 봉안하고 있는 적멸보궁이다. 소실燒失과 중창을 거듭하다 한국전쟁 때 또 불에 탄 것을 1960년 중건했다. 대웅전 앞에 건립한 세존진신사리불탑世尊眞身舍利佛塔 너머로 의상능선의 용출봉·나월봉 등 의상능선이 병풍을 치고 있는 것이 보인다. 용출봉은 삼천사의 주봉이다.

세존진신사리불탑은 오대산五臺山 월정사月精寺의 8각9층 석탑(국보 제48-1호)과 같은 양식이다. 인도 사르나트에 있는 아쇼카왕 석주사자상 4두頭를 원형대로 본따 탑 상륜부에 올린 불탑에는 미얀마 마하시 사사나 사원에서 모셔온 진신사리 7과와 높이 16.5㎝의 순금동 석가모니불, 금강경 600부 등을 봉안했다고 한다. 대웅전 뒤에 있는 형통무량불전에 들어서면 마애여래입상이 잔잔한 미소로 길손을 맞이한다. 합장으로 여래의 미소에 답하고 철제쪽문을 벗어나면 본격적인 산행이다.

오른쪽으로 흐르는 삼천사계곡은 한여름이면 피서객으로 발 디딜 틈이 없는 인기피서지다. 출입금지 울타리를 쳤지만 금줄이 더위까지 막지는 못한다. 삼천사를 벗어나 5분쯤 오르면 미끄럼틀 같은 와폭臥瀑이 흐른다. 장마철엔 제법 물줄기가 시원한 삼천폭포다. 삼천폭포에서 7~8분 오르면 삼거리에 '비봉 2.1㎞·대남문 2.5㎞·부왕동암문 1.1㎞' 이정표가 서 있다. 비봉·대남문·부왕동암문으로 각각 가는 갈림길이다. 사모바위로 가는 길은 비봉 이정표를 따라 오른쪽으로 올라야 한다. 작은 계곡을 건너면 비류폭포와 만난다. 여름철 비가 많이 내리면 제법 큰물줄기가 쏟아지는 2단 폭포가 구경거리다. 폭포는 겨울에는 멋진 빙폭으로 바뀐다.

길은 아직도 등산로답지 않게 완만하다. 삼천사에서 큰 힘 들이지 않고 35~40

분 오르면 산객들이 쌓은 작은 돌탑 몇 기가 서 있는 쉼터에 닿는다. 5월이면 철쭉꽃이 군락을 이뤄 아름다운 곳이다. 쉼터에서 20여분 오르면 사모바위에 닿는다. 사모바위에서 동쪽은 대남문(1.6㎞), 서쪽은 비봉(0.6㎞)으로 간다.

북한산의 문화재
서울 삼천사지마애여래입상 三川寺址磨崖如來立像
보물 제657호(1979년 지정)

    삼천사 대웅보전 뒤의 병풍바위에 조각한 마애여래입상은 언제 보아도 인자하다. 온화하면서도 중후한 인상에서 풍기는 잔잔한 웃음이 보는 이의 마음을 밝혀준다. 살짝 뜬 눈의 꼬리가 귀 가까이 닿아 있고, 두툼한 코와 양 눈썹 사이에는 작은 백호공白毫孔이 뚫려있다. 독특한 기법으로 조각한 고려시대의 대표적 불상으로 꼽힌다. 전체 높이 3.2m·불상 높이 2.6m. 영험한 부처님으로 알려져 불자들의 기도 발길이 끊이지 않는다고 한다.

3. 삼천사~청수동암문~대남문
약 4.1㎞, 1시간40분 내외 소요, 난이도 중

숫눈을 밟고 청수동암문으로

커튼을 걷으니 창밖이 훤하다. 간밤에 도둑눈이 내렸다. 아직 어스름이다. 산길은 아무도 지난 흔적이 없다. 천사가 내려준 날개옷 같은 숫눈을 밟고 산을 오른다. 순백의 눈길에 찍힌 첫발자국이 뒤에 오는 산객에게는 길이 될 것이다. 행여 길을 잘못 잡을세라 조심스레 산길을 연다.

보현봉 일출. 2018·8·4 구산동에서

삼천탐방지원센터~수복식당을 지나 삼천사에서 삼천사계곡을 따라 15분 정도 오르면 '대남문 2.5㎞·부왕동암문 1.1㎞' 이정표를 만난다. 다시 5분 정도를 직진

백운대와 나월봉. 2017·9·14 승가봉에서

해 좁은 계곡을 건너면 길은 양 갈래다. 왼쪽은 부왕동암문, 오른쪽은 청수동암문~대남문으로 가는 길이다. 여기서 '대남문 2.3㎞' 이정표를 따라 오른쪽 길로 들어서야 한다. 계곡을 건너면 완만한 숲길이다. 오른쪽으로 비봉능선, 왼쪽으로는 의상능선이 시야를 막아 좀 답답하지만 길은 편하다.

삼천사에서 1시간쯤 걸었을까. 완만하던 길이 조금씩 가팔라지면 비봉능선에 거의 다 왔다고 보아도 된다. '문수봉 1.0㎞·해발 427m' 이정표를 지나 짧은 비탈길을 올라서면 청수동암문 계곡 아래 삼거리에 선다. '대남문 0.6㎞·비봉 1.7㎞·삼천탐방지원센터 3.5㎞' 이정표에 기대어 잠시 숨을 고른다.

여기서 청수동암문으로 올라서는 0.3㎞는 힘이 드는 깔딱고개여서 쉬지 않을 수 없다. 경사가 심한 돌계단을 10분 넘게 땀을 빼야 한다. 청수동암문에 올라서면 대남문까지 0.3㎞는 평지나 다름없다. 청수동암문에서 불광동 방향 하산은 161쪽 불광동~족두리봉~향로봉~비봉능선~대남문 코스 참조.

🚌 교통

701·7211·7723번 버스 하나고·삼천사 하차.

4. 삼천사~삼천사지~부왕동암문
약 2.8㎞, 1시간10분 내외 소요, 난이도 하

1,400년 역사가 묻힌 삼천사지

사람의 마음은 좁고도 넓다. 마음을 닫으면 송곳 하나 들어갈 틈이 없을 정도로 좁아지지만 열면 우주를 쓸어 담을 정도로 넓은 것이 사람의 마음이라고 한다. 삼천사로 오르면서 그동안 닫혀 있었던 마음을 열어본다.

삼천탐방지원센터에서 자동찻길로 올라가 보자. 수복식당에서 구불구불한 시멘트 포장로를 10분 정도 걸으면 삼천사다. 삼천사에서 삼천폭포를 지나 20분 정도 가면 계곡 건너 삼거리에 '부왕동암문 0.9㎞' 이정표가 보인다. 이정표를 따라 왼쪽의 완만한 길을 10분쯤 오르면 길가에 '삼천사지 0.1㎞'를 알리는 푯말이 꽂혀 있다. 너무 작아서 그냥 지나치기 쉽다. 푯말을 따라 희미한 오솔길로 올라가면 삼천사지三川寺址 상부에 선다. 의상능선의 네 번째 봉우리인 증취봉 암벽 아래다.

서울역사박물관은 2005년 9월부터 2년여에 걸쳐 삼천사지 발굴 조사를 벌여 옛 삼천사 터와 청동사리합·철제공구류·고려석조보살두高麗石造菩薩頭 등 고려 전·중기의 희귀 유물 500여점을 발굴, 소장하고 있다. 고려 전기의 법상종 승려인 대

대지국사 탑비 귀부.
2018·6·13 삼천사지에서

지大智 국사 법경法鏡의 행적을 살펴볼 수 있는 탑비 명문비편銘文碑片을 비롯해 탑비전塔碑殿으로 추정되는 건물터도 발굴에서 확인했다. 탑비전에는 수습되지 않은 대지 국사 탑비의 귀부龜趺와 이수螭首가 파괴된 채 남아 있어 옛 절터임을 말해준다. 삼천사지에서 내려와 다시 부왕동암문으로 향한다. 길은 조금 가팔라지지만 곧 쉬기 좋은 바위에 닿는다. 전면(동쪽)으로 톱날 같은 나월봉이 보이고, 고개를 남쪽으로 돌리면 작은 돌멩이 같은 사모바위가 금세 굴러 떨어질 듯 위태롭게 붙어 있는 것이 멀리 눈에 들어온다. 다시 5분여를 올라 짧은 슬랩을 지나면 부왕동암문이다.

 교통

701·7211·7723번 버스 하나고·삼천사 하차.

백운대. 2016 · 11 · 27 만경대에서

솔바람으로 차茶 잎을 덮다
—진관사 기점 코스

북한산 일출. 2017·1·10 파주시 공릉천에서

솔바람으로 차茶 잎을 덖다
- 진관사 기점 코스

진관사 대웅전. 2017·5·31

1. 진관사~진관사계곡~사모바위
약 3㎞, 1시간10분 내외 소요, 난이도 중

서울의 4대 명찰 진관사

다향茶香이 코끝을 스친다. 진관사 전통찻집의 초가지붕 처마에 '松風煮茗(송풍자명)'이란 현판이 걸려 있다. '솔바람으로 차 잎을 덖는다'는 뜻이라고 한다. 찻집에서 나온 향긋한 다향이 산길로 번진다.

국찰國刹 진관사津寬寺는 신라 진덕왕眞德王(재위 647~654년) 때 원효 대사가 창건한 신혈사神穴寺가 모체다. 2000년대 초까지만 해도 고즈넉한 절집이었으나 최근 수련원인 함월당을 비롯해 길상원·공덕원·향적당·전통음식체험관 등 많은 불사로 대가람의 면모를 갖추었다. 북한산 승가사·불암산 불암사·삼성산 삼막사와 함께 서울 4대 명찰로 꼽힌다. 진관사에서는 매년 국행수륙대재가 열린다.

산행은 진관동 하나고등학교 앞에서 한옥지구를 지나 진관공원지킴터에서 시작한다. 사모바위로 가는 산길은 진관사 홍제루 앞에서 동쪽의 진관사계곡으로 나 있다. 전에는 쇠줄을 잡고 비탈진 바윗길을 아슬아슬하게 올랐는데 몇 년 전 계단을 설치해 산행이 안전해졌다. 계단을 지나 완만한 길을 30여분 오르면 '비봉 0.8㎞·향로봉 1.1㎞' 이정표가 있는 갈림길에 선다. 왼쪽 '비봉 0.8㎞'는 비봉북능선길이고, '향로봉 1.1㎞'는 비봉과 관봉 사이 안부로 올라서는 계곡길이다. 어느 길로 가도 비봉이고, 거리도 0.8㎞로 같다. 향로봉 이정표를 따라 계곡길을 30분 쯤 오르면 비봉과 관봉 사이의 안부에

솔향과 다향이 어우러진 진관사의 찻집. 2023·3·9

닿는다. 포금정사지에서 올라온 지점이기도 하다. 안부에서 서쪽은 향로봉, 남쪽은 금선사나 탕춘대능선으로 간다. 안부에서 비봉碑峰(해발 560m)을 지나 사모바위까지 0.8㎞는 10분 정도면 닿는다. 대남문은 2.2㎞를 더 가야 한다. 안부에서 대남문이나 불광동 방향은 161쪽 불광동~족두리봉~향로봉~비봉능선~대남문 코스, 삼천사 방향은 183쪽 삼천사~응봉능선~사모바위나 186쪽 삼천사~비류폭포~사모바위 코스 참조.

교통

701・7211・7723번 버스 하나고・진관사 하차. 공영주차장.

인수봉. 2017·2·3 백운대가는길에서.

2. 진관사~응봉능선~사모바위
약 2.7㎞, 1시간 20분 내외 소요, 난이도 중

노송이 반겨주는 길

진관사에 '한글길'이 있다. 진관사는 세종 때 학자들이 모여 독서를 하는 상사독서上寺讀書의 장소였다고 한다. 노송숲 옆 '진관사사가독서터津寬寺賜暇讀書址' 푯말에 '세종은 집현전 학자들에게 휴가를 주어 독서를 장려했다. 처음에는 집에서 독서를 했으나 학문에만 전념할 수 없는 폐단이 발생하여 절에서 독서(상사독서)하도록 했다. 1442년(세종 24)에 박팽년, 성삼문, 신숙주, 이개, 하위지, 이석형 등의 학자들이 진관사에서 사가독서를 했다'고 적혀 있다.

의상봉과 용출봉. 2018·7·31 북한산성 입구에서

진관사에서 응봉능선으로 오르는 길은 일주문에서 극락교를 건너 왼쪽의 공덕비가 있는 곳이 산행 들머리다. 진관사 일주문 앞에서 '사모바위 2.6㎞' 이정표를 따라 아름드리 노송이 군락을 이룬 호젓한 오솔길을 5분 정도 오르면 낮은 고갯마루에 서게 된다. 삼천사로 넘어가는 길인데 계곡에 있는 수영장에서 길을 막아놓았다.

응봉능선으로 가는 길은 안부에서 오른쪽으로 꺾인다. 응봉까지는 경사가 아주 심해서 오르기가 무척 힘이 든다. 삼천사 아래 미타교에서 응봉에서 오르는 길과 경사도가 비슷하다. 응봉에 서면 조금 전 출발했던 진관사의 고즈넉한 모습이 발 아래로 내려다보인다.

🚌 교통

701 · 7211 · 7723번 버스 하나고 · 진관사 하차. 공영주차장.

북한산의 문화재
진관사국행수륙대재津寬寺國行水陸大齋 중요무형문화재 제125호(2013년 지정)

수륙대재는 지상과 수중에 떠돌고 있는 원혼冤魂들을 위로하는 불교의례로 600여년을 이어오고 있다. 조선 태조는 건국과정에서 희생된 고려의 왕족과 전란으로 죽은 백성들을 차별 없이 천도薦度하기 위해 북한산 진관사에 수륙사水陸社를 짓고 수륙대재를 봉행하게 하는 한편 자신도 몇 차례 참여했다고 한다. 8월 입재入齋를 시작으로 10월의 회향回向까지 매주 칠칠재七七齋로 49일간 봉행되며, 낮재와 밤재로 나뉘는 이틀간의 회향 의식은 수륙대재의 절정을 이룬다. 관중이 운집한 가운데 극·음악·미술·무용·문학 등이 한데 어우러진 종합예술이 장엄하면서도 화려하게 펼쳐진다.

국행수륙대재 입재. 2014·10·11 진관사에서

3. 진관사~기자촌능선~사모바위
약 3.2km, 1시간20분 내외 소요, 난이도 중

겨울 북한산. 2018·1·23 은평구 구산동에서

마음에 꽃씨 하나 심고

진관사 입구에 '마음의 정원'이 있다. '꽃과 나무를 심는다는 건 생명체뿐만 아니라 자기 마음에 불성을 심는 일이다. 탐진치貪瞋癡(탐욕·분노·어리석음)의 삼독三毒을 제거하고, 모든 사람을 행복할 수 있게 하는 마음에서 정원을 가꾼다'고 한다. 산객도 마음에 꽃씨 하나 심으러 산길을 간다.

진관공원지킴터에서 진관사 일주문을 지나면 극락교 오른쪽에 '향로봉 2.0km'이정표가 서 있다. 개울 길을 벗어나면 이내 가파른 산길로 바뀐다. 협곡에 갇혀있다는 착각에 빠질 정도로 눈도 마음도 답답한 길이다. 오른쪽은 기자촌능선이, 왼쪽은 관봉에서 내려온 능선이 막아 산객의 가슴을 옥죄는 듯한 느낌이 든다. 가파른 길은 좀체 기세를 누그러트릴 기미를 보이지 않는다. 진관공원지킴터에서 40~50분 올랐을까, 기자촌능선 406봉 아래 안부 네거리에 선다. 불광공원지킴터·기자촌공원지킴터·선림공원지킴터에서 각각 올라온 길과 만난 지점인데, '향로봉 0.7㎞' 이정표가 갈 길을 알려준다.

406봉 안부에서 향로봉으로 가는 길은 경사가 심한 바윗길로 시작하지만 20분 정도만 오르면 전망이 좋은 무명봉(일명 삼각점봉)에 선다. 시야가 탁 트여 눈도 마음도 밝고 시원해진다. 동쪽으로는 의상능선의 8개 봉우리가 늘어서 있는 것이 보이고, 그 너머로는 북한산 정상부가 눈에 들어온다. 무명봉에서 조금 오르면 탕춘대성능선과 족두리봉에서 올라와 합류한 향로봉 북단, 여기서 '사모바위 1.1㎞·대남문 2.9㎞' 이정표를 따라 2분 정도 가면 관봉冠峰이다. 관봉은 북한산 정상부는 물론이고 의상능선·응봉능선·보현봉·비봉 등의 절경이 한눈에 들어와 경치가 좋은데다 정상이 평평하고 나무 그늘도 있어서 산객들이 식사를 하는 쉼터로 많이 이용해 '식당바위'로도 불린다. 관봉에서 비봉을 지나 사모바위까지는 평지나 다름없는 길이어서 힘들이지 않고 10분 정도면 갈 수 있다.

사모바위에서 대남문이나 불광동 방향은 161쪽 불광동~족두리봉~향로봉~비봉능선~대남문 코스, 삼천사 방향은 183쪽 삼천사~응봉능선~사모바위 코스, 구기동은 214쪽 구기동~삼거리쉼터~승가사~사모바위 코스 참조.

교통

701·7211·7723번 버스 하나고·진관사 하차. 공영주차장.

인수봉과 만경대. 오건민 작. 2021 · 3 · 2 영봉에서

4. 기자촌 ~ 기자촌능선 ~ 사모바위
약 3.7㎞, 1시간30분 내외 소요, 난이도 중

언론인들의 보금자리 기자촌

기자촌능선의 시작인 은평구 진관동 기자촌은 이름 그대로 기자들이 건설하고 기자들이 살았던 마을이다. 산동네나 다름없었는데 지금은 은평뉴타운 건설로 옛 모습은 찾아볼 수 없다. 기자촌 건립 당시의 국민주택은 모두 사라졌고, 그 자리에는 고층아파트가 들어섰다. 기자촌에는 국립한국문학관과 예술마을이 각각 건립된다.

비봉·보현봉·문수봉(右로부터). 2018·9·1 관봉에서

산행은 진관동 기자촌 입구 네거리에서 시작한다. 기자촌교회를 지나 언덕길을 10분 정도 오르면 '기자촌 옛터'라는 커다란 비석이 있는 기자촌 근린공원에 닿는

다. 비석 앞면에는 기자촌의 유래를 알리는 글이, 뒷면에는 기자촌 건립 당시 조합원으로 참여했던 언론인 335명의 이름이 새겨져 있다.

산행은 근린공원이 끝나는 북한산둘레길 8구간에서 본격화한다. '향로봉 2.0㎞' 이정표를 따라 솔밭 쉼터를 지나면 기자촌공원지킴터가 나오고, 가파른 계곡을 30여분 오르면 기자촌능선 첫 봉우리인 406봉(해발 406m)에 선다. 해발 400m가 조금 넘는 봉우리인데도 북한산 정상부가 한눈에 들어오고 서울시 서부지역이 발아래 펼쳐져 시원함을 안겨준다. 버스에서 내려 40여분을 올랐을 뿐인데 이처럼 좋은 경관을 볼 수 있다니…. 북한산은 참 아름답다.

406봉에서 내려서면 진관공원지킴터와 선림공원지킴터에서 각각 올라온 길이 만나는 네거리인 안부. 여기서부터 사모바위까지 남은 1.8㎞(약 50분)의 길은 202쪽 진관사~기자촌능선~사모바위 코스를 참조한다.

 **교통**

701·720·7211번 버스 기자촌 입구 하차.

구기계곡에 버들치 노닐고
– 구기동 기점 코스

파주시 봉일천의 공릉천에서 본 여명의 북한산. 동살이 하늘과 공릉천 수면을 붉게 물들인 하늘에 새 한 마리가 날고 있다. 2015·12·17

구기계곡에 버들치 노닐고
-구기동 기점 코스

가을 보현봉. 2021·10·28. 문수봉에서

1. 구기동~구기분소~구기계곡~대남문
약 3.5㎞, 1시간30분 내외 소요, 난이도 중

바람 따라 대남문에 오르다

구기골에서 올라온 골바람이 대남문 문비를 흔들고 북한산성계곡으로 미끄러져 내려간다. 삽상한 바람에 몸도 마음도 상연爽然하다. 바람이 맞아주어서 혼자인 산행이 외롭지 않다. 대남문 문루에 풍경風磬 하나 매달아 바람과 친구하게 하고 싶다. 풍경이 흔드는 바람 소리에 산은 고요를 깨우리라.

구기동에서 대남문으로 가는 길은 'VIP 코스'로 불린다. 1958년 당시 이승만 대통령이 이 길로 문수사에 올랐고, 이후 대권 주자나 각계의 요인들이 북한산 산행

문수봉(左)과 보현봉. 가운데 안부에 대남문이 있다. 2021·10·28 진동한동고개에서

문수사 천연동굴 법당(左)과 내부. 2018·10·30

을 하면 단골로 이용하는 산길이어서 그렇게 부른다.

　대남문은 구기터널 입구에 있는 구기치안센터가 출발점이다. 구기치안센터 앞에서 오른쪽 다리를 건너 계곡을 따라 올라가면 북한산국립공원 구기분소가 나온다. 구기분소에서 대남문까지 2.5㎞는 구기계곡을 끼고 오르는 길이다. 오른쪽의 사자능선과 왼쪽의 승가봉에서 내려온 능선에 가려 좀 답답하지만, 계곡의 아름다움이 답답한 가슴을 씻어주고도 남는다. 1년 내내 물 흐르는 소리가 산객의 발걸음을 가볍게 해주는 계곡길이다.

　구기계곡에는 다리가 많다. 나무로 지은 다리도 아름답지만 이름도 정겹다. 박새교·버들치교·귀룽교·우정교·돌단풍교·철쭉교·국수교·고광교…. 첫 번째 다리인 박새교를 건너면 이내 버들치교에 닿는다. 버들치가 많이 서식하고 있는 곳이어서 붙인 이름이다. 북한산 물이 참 맑아졌다. 이 계곡에서 원앙의 유영도 볼 수 있었다(누군가가 방사한 것이 아닌지). 조금 오르면 귀룽교이고 다시 네 번째 다리인 우정교를 지나면 넓은 쉼터가 있는 삼거리다. 구기분소에서 15분 정도 소요.

　쉼터에서 길이 갈린다. 왼쪽은 승가사(0.7㎞)로 가는 길이고, 대남문은 '대남문 1.7㎞·문수사 1.6㎞' 이정표를 따라 직진해야 한다. 쉼터에서 대남문까지 거리는

2㎞가 채 안 되지만 1시간이 걸린다. 특히 깔딱인 진동한동고개 오르기가 힘이 든다. 체중과 배낭의 무게를 의식하게 하는 오르막이다. 쉼터에서 경사가 심한 돌계단을 40여분 오르면 진동한동고갯마루. 여기서 모두들 쉬어간다. 올라온 길이 힘들기도 했지만 바람골이어서 무척 시원하기 때문이다. 삼복더위에도 금세 땀을 식혀준다. 북쪽으로 보현봉과 문수봉이 마주 보고 있는 사이에 대남문이 낮게 앉아 있다.

골바람에 땀을 식히고 대남문을 향해 5분쯤 오르면 갈림길에 '문수사 0.2㎞' 푯말이 서 있다. 이정표에서 문수사까지는 10분 남짓이다.

문수사文殊寺는 문수봉 아래에 제비집처럼 둥지를 틀고 있는 천년고찰이다. 고려 예종 4년(1109년) 묵암默庵 탄연坦然 스님이 창건했다고 한다. 오대산 상원사·고성 문수사와 함께 문수보살 3대 성지사찰의 하나로 꼽힌다. 오백나한을 모시고 있어 나한도량으로 불리는 문수사의 문수보살상은 명성황후가, 석가모니불은 영친왕비 이방자 여사가 봉안했다고 한다.

문수사(해발 645m)는 북한산에서 가장 높은 곳에 자리하고 있는 절이다. 높은 만큼 경내에서 보는 경관도 빼어나다. 동쪽으로 보현봉이 성벽처럼 버티고 있고, 그 아래로는 사자능선이 길게 뻗어 있다. 발아래로는 구기계곡이 흐르고, 인왕산과 안산 너머로는 서울 도심의 빌딩 숲도 눈에 들어온다. 문수사에서 대남문은 지척이다. 3분 정도 소요.

아래의 문수사 갈림길로 돌아가 보자. 문수사 갈림길에서 대남문으로 가는 0.3㎞는 폐타이어 조각을 덮은 계단을 올라야하는 가파른 길이다. 대남문은 몇 년 전 문루를 새로 짓고 단청을 해 산뜻해졌다. 대남문에서 북쪽은 북한산성탐방지원센터, 동쪽은 대성문으로 가는 산성주능선길, 서쪽은 문수봉~비봉능선~불광역이다.

교통

7022·7211·7212·7730번 버스 구기터널 입구 하차.

2. 구기동~삼거리 쉼터~승가사~사모바위
약 3.1㎞, 1시간 내외 소요, 난이도 중

108번뇌 씻어주는 108계단

산길에 늦가을 정취가 가득하다. 단풍은 빛을 잃었지만 길섶의 감국 甘菊은 찬 서리 속에서도 노란 웃음으로 산객을 반겨준다. 꽃구름이 산등성이를 수놓는 늦가을 오후엔 모든 것이 애잔하다. 산객의 발걸음도 쓸쓸해진다.

승가사. 비봉과 사모바위 아래 아늑한 곳에 자리했다. 2015·10·28 승가봉에서

구기치안센터에서 구기계곡 하류를 끼고 10여분 올라가면 구기분소 쉼터, 여기서 장비를 점검하고 귀룡교 등 4개의 다리를 지나 15분쯤 오르면 삼거리 쉼터에

닿는다. '승가사 0.7㎞' 이정표를 따라 왼쪽으로 작은 계곡을 두 번 건너면 다시 편안해 보이는 쉼터가 나온다. 길은 조금 가팔라지지만 승가사 아래의 승가천(샘) 쉼터까지는 지척이다. 승가천은 수질이 좋지 않아서 10여 년 전 아예 메워버려 지금은 흔적도 찾을 수 없다.

승가천 쉼터의 이정표는 '비봉 0.9㎞ ·구기터널 2.0㎞'를 가리키고 있다. '구기터널 2.0㎞' 이정표는 구기동 러시아대사관 관저 앞에서 올라오는 자동찻길이다. 쉼터에서 사모바위까지는 0.7㎞.

석조승가대사상. 2015·7·20

승가사僧伽寺는 역사가 깊은 비구니 사찰이다. 신라 경덕왕 15년(756년) 낭적사 수태秀台 스님이 당나라 신승神僧 승가僧伽 대사의 성적聖蹟을 깨달아 창건했다고 한다. 고려 현종 15년(1024년) 지광 법사가 중창하면서 석조승가대사상石造僧伽大師像(보물 제1000호)을 승가굴(약사전)에 모셨다. 승가 대사는 640년 인도에서 출생, 당나라로 건너가 53년간 전교傳敎에 매진한 고승이다. 많은 기적을 나타냈고 동방의 불교 홍법에도 큰 획을 이루어 관음보살로 회신되었다고 한다. 승가대사상에 기도를 하면 질병 치료에 효험이 크다고 알려져 건강이 좋지 않은 불자들의 발걸음이 끊이지 않는다고 한다. 승가굴을 지나 108번뇌를 씻어준다는 108개의 계단을 오르면 보물 제215호인 마애석가여래좌상을 볼 수 있다.

사모바위로 가는 길은 승가천 쉼터에 있는 비봉 0.9㎞ 이정표를 따라가야 한다. 사모바위까지는 0.7㎞, 15분 정도면 닿는다. 지금까지 올라왔던 길과는 달리 가파르고 마지막은 돌계단이 이어지는 길이다.

🚌 교통

7022·7211·7212·7730번 버스 구기터널 입구하차.

북한산의 문화재

서울 북한산 구기동 마애석가여래좌상 北漢山 舊基洞 磨崖釋迦如來坐像

보물 제215호(1963년 지정)

　감은 듯 뜬 듯 작은 눈, 입가엔 엷은 미소가 흐르고, 각진 얼굴에는 자비가 가득하다. 오뚝한 콧날과 꽉 다문 입, 떡 벌어진 가슴에서 당당함과 굳은 의지가 풍긴다. 가사는 왼쪽 어깨에만 걸쳐 입고 오른쪽 어깨를 드러냈다. 머리 위에는 연화문을 새긴 팔각형 돌을 바위틈에 끼워 넣었다. 신라·고려·조선시대에 이르기까지 국난 때마다 왕상공경王相公卿이 기도를 올려 가피加被를 입었으며, 백성의 소원도 한 가지만은 꼭 들어주는 영험이 따랐다고 전해져 불자들의 기도처로 인기다. 고려 초기에 조성한 마애불로 높이 5m.

3. 구기동~승가공원지킴터~사모바위
약 2.7㎞, 1시간 내외 소요, 난이도 하

자동찻길 따라가는 산행

구기동에서 자동찻길로 사모바위에 올라보자. 구기터널 입구 구기치안센터에서 이북오도청 방향으로 가다 공영주차장 앞에서 오른쪽으로 길을 꺾으면 러시아대사관 관저 앞이다. 관저 맞은편 계단을 올라 혜림정사와 건덕빌라 사이 포장로로 접어들면 곧 승가공원지킴터가 나온다. 여기서부터 승가사까지는 계속 시멘트로 포장한 가파른 자동찻길이 이어진다. 길이 좋아 발에 차이는 건 없지만 다리가 팍팍하다. 바윗길보다 더 힘들다는 생각이 든다. 구기치안센터에서 승가천 쉼터까지 2㎞는 40분 정도가 걸린다.

승가천 쉼터에서 사모바위로 가는 길은 비봉 0.9㎞ 이정표를 따라가야 한다.

관악산. 2017·12·15 승가봉에서

🚌 교통

7022 · 7211 · 7212 · 7730번 버스 구기터널 입구 하차.

4. 구기동~비봉탐방지원센터~금선사~사모바위
약 3.2㎞, 1시간10분 내외 소요, 난이도 하

순조純祖의 탄생 설화를 따라서

금선사金僊寺 무무문無無門은 나무기둥 2개로 세운 작은 문이다. 무무無無란 불법의 진리를 깨닫는데 끝이 없다는 뜻이라고 한다. 진리는 둘이 아니고 하나라는 불이사상不二思想의 문이다. 금선사를 거쳐 비봉으로 간다(金僊은 金仙과 같은 뜻, 곧 부처다).

구기동 구기치안센터 앞에서 보는 비봉 암벽이 가을 햇살에 하얗게 빛나고 있다. 구기동 이북오도청에서 비봉으로 오르는 전망 좋은 비봉남능선 코스가 있었으나 10여 년 전에 폐쇄되었다. 연화사~금선사~포금정사지를 지나는 길로 가야 한다. 몇 년 사이에 북한산 탐방로가 많이 없어졌다.

이북오도청 앞에서 청운양로원을 지나 가파른 자동찻길을 오르면 만나는 비봉탐방지원센터가 산행의 시작이다. '비봉 1.6㎞·대남문 3.8㎞' 이정표를 따라 조금 가면 금선사 무무문이 나오고 조선 22대 순조純祖 임금의 탄생설화가 적혀 있는 목정굴木精窟 안내판을 만난다. 1996년 복원한 목정굴에는 수월관음보살상이 봉안돼 있는데, 순조의 탄생설화를 믿는 불자들의 아들 잉태를 기원하는 발길이 끊이지 않는다고 한다(순조의 탄생설화에 대해서는 51쪽 참조).

금선사 목정굴 수월관음보살상. 2017·9·14

북한산 승경. 오건민 작. 2020·9·13 수유동에서

    금선사 범종각 기와지붕 위로 보는 향로봉의 자태가 그림 같다. 이름이 연상케 하는 향로는 보이지 않고 세 개의 봉우리가 삼형제처럼 나란히 서 있다(그래서 삼지봉三枝峰이란 별칭이 붙었나 보다). 금선사에서 비봉으로 오르는 길은 가파르지 않으나 편하지도 않다. 길에 돌이 많이 박혀 있어 보행이 어렵다. 서쪽으로 큰 애기 젖가슴처럼 봉긋이 솟은 족두리봉을 보면서 돌부리가 발에 차이는 길을 10여분 오르면 포금정사지 쉼터에 닿는다. 쉼터에서 '비봉 0.6㎞·사모바위 1.1㎞' 이정표를 따라 거친 길을 20분 정도 오르면 비봉과 관봉 사이의 안부에 닿고, 사모바위까지 0.8㎞는 5분 남짓이면 갈 수 있다.

■ 구기동 기점의 다른 코스

구기동에서 탕춘대능선으로 올라 향로봉~비봉~사모바위로 가는 다른 길이 있다. 구기터널 입구 자하문호텔과 장모님해장국(식당) 골목의 북한산둘레길로 들어가 구기사 앞에서 탕춘대능선~향로봉으로 가는 길이 하나 있다. 다른 길은 이북오도청 아래 전주풍남학사 앞에서 다리를 건너 한일주택마을 언덕길 오른쪽으로 난 좁은 산길이다. 이 길은 조금 위에 있는 탕춘대성지킴터로 가는 길이다.

 교통

7022·7211·7212·7730번 버스 구기터널 입구 하차.

인수봉(右)과, 백운대 암벽과 단풍. 2017 · 10 · 21 곰바위 능선에서

형제봉을 넘어 일선사로
— 평창동 기점 코스

북한산 일출, 2016·12·25 양주시 노고산에서

형제봉을 넘어 일선사로
– 평창동 기점 코스

인수봉. 2017·10·13 백운대피소에서

1. 북악터널~형제봉능선~대성문
약 3.3㎞, 1시간50분 내외 소요, 난이도 중

키 재기 하는 형제봉

 따다닥닥, 또르르르…. 형제봉으로 오르는 산길에 나무 구멍을 파는 소리가 요란하다. 딱따구리가 나무구멍을 파면 그 속에 숨어 있는 벌레는 녀석의 밥이 된다. 옛날, 한 시인이 탄식했다. '백성 괴롭히는 좀 벌레는 안 쪼고, 빈 산 나무벌레만 쪼니 안타깝구나. 탁세濁世의 '인간해충'을 쪼아 없앨 탁목조啄木鳥는 어디에 있는가.

분단장한 인수봉. 오건민 작. 2017·12·25 만경대에서

백운대 스핑크스 바위. 2017·12·25

　북악터널에서 형제봉兄弟峰으로 오르는 길은 두 개다. 터널 서쪽 입구 평창동 다락방기도원 앞에서 형제봉입구로 오르는 길이 첫째다. 다른 하나는 국민대 정문 옆 북악1공원지킴터에서 북한산둘레길로 들어선 다음 능선으로 올라서는 길이다. 두 길은 이내 둘레길을 벗어난 지점에서 만난다.

　형제봉입구 길을 안내한다. 다락방기도원 앞에서 오른쪽으로 길을 꺾어 자동찻길을 조금 오르면 북한산둘레길 형제봉입구가 나온다. 형제봉매표소가 있었던 자리다. 북한산둘레길을 따라 구복암龜福庵 입구를 지나면 능선에서 다른 길 하나가 붙는다. 국민대 정문 옆 북악1공원지킴터에서 올라온 둘레길이다. 합류지점에서 3분쯤 오르면 왕녕사 입구에 있는 '형제봉 0.7㎞' 이정표가 길을 안내한다.

　여기서부터 길은 갑자기 험해진다. 사지四肢를 다 써서 가파른 바윗길과 철봉이 박힌 길을 힘들게 올라야 아래 형제봉(해발 461m)에 서게 된다. 형제봉에서 보는 전망이 좋다. 평창동 주택가와 북악산·인왕산·안산이 발아래에 펼쳐지고 멀리 서울월드컵경기장도 눈에 들어온다. 철제 난간에 의지해 조심스레 내려서면 안부가 되었다가 이내 위 형제봉(해발 463m)에 닿는다. 형님봉과 아우봉의 차이가 2m밖에 나지 않는다. 형제봉에서 내려서면 정릉동이나 국민대~영불사에서 올라온 길이 합류하는 형제봉북단 삼거리. 거기에 '대성문 1.9㎞' 이정표가 서 있다.

　형제봉북단 삼거리에서 대성문까지는 까다로운 데가 별로 없다. 완만한 길을 15

분쯤 오르면 보현봉과 일선사가 멋지게 보이는 전망바위에 서게 된다. 사진 한 컷 찍고 다시 15분쯤 오르면 삼거리에 '대성문 1㎞' 이정표가 기다린다. 평창동 평창공원지킴터에서 평창계곡을 끼고 올라온 길과 만나는 지점이다. 이정표에서 조금 오르면 일선사 입구, 100m쯤 더 가면 '대성문 0.7㎞' 이정표가 있는 삼거리에 닿는다.

정릉탐방지원센터에서 영취사나 대성능선을 거쳐 올라온 길과 만나는 일선사 삼거리에서 조금 더 오르면 시야가 확 트인다. 전면으로는 대성문에서 보국문으로 이어지는 산성주능선이, 오른쪽으로는 칼바위능선이 동쪽으로 길게 내달리는 것이 보인다. 일선사 삼거리에서 대성문으로 가는 마지막 오르막길은 너설지대였으나 최근 계단을 설치해 걷기가 편해졌다. 삼거리에서 대성문까지 0.7㎞는 20분 정도가 걸린다.

 교통

110A-B · 153 · 1020 · 1711 · 7211번 버스 평창동 삼성아파트나 국민대 하차.

2. 평창동~일선사~대성문
약 3㎞, 1시간 30분 내외 소요, 난이도 하

일선사에서 보는 풍경

'알림. 보현봉 등산길은 없습니다. 제발 묻지도 따지지도 말고 아니 온 듯 발길을 돌려주세요.'

형제봉. 2020·10·31 일선사에서

일선사 산문에 붙어 있는 안내문이 빙그레 웃음을 짓게 한다. 보현봉은 특별보호구역으로 지정돼 20년 넘게 산객의 발길을 막고 있다. 그 세월이 너무 길다.

평창동에서 대성문으로 가는 길은 북악터널 서쪽 입구가 기점이다. 다락방교회 앞에서 직진, 평창동으로 들어가 평창공원지킴터로 가는 길은 복잡하고 계단길이

북한산과 북한산성. 2015·9·15

다. 그래서 좀 돌아가긴 하지만 찾기 쉬운 길을 안내한다. 다락방교회 앞에서 형제봉입구로 오르다 길이 끝나는 지점에서 좌회전해 연화정사를 지나면 평창공원지킴터가 나온다. 북한산둘레길이 지나는 아스팔트길이다.

평창공원지킴터에서 '일선사 1.7㎞·대성문 2.3㎞' 이정표를 따라 산길로 접어든다. 완만한 길을 10여분을 오르면 오른쪽 계곡에 깎아지른 바위가 보인다. 북한산 4대 폭포 중 하나인 동령폭포東嶺瀑布인데, 장마철이 아니면 폭포수의 장관을 볼 수 없을 뿐만 아니라 특별보호구역이어서 접근도 어렵다.

산길은 경운기가 다닐 수 있을 정도로 넓고 경사도 완만하다. 오른쪽으로 평창계곡을 끼고 조금 올라 예쁜 아치형의 머루교에 서면 정면으로 보현봉이 보이고, 다시 10여분 오르면 '일선사 0.7㎞·대성문 1.3㎞' 이정표를 만난다. 이정표에서 왼쪽으로 0.2㎞ 벗어난 곳에 청담샘이 있다. 보현봉 가슴쯤 되는 위치인데, 웬만큼 가물어도 물이 마르지 않는 샘과 그늘진 쉼터가 있어서 산객들이 식사를 하거나 쉬어가는 곳이다. 이정표에서 계단을 오르면 형제봉입구에서 올라온 길과 만나는 능선에 선다. 대성문까지는 1㎞. 여기서 조금 더 오르면 정릉탐방지원센터에서 영취사나 대성능선에서 올라온 길과 합류하는 일선사 삼거리다.

일선사一禪寺에 들러보자. 보현봉 턱 밑에 둥지를 틀고 있는 일선사는 통일신라시대 도선道詵 국사가 보현사普賢寺라는 이름으로 창건했다. 고려시대에 탄연 국사가 중창했고, 조선시대에 무학 대사가 다시 중창을 하는 등 고승들의 숨결이 스며 있는 천년고찰이다. 임진왜란 때 불타 없어진 것을 17세기에 복원, 관음사로 부르다가 1950년대에 일선사一詵寺로, 1962년 지금의 一禪寺로 이름을 바꾸었다.

일망무애一望無涯. 일선사에서 보는 산 아래 경치가 그림 같다. 낙타 등 같은 형제봉이 발아래에 솟아있고, 북악산·인왕산 너머로는 서울 시가지가 펼쳐져 보인다. 멀리 관악산도 섬처럼 아스라하게 떠 있다. 시원한 전망에 힘들게 올라오느라 답답했던 가슴이 탁 트인다. 일선사에서 보현봉으로 오르는 바윗길에 도선 국사와 무학 대사가 기도했다는 다라니굴(보현굴)이 있다. 불자들의 발길이 끊이지 않는 기도처였으나 보현봉으로 오르는 길을 20여년 전 자연보호구역으로 지정, 들어갈 수 없다. 일선사에서 대성문까지는 20여분이 소요된다.

 교통

110A-B · 153 · 1020 · 1711 · 7211번 버스 평창동 삼성아파트 하차.

가을 인수봉. 2017 · 10 · 29 특수산악구조대에서

백운대 가는 길
—우이동 기점 코스

아름다운 북한산. 2015·6·27 칼바위봉에서

백운대 가는 길
- 우이동 기점 코스

만경대 일출. 2015·2·1 백운봉암문 위에서

1. 우이동~하루재~백운봉암문~백운대

백운대와 인수봉. 윤홍 작. 2017·10·8 만경대에서

- **A코스 : 우이동~백운대탐방지원센터~하루재~백운대**
  약 4km, 1시간 50분 내외 소요, 난이도 중

- **B코스 : 우이동~백운대2공원지킴터~하루재~백운대**
  약 4.2km, 2시간 내외 소요, 난이도 중

우이구곡牛耳九曲을 끼고 백운대로

도선사 아래 만경폭萬景瀑에서 우이동 로터리에 이르는 아홉 굽이 우이동계곡을 우이구곡牛耳九曲이라 이름 붙인 이는 정조正祖 때 대제학을 지낸 이계耳溪 홍양호洪良浩 선생이다. 제1곡 만경폭포에서부터 제2곡 적취병積翠屛, 제3곡 찬운봉攢雲峯, 제4곡 진의강振衣崗, 제5곡 세묵지洗墨池, 제6곡 월영담月影潭, 제7곡 탁영암濯纓巖, 제8곡 수재정水哉亭, 제9곡 재간정在澗亭까지가 우이구곡이다.

우이동 버스종점에서 보는 북한산 정상부의 웅대한 모습이 산객의 가슴을 뛰게 한다. 인수봉이 가장 멋을 부리고 있다. 철모(귀바위)를 쓴 듯한 자태에서 씩씩한 기상이 읽힌다.

우이동 버스종점에서 하루재를 거쳐 백운대로 가는 길은 두 갈래다. ①A코스는 자동찻길을 따라 도선사 주차장에서 백운대탐방지원센터를 들머리로 잡는 길이다. ②B코스는 버스종점과 도선사 중간 지점인 선운교에서 오른쪽의 백운대2공원지킴터로 오르는 산길이다. 두 길은 백운대탐방지원센터에서 0.3㎞ 올라간 지점(옛 우이산장 인근)에서 합해져 하루재를 함께 넘는다.

A코스를 먼저 안내한다. 버스종점에서 5분쯤 오르면 우이동 만남의 광장이다. 백운대·인수봉·만경대가 멋있게 보이는 곳으로, '북한산 전망 사진 찍는 곳'이란 안내간판이 서 있다.

만남의 광장에서 조금 올라 북한산국립공원 우이분소와 천도교 교육수련원인 의창수도원을 지난다. 의창수도원 안마당에 3·1독립운동의 산실인 봉황각鳳凰閣(서울시유형문화재 제2호)이 있다. 천도교 제3세 교주 의암義庵 손병희孫秉熙 선생이 일제에 빼앗긴 국권을 되찾기 위해 1912년 건립, 천도교 지도자와 독립운동가를 양성한 곳으로 대청마루에 민족대표 33인이 모여 3·1독립만세운동을 논의하는 모습을 그린 '조선독립숙의도朝鮮獨立熟議圖'가 소장돼 있다. 봉황각 기와지붕 위로 북한산 삼각봉의 수려한 자태를 볼 수 있는 사진 명소다.

우이분소에서 오른쪽의 우이동계곡 다리 건너 초가집식당을 지나면 도당터(굿터)가 나온다. 한국전쟁 전까지 당집이 있었던 이곳에서 매년 삼짇날(음력 3월 3일) 삼각산 도당제都堂祭 및 도당굿이 열린다.

버스종점에서 약 1㎞를 오르면 선운교, 다시 약 1㎞ 포장로를 오르면 도선사 주차장이다. 주차장 위 백운대탐방지원센터에서 '백운대 가는 길' 문패가 달린 산문

천도교 의창수도원 봉황각. 지붕 너머로 북한산 삼각봉이 아름답다. 2022·9·2 봉황각에서

조선독립숙의도

으로 들어서는 것으로 본격적인 산행을 시작한다. 산문에서 하루재까지는 경사가 심한 계단길이다. 초장부터 진이 빠진다는 볼멘소리가 나올 정도로 가파른 길이 하루재 마루까지 20여 분 이어진다. 탐방지원센터에서 0.3㎞를 오르면 '백운대 1.8㎞·백운대2공원지킴터 1.5㎞' 이정표가 있는 곳에서 길이 하나 합해진다. 선운교 위 백운대2공원지킴터(B코스)에서 올라온 산길이 만나는 해발 460m 지점이다.

B코스는 선운교 위 오른쪽에 있는 백운대2공원지킴터에서 '하루재 1.8㎞·백운대 3.2㎞' 이정표를 따라 오르는 만만찮은 산길이다. 나뭇가지 사이로 도봉산과 영봉 아래 능선이 이따금 보이는 길을 20여분 오르면 앞에서 설명한 '백운대 1.8㎞·백운대2공원지킴터 1.5㎞' 이정표가 있는 삼거리에서 A코스와 만난다.

백설을 이고 있는 내삼각산. 2020·2·18 무량사에서

북한산에 잠든 산악인들

A코스와 B코스가 합해지는 지점 인근에 20여 년 전까지 식음료를 파는 우이산장이 있었다. 우이산장 위 계곡(족두리바위 아래)을 무당골이라 하는데, 그곳에 산악사고로 숨진 이들의 넋을 기리는 산악인추모공원이 있다. 추모공원을 조성하기 전에는 산에서 숨진 산악인들을 추모하는 비나 동판을 북한산의 영봉과 도봉산의 암벽 등 여기저기에 설치했었다. 시간이 흐르면서 북한산에 추모비와 동판이 점점 늘어나 경관을 해친다는 여론이 대두하자 산악인들이 정화에 나섰다. 북한산국립공원과 대한산악연맹·서울시산악연맹·한국산악회·한국대학산악연맹 등 산악 관련 단체가 힘을 모아 2008년 산악인추모공원을 조성한 것이다. 추모공원에는 북한산국립공원에 흩어져 있던 추모동판과 위패석 180여기를 한자리에 모은 갓 모형의 산악인추모비가 서 있다. 산악인추모공원은 합동추모식이 열리는 매년 4월 넷째 토요일만 개방한다.

추모비에서 유달리 눈길을 끄는 추모동판 하나가 있다. 활짝 웃고 있는 여자의

산악인추모비. 2014·7·1

얼굴과 약력을 새긴 동판의 주인공은 고미영(1967~2009년) 대장이다. 고 대장은 히말라야 8,000m급 14좌 등정에 도전, 세계 최단기간에 11개봉을 연속으로 오르는 대기록을 세운 베테랑 산악인인데, 2009년 7월 12일 낭가파르바트(해발 8,126m) 등정 후 하산하다 안타깝게도 실족사고로 숨졌다.

 낭가파르바트는 히말라야 8,000m급 14좌 중 높이로는 아홉 번째이지만 히말라야 3대 고난도 봉우리의 하나로 알려져 있다. 산스크리트어로 '벌거숭이 산'이란 뜻의 낭가파르바트는 산악인들에게 쉽게 정상을 내주지 않아 '마魔의 산'으로도 불린다. 1953년 오스트리아 출생의 헤르만 불(1924~1957년)이 단독으로 초등初登하기까지 31명의 목숨을 앗아갔다.

 헤르만 불의 낭가파르바트 등정은 당시 많은 화제가 됐다. 1953년 7월 독일-오스트리아 합동 낭가파르바트 원정대에 참가한 불은 캠프5에서 폭풍으로 인해 원정대의 하산이 결정되었으나 이를 무시, 산소를 비롯한 모든 장비를 버리고 정상 도전에 나섰다. 불은 그날 오후 7시께 17시간의 사투 끝에 정상에 섰으나 시간이 너무 늦어 하산하지 못하고 8,000m 위치에서 홀로 바위벽에 붙어 비박을 하고 다음

북한산의 아침. 2015·12·19 성덕봉에서

날 캠프5로 귀환했다. 그는 1957년 세계에서 12위로 높은 브로드피크(해발 8,047m)도 초등했다.

낭가파르바트는 라인홀트 메스너(1944~)를 주인공으로 내세운 영화 〈운명의 산 낭가파르밧〉으로 국내에도 잘 알려진 산이다. 이탈리아 출생인 라인홀트는 1970년 동생 귄터와 한 조가 되어 낭가파르바트의 직등루트인 루팔벽(남면)을 세계 최초로 단독 등정했지만 하산 중 사고로 동생을 잃고 혼자 돌아왔다. 1986년 히말라야 8,000m급 14좌를 세계 최초 무산소로 완등完登, '산악계의 살아있는 전설'로 불리는 그는 60여 권의 책을 썼고 이 중 많은 책이 한국어로 번역 소개됐다. 라인홀트는 2016년 제1회 울주세계산악영화제 초청으로 내한했었다.

루팔벽은 산악인들 사이에 위험하고 힘든 코스로 정평이 나 있다. 라인홀트가 초등에 성공한 이후 세계 각국의 내로라는 산악인들이 35년에 걸쳐 10여 차례나 루팔벽에 도전했지만 모두 실패했다. 2005년 우리나라의 김창호 대장(1969~2018년)과 이현조(1972~2007년) 대원 등으로 구성된 대한민국 낭가파르바트 루팔원정대가 세계 두 번째로 등정에 성공, 라인홀트의 기록을 이어받았다. 김 대장도 히말라야 8,000m급 14좌를 무산소로 완등한 베테랑 산악인인데 히말라야에서 사고로

백운대 인파. 2017·10·29

숨겼다.

바람도 쉬어가는 하루재

　우이동 버스종점에서 50여분, 바람도 쉬어간다는 하루재 마루다. 배낭을 내려놓지 않을 수 없다. 하루재는 영봉으로 가는 갈림길로, 산객들에게는 쉼터이자 이정표가 되는 곳이다. 물 한 모금 먹고 숨을 돌리는데 거대한 암괴 하나가 하늘을 받치고 있는 모습이 나뭇가지 사이로 보인다. 귀바위를 달고 있는 인수봉이다. 많은 산객이 하루재에서 보는 인수봉이 가장 빼어나다고 말한다. 봄이면 진달래꽃으로 치장을 하고, 여름이면 푸른 옷으로 기상을 뽐내고, 가을이면 오색단풍으로 멋을 내고, 겨울엔 하얗게 분칠을 한 모습이 산객들의 마음을 빼앗기에 모자람이 없다. 인수봉 귀바위는 '나폴레옹 모자'로도 불리는데 록 클라이머가 줄사다리를 이용해 귀바위 오버행4)을 오르는 광경도 망원경으로 보면 진경이다. 인수봉이 멋있게 보이는 곳은 하루재만이 아니다. 3분쯤 더 가서 북한산특수산악구조대 앞에 서면 인

---

4) 오버행 : 암벽의 일부가 처마처럼 돌출되어 머리 위를 덮은 형태의 바위.

수봉의 웅장한 자태가 눈에 꽉 차게 들어온다.

하루재에서 백운대 정상까지 1.4㎞는 1시간 정도가 걸린다. 산길은 특수산악구조대에서 인수암을 지나면서 조금씩 가팔라진다. 화장실을 지나 134계단을 올라서서 가쁜 숨을 고른다. 등을 돌리면 수락산과 불암산, 마들평야의 아파트들이 눈에 들어온다. 여기서 계단길을 10여분 더 오르면 백운대피소(옛 백운산장)다. 옛 백운산장은 1924년 문을 연 우리나라 1호 산장이었다. 3대 산장지기 이영구(2018년 타계) 씨에 이어 그의 아들이 4대째 운영했으나

인수봉 오버행에 도전한 록클라이머. 2015 · 9 · 4 특수산악구조대에서

2019년 12월 기부채납 기한이 도래해 95년의 역사를 마감했다. 산악인들이 '백운산장 존치 서명운동'을 벌였지만 북한산국립공원에 돌아갔다. 백운산장에서 국수와 사발면으로 산행에 지친 몸의 허기를 달래던 산객들에게는 추억의 쉼터로 남아 있는 곳이다.

백운대피소 마당에 충혼탑이 서 있다. '젊은 목숨을 자유와 바꾼 두 용사의 넋이 여기에 잠자노라'라고 쓰인 '백운白雲의 혼魂' 동판이 탑신에 박혀 있고 사연도 적혀 있다. '한국전쟁 발발 직후인 1950년 6월 28일 미아리전투에서 패퇴한 젊은 장교와 그의 연락병이 백운대 밑 백운산장으로 숨어든다. 장교는 서울이 함락됐다는 방송을 듣고 통분을 못 이겨 연락병을 사살하고 자신도 자결한다.' 충혼탑은 1959년 애국청년단체 백운의숙이 세웠다. 목을 축이고 경사가 심한 길을 10분 정도 오르면 백운봉암문, 다시 쇠줄이 매어진 바윗길을 10분 정도 오르면 백운대 정상이다.

백운봉암문에서 불광동 방향은 136쪽 산성주능선(대남문~대동문~백운봉암문) 코스와 161쪽 불광동~족두리봉~향로봉~비봉능선~대남문 코스 참조.

교통

우이동 종점을 지나는 버스. 경전철 우이신설선 북한산우이역(종점) 하차. 교통광장 공영주차장.

북한산의 문화재
삼각산 도당제三角山 都堂祭 및 도당굿

서울시무형문화재 제42호(2010년 지정)

도당제는 부족국가 시대부터 행하던 마을굿이다. 마을의 안녕과 풍년, 가축의 번식을 신에게 기구祈求했던 산신제로 '대동굿'으로도 불렸다. 한때 미신이라고 여겨 사라질 위기에 처했으나 1990년 서울시 우이동 주민들이 결성한 삼각산도당제전승보존회가 주관하는 전통축제로 자리잡았다. 매년 삼짇날(음 3월 3일) 삼각산 산신을 모신 우이동 뒷산 도당터에서 개최하고 있다. 산신제(도당제)에 이어 부정 및 가망, 청배, 산맞이 등의 순으로 도당굿이 펼쳐지며 당주무녀가 맨발로 작두를 타는 작두거리로 절정을 이룬다.

당주무녀의 작두타기. 2015·4·21 도당굿에서

2. 우이동~육모정고개~영봉~백운대
약 6km, 2시간30분 내외 소요. 난이도 중

영봉이여, 만고불변 하여라

운무가 빠르게 인수봉 암벽을 휘감고는 만경대 머리에서 흩어진다. 안개구름의 왈츠를 보고 서 있는 영봉의 소나무는 말이 없고, 산객도 넋을 잃었다. 백운대로 오르는 길은 어느 길이나 성스럽지만 영봉靈峰 코스는 남다르다. 신령스러운 기운이 감도는 것 같다.

인수봉. 2017·10·21 하루재에서

영봉 코스는 우이동종점 로터리 북쪽 우이령 입구에 있는 '육모정길(영봉)·우이령길(교현)' 이정표를 따라 우이령길 입구로 들어서는 것으로 산행을 시작한다. 왼쪽으로 파라스파라 서울 리조트를 끼고 10여분 가면 철책 옆에 '영봉 2.7km·용덕사 0.3km' 이정표가 서 있다. 이정표를 따라 왼쪽으로 조금 들어가면 만나는 육모

인수봉 운무. 2018·4·15 영봉에서

  정공원지킴터에서 좁은 산길을 10분쯤 오르면 용덕사龍德寺다.
  용덕사 옆으로 난 답답한 산길을 15분쯤 오르면 작은 샘터가 나오고, 나무계단을 올라서면 육모정고개 쉼터에 닿는다. 우이동 로터리에서 육모정고개까지 약 50분 소요. 육모정고개에서 북쪽은 상장능선으로 가는 길인데 폐쇄됐다. 여기서 영봉까지는 35분 정도를 더 가야 한다.
  육모정고개(해발 약 400m)에서 영봉(해발 604m)으로 오르는 1.3㎞ 길은 지금까지 왔던 길과는 사뭇 다르다. 거의가 흙길이어서 발바닥에 닿는 감촉이 부드럽고 길도 오르막이긴 해도 순하다. 육모정고개에서 헬기장을 거쳐 15분쯤 오르면 시야가 탁 트인 바위에 올라서게 된다. 매끈한 인수봉 뒤로 백운대 이마가 살짝 보이고 만경대의 톱날 같은 암봉도 멋지게 드러난다. 남쪽으로 길게 누워있는 산성주능선과 칼바위능선, 보현봉과 문수봉, 동쪽으로 도봉산·수락산·불암산이 병풍처럼 서 있는 모습도 아름답다. 지금까지 올라온 계곡 산행의 답답함이 일순에 사라지는 느낌이다. 전망바위에서 20분쯤 오르면 영봉. 서쪽에는 단단한 근육질의 인수봉이 하늘을 받치고 있고, 그 뒤로는 백운대가 살짝 이마를 드러내고 있다. 만경대에서 보현봉으로 흐르는 산성주능선에도 구름이 머물고 있다. 정상에 있었던 시비 '靈峰'이 몇 년 전부터 보이지 않는다. 1987년 아랫마을 사람들이 무명 봉우리에 '영봉'이란 이름을 지어주고 세웠다는 시비다.

山을 어디라 손을 대려 하느뇨
山에 들면 가득한 靈氣에 감사할지니
山의 精氣 있으매 푸른 氣運 솟고
山의 自然 있으매 맑은 물도 흘러
우리 生命 더불어 모든 生命이 사노니
山이여, 靈峰이여 萬古不變 하여라.

- 정공채 시인의 시 '靈峰' 전문.

영봉에서 백운대로 가려면 하루재로 0.3㎞ 정도를 내려가야 한다. 경사가 심한 길이다. 하루재에 닿기 전 나뭇가지 사이로 백운대와 인수봉이 멋지게 보이는 사진 촬영 명소가 있다. 놓치지 말자. 하루재에서 백운대까지 1.4㎞ 길은 235쪽 우이동 ~백운대 코스를 참조한다.

교통
우이동 종점을 지나는 버스. 경전철 우이신설선 북한산우이역(종점) 하차. 교통광장 공영주차장.

3. 우이동~도선사~용암문
약 3.1㎞, 1시간 30분 내외 소요, 난이도 중

용암계곡에 물소리 맑고

법향法香이 가득한 천년고찰에 연꽃이 하늘을 수놓았다. 부처님 오신 날의 산사는 온통 법해法海를 이뤄 중생의 가슴에 연등 하나씩 달아준다. 북한산을 밝히는 자비와 광명의 등불이다. 하나하나가 모두 불성佛性을 담고 있다.

부처님오신 날 도선사 연등. 2015·5·24

도선사道詵寺 일주문을 지나 용암문龍巖門으로 향한다. 신라 경문왕 2년(862년) 도선道詵 국사가 도선암道詵庵이란 이름으로 창건한 도선사는 북한산을 대표하는 천년고찰이다. 1904년 국가기원도량으로 지정됐고, 1963년 도선암에서 도선사로 승격

백운대는 푸른 하늘을 뚫고… 2017·2·23 만경대 사면에서

했다. '대한불교조계종 호국참회도량 본찰'이란 이름에 걸맞게 당우堂宇가 당당하고 균형을 이뤘다.

대웅전 뒤편에는 서울시유형문화재 제34호 마애불입상磨崖佛立像이 있다. 도선 국사가 창건 시 큰 바위를 주장자로 갈라 조성한 것이라고 하는데, 20m의 높은 암벽에 감실을 파고 그 안에 높이 8.43m의 마애불입상을 조각했다. 마애불에 기도를 하면 신비스러운 영험이 있다고 하여 불자들의 발길이 끊이지 않는다.

도선사는 명부전에 박정희 전 대통령과 육영수 여사의 영정을 모시고 있다. 육 여사는 생전에 자주 도선사에서 철야기도를 할 정도로 독실한 불자였고, 청담靑潭 주지스님으로부터 대덕화大德華란 법명을 받았다. 육 여사는 우이동에서 도선사로 올라가는 청담로를 닦는 일 등 많은 불사에 시주를 했다고 한다.

우이동~용암문 코스는 도선사 주차장에서 도선사 경내로 들어가 용암문공원지킴터에서 산행을 이어간다. 도선사에서 용암문까지 약 45분 소요. 경내에 있는 용암문공원지킴터를 벗어나자 길은 아주 가파르다. 사방이 막혀 있고 나무가 우거져 여름이면 하늘도 보이지 않는 답답한 길이다.

용암문공원지킴터에서 10여분을 오르면 길가에 '金尙宮淨光花之舍利塔김상궁정광화지사리탑'이라고 음각한 바위를 만난다. 산객들 사이에 '김상궁바위'로 불리는데 큰 글씨 옆에 '同治癸酉十月日立동치계유시월일입'이라고 쓴 작은 글씨가 보인다. 同治는 청나라의 연호이고, 계유년은 1873년(고종 10년)이다. 계유년 10월 정광화(김상궁의 법명)의 사리를 보관했음을 새긴 것인데, 사리함을 넣었던 바위구멍은 텅 비어 있다.

김상궁바위에서 5분쯤 올라 '해발 426m' 푯말을 지나면 길은 심하게 가팔라진다. 쇠줄을 당기고 계단을 20분쯤 힘겹게 오르면 용암문이다. 암문의 이정표는 '백운대 1.5㎞(북쪽)·대동문 1.5㎞(남쪽)'를 가리키고 있다.

우이동 종점에서부터 약 1시간 20분 올라온 산행이 성에 차지 않는다면 백운대나 대동문 방향으로 연장할 수 있다. 북쪽의 노적봉 안부(해발 694m)와 만경대 사면~백운봉암문을 거쳐 백운대까지는 40분 정도 소요. 백운대에 올랐다가 백운대피소~하루재를 거쳐 다시 우이동으로 하산하면 원점 회귀 산행이 된다. 대동문에서는 진달래능선을 거쳐 우이동·수유동으로 하산하거나 대남문으로 산행을 이어갈 수도 있다. 용암문에서 0.2㎞ 거리에 북한산대피소가 있다.

북한산대피소에서 백운대는 136쪽 산성주능선(대남문~대동문~백운봉암문) 코스, 불광동 방향은 136쪽 산성주능선 코스와 161쪽 불광동~족두리봉~향로봉~비봉능선~대남문 코스를 참조한다.

🚌 교통

우이동 종점을 지나는 버스. 경전철 우이신설선 북한산우이역(종점) 하차. 교통광장 공영주차장.

4. 우이동~진달래능선~대동문
약 3.6㎞, 1시간 40분 내외 소요, 난이도 중

산길 수놓은 진달래꽃

진달래능선 진달래꽃과 북한산. 2018·4·8

 사월이다. 산길에 진달래꽃이 지천으로 피었다. 그래서 이름이 진달래능선이다. 버스 종점에서 우이동 만남의 광장을 지나 천도교 의창수도원 담을 끼고 7~8분 오르면 왼쪽으로 철제쪽문이 나온다. 진달래능선으로 오르는 산문인데, '대동문 2.9㎞' 이정표가 길을 안내한다. 쪽문에서 갑자기 가팔라진 길을 10여분 오르면 오른쪽으로 길가에 전망 좋은 곳이 나온다. 선운각 한옥카페(옛 고향산천) 팔작지붕 위로 북한산 정상부의 세 봉우리가 웅장하게 솟아 있는 모습을 한눈에 볼 수 있는 포토 존이다.

진달래꽃이 만발한 능선길을 다시 20여분 오르면 '대동문 1.6㎞·백련공원지킴터 1.1㎞' 이정표가 있는 네거리에 닿는다. 수유동 백련사와 우이동 솔밭근린공원~보광사에서 올라온 두 길이 만나는 지점이다. 완만한 나무계단을 지나 조금 오르면 전망이 좋은 바위에 서게 된다. 서쪽으로 백운대·인수봉·만경대·용암봉 암벽이 병풍처럼 솟아 있고, 산성주능선이 길게 뻗어 있는 절경을 볼 수 있는 명당바위다.

돌계단과 경사가 심한 길을 25분쯤 오르면 '해발 400m·대동문 0.7㎞' 푯말을 만나고, 다시 5분쯤 오르면 '대동문 0.5㎞·수유분소 1.6㎞' 이정표가 있는 삼거리에 선다. 수유동 북한산국립공원 수유분소에서 성도원이나 운가사를 지나 올라온 길과 만나는 곳이다. 이정표에서 조금 오르면 가파른 나무계단이다. 10년 전에는

만추의 북한산. 2017·10·29 진달래능선에서

깎아지른 듯한 바윗길이어서 기어올라야 했는데 최근 나무계단을 설치했다.

계단을 올라서면 '대동문 0.2㎞·해발 490m' 푯말이 있는 오른쪽에서 길이 하나 붙는다. 선운각 한옥카페 앞 옥류교에서 시작하는 소귀천계곡 코스와 만나는 지점이다. 삼거리에서 5분 쯤 가면 '대동문 0.1㎞·아카데미하우스 1.8㎞·소귀천 2.2㎞' 이정표가 서 있다. 아카데미탐방지원센터에서 구천폭포를 거쳐 올라온 길과 만나는 곳이다. 대동문까지는 2분 정도면 간다.

대동문에서 백운대는 136쪽 산성주능선(대남문~대동문~백운봉암문) 코스, 북한산성 입구로 하산은 131쪽 북한산성 입구~대동문 코스 참조.

🚌 교통

우이동 종점을 지나는 버스. 경전철 우이신설선 북한산우이역(종점) 하차. 교통광장 공영주차장.

5. 우이동~소귀천계곡~대동문
약 3.7㎞, 1시간40분 내외 소요, 난이도 하

가뭄에도 마르지 않는 소귀천

소귀천계곡 코스는 우이동 버스종점에서 약 1㎞ 위에 있는 선운교 앞이 산행 들머리다. 선운교에서 '대동문 2.7㎞·소귀천계곡' 이정표를 따라 왼쪽의 완만한 포장로를 따라가면 솟을대문의 한옥이 앞을 막는다. 1970년대 말까지 '선운각'이란 요정 간판이 걸렸던 한옥카페 선운각이다.

선운각은 제3공화국 시절 삼청각·대원각과 함께 요정정치의 한 축이었다. 당시

만경대의 가을. 2017·10·18 백운대에서

중앙정보부장 김재규의 인척이 운영하던 것을 1979년 10·26 사태 후 군부가 몰수, 민간에 불하했다. 처음엔 고향산천이란 간판을 달고 음식을 팔다가 영빈관으로 바뀌었고, 지금은 카페와 예식장으로 운영하고 있다. 선운각은 5대궁을 제외하고 서울에서 가장 큰 한옥으로 알려져 있다.

선운각 앞 옥류교에서 '대동문 2.3㎞' 이정표를 따라 소귀천계곡으로 들어선다. 단조로운 계곡이 대동문 턱밑까지 이어져 자칫 지루하게 느껴질 수도 있는 길이다. 하지만 대동약수와 용담샘에서 흘러내리는 계곡물은 웬만한 가뭄에도 마르지 않아 물소리만으로도 마음이 시원해진다. 길도 대동문을 0.5㎞ 앞둔 지점에서 급경사를 이루는 것을 제외하고는 완만해 크게 힘들지 않는 산행을 할 수 있다.

소귀천계곡은 여름철 비가 많이 내리면 계곡물이 넘쳐 산행이 통제됐었는데 최근 2개의 다리를 놓아서 이제 그런 불편은 없어졌다. 두 번째 다리를 건너 10여분 오르면 '대동문 0.4㎞' 이정표가 나오고, 여기서부터 길은 갑자기 가팔라진다. 하지만 대동문까지는 얼마 남지 않았다. 10여분이면 '대동문 0.2㎞·소귀천계곡 2.0㎞' 이정표가 서 있는 갈림길에 서게 된다. 갈림길에서 나무계단을 0.2㎞를 오르면 대동문이다.

🚌 교통

우이동 종점을 지나는 버스. 경전철 우이신설선 북한산우이역(종점) 하차. 교통광장 공영주차장.

인수봉과 진달래꽃. 2018 · 4 · 21 곰바위능선 위에서

산의 참이야기를 듣다
−정릉동 기점 코스

인수봉 암벽에 도전하는 클라이머들. 특수산악구조대에서

산의 참 이야기를 듣다
-정릉동 기점 코스

가을 인수봉의 아침. 윤홍 작. 2015·10·11 만경대에서

1. 정릉초교~칼바위공원지킴터~칼바위능선~보국문
약 4㎞, 1시간 30분 내외 소요. 난이도 중

시詩로 듣는 산 이야기

그 누구를 용서할 수 없는 마음이 들 때
그 마음을 묻으려고 산에 오른다.

산의 참 이야기는 산만이 알고
나의 참 이야기는 나만이 아는 것
세상에 사는 동안 다는 말 못할 일들을
사람은 저마다의 가슴 속에 품고 산다.

그 누구도 추측만으로
그 진실을 밝혀낼 수 없다.
꼭 침묵해야 할 때 침묵하기 어려워

산에 오르면
산은 침묵으로 튼튼해진
그의 두 팔을 벌려 나를 안아준다.

좀 더 참을성을 키우라고
내 어깨를 두드린다.
- 이해인 수녀의 시 '산 위에서' 전문

북한산 일출. 2014·11·4 노고산에서

　산길에서 산과 대화를 나눈 시詩를 만났다. 산행의 재미가 더욱 커지는 느낌이다. 정릉동에서 칼바위능선으로 오르는 길은 여럿 있지만 시가 있는 코스는 정릉초등학교를 기점으로 잡아야 한다. 정릉동 버스종점에서 200m 정도를 후진해 '보국문로 32길' 골목으로 접어들면 빨래골공원지킴터로 가는 북한산둘레길이다. 중앙하이츠아파트 정문 앞에서 오른쪽 북한산둘레길 이정표를 따라 나무계단을 10여분 오르면 정릉초등학교 뒤 북한산자락길 솔샘마당에 닿는다. 경전철 우이신설선 솔샘터널역에서 솔샘터널 위를 지나 정릉초등학교로 가는 길도 있다.

　탐방로는 솔샘마당에서 왼쪽의 판자가 깔린 소나무 숲길로 들어가야 한다. 북한산자락길은 서울 성북구가 보행 약자도 삼림욕을 즐길 수 있도록 휠체어와 유모차가 다닐 수 있게 만든 무장애 숲길이다. 노송이 하늘을 가린 아늑한 길은 천천히 걸어야 제 맛이다. 길가의 북 카페에 들러 책을 꺼내보고, 나무판에 적혀 있는 명시도 감상하는 길이다. 이해인 수녀의 시 '산 위에서'를 비롯해 정현종·류시화·정호승 시인의 시를 만날 수 있다.

거칠어서 아름다운 칼바위능선

　솔샘마당에서 무장애숲길을 따라 10분 정도 오르면 칼바위공원지킴터다. 수유동 빨래골공원지킴터에서 올라온 길과 만나는 곳이기도 하다. 여기서부터 본격적인 산행이다. 공원지킴터에서 30분쯤 오르면 '대동문 2.0㎞·보국문 1.8㎞·범골약수터 0.1㎞·빨래골공원지킴터 1.6㎞·화계사공원지킴터 1.6㎞' 등 여러 이정표가 있는 곳에 닿는다. 화계사와 빨래골에서 각각 삼성암을 거쳐 올라온 길과 만난 곳이다. 이정표에서 50m쯤 더 가면 '정릉탐방지원센터 1.5㎞·대동문 1.9㎞' 이정표가 또 나온다. 정릉탐방지원센터에서 북한산국립공원사무소~내원사를 거쳐 올라온 길이 만나는 지점이다. 여기서 20m쯤 올라 만나는 '냉골샘 0.12㎞' 이정표는 수유동 냉골공원지킴터에서 조병옥 박사 묘소를 거쳐 올라온 길이다. 이처럼 칼바위능선으로 오르는 길은 칼바위공원지킴터·정릉탐방지원센터·빨래골공원지킴터·화계사공원지킴터·냉골공원지킴터·범골공원지킴터·내원사 등 들머리가 많다.

 이정표에서 10여 분을 더 오르면 이동통신 안테나가 있는 전망이 좋은 봉우리에 '문필봉 해발 480m·칼바위 0.9㎞'란 푯말이 서 있다. 문필봉이란 봉우리 이름도 멋있지만 여기서 보는 북한산 정상부와 도봉산, 남산을 비롯한 서울 도심의 경관이 아름답다. 하지만 맛보기에 불과하다. 칼바위봉에 서야 북한산 정상부의 참 멋을 볼 수 있다.

 문필봉에서 내려서면 왼쪽에서 길 하나가 합류하는 곳에 '대동문 1.0㎞·보국문 0.8㎞' 이정표가 서 있다. 정릉탐방지원센터~정릉2교에서 올라온 길과 만나는 지점이다. 북쪽으로 수유동 아카데미탐방지원센터에서 올라오는 길이 있었으나 낙석 위험이 있다는 이유로 몇 년 전 폐쇄했다. 여기서부터 보국문으로 가는 칼바위능선 길은 직벽에 가까운 바위를 기어올라야 한다. 이 길에 자신이 없는 산객을 배려해 능선의 남쪽 사면으로 우회로를 냈다.

 이정표에서 바윗길을 10분 정도 오르면 칼바위봉이다. 백운대·인수봉·만경대·노적봉 등 북한산 정상부와 멀리 도봉산·오봉이 파노라마처럼 펼쳐져 보인다. 시단봉에 세운 동장대의 위용이 돋보이고, 그 아래로는 대동문이 숲속에 낮게 앉아 있다. 보현봉에서 보국문으로 흐르는 성곽길이 아름답고 남쪽의 서울 시내 중심부와 남산도 그림 같다.

 5월의 신록, 여름의 운해, 가을 단풍, 눈 덮인 겨울 풍경 등 칼바위봉에서 보는 북한산 사계의 아름다움은 그야말로 백문이불여일견이라고나 할까. 사진가들이 철을 가리지 않고 칼바위봉을 찾는 까닭을 알 것 같다. 칼바위봉에서 보국문은 10여 분이면 닿는다.

불타는 북한산. 2021·10·28 행궁지에서

보국문에서 백운대는 136쪽 산성주능선(대남문~대동문~백운봉암문) 코스, 북한산성 입구로 하산은 132쪽 북한산성 입구~보국문 코스 참조, 대남문~불광동 방향은 136쪽 산성주능선(대남문~대동문~백운봉암문) 코스 참조.

🚌 교통

110A-B·143·162·1020·1113·1114·1711번 버스 정릉동 종점, 경전철 우이신설선 솔샘터널역 하차. 정릉탐방지원센터 유료주차장.

2. 정릉동~보국샘~보국문
약 2.5㎞, 1시간 내외 소요, 대성문 3.0㎞, 난이도 중

영취봉·백운대·만경대(左로부터). 2018·10·27 상운사에서

새벽 산길 여는 휘파람새 소리

'휘이이익~ 호르륵, 휘이익~' 청아한 휘파람새 소리가 적막한 새벽 산길의 공기를 가른다. 하늘엔 별만 총총하고 사위는 어둠에 묻혀 있다. 걸음을 멈춘다. 자세히 들으니 두 마리가 사랑 노래를 부르고 있다. 휘파람새 소리도 북한산 만뢰萬籟 중 하나이리.

정릉동 버스종점에서 보국문으로 오르는 코스는 북한산의 탐방로 가운데 가장 재미없는 코스라 해도 틀리지 않을 게다. 사방이 막혀 있어 답답한 데다 길도 보국

샘에서 보국문까지 0.7㎞는 아주 가팔라서 무척 힘이 든다.

　정릉탐방지원센터에서 조금 오르면 청수2교에서 '대성문 2.7㎞' 이정표를 만난다. 영취사나 대성능선을 거쳐 대성문으로 가는 코스의 시작이다. 보국문으로 가는 길은 조금 위에 있는 정릉1교를 건너야 한다. 다리를 건너 서서히 가팔라지기 시작한 길을 25~30분 오르면 정릉2교에 '정릉탐방지원센터 1.3㎞·보국문 1.2㎞' 이정표가 길을 안내한다. 거리로는 반 넘게 온 셈이지만 남은 길이 지나온 길보다 서너 배는 더 힘이 들고 시간도 많이 걸린다. 정릉2교에서 보국문은 왼쪽 길로 올라야 한다. 오른쪽은 넓적바위~칼바위능선(0.7㎞)으로 가는 길이다.

　정릉2교에서 영천샘을 지나 10분 정도면 보국샘에 닿는다. 샘터에 서 있는 '보국문 0.7㎞' 푯말은 가파른 계단길의 시작을 알리는 신호나 다름없다. 보국문까지 계속 급경사의 계단이 이어진다. 이제나 저제나 계단길이 끝나길 고대하며 오르는데 '보국문 0.3㎞'를 남겨놓은 지점에서 길은 S자형으로 바뀐다. 직선으로는 오르기가 힘들어서 지그재그로 길을 낸 것이리라. 보국샘에서 가쁜 숨을 몰아쉬며 25~30분, 보국문에 닿는다. 보국문에서 북쪽은 북한산성탐방지원센터, 서쪽은 대성문, 동쪽은 대동문으로 간다.

🚌 교통

　110A-B·143·162·1020·1113·1114·1711번 버스 정릉동 종점 하차. 정릉탐방지원센터 유료주차장.

3. 정릉동~(ⓐ영취사 코스·ⓑ대성능선 코스)~대성문
각 약 3㎞, 1시간 30분 내외 소요, 난이도 하

산 따라 물 따라 길 따라

'자실인의慈室忍衣 - 자비로 집을 짓고 인내의 옷을 입어라.' 붓다의 말씀이다. 가족 서로가 따뜻한 마음을 주고받는다면 그 집은 자실이 되고, 서로가 참고 배려한다면 평화와 행복이 가득할 것이다. 세상 사람 모두가 이를 실천한다면 그곳이 정토淨土가 아니겠는가. 영취사 가는 길에서 갖는 생각이다.

인수봉과 노송. 2015·12·11 백운대에서

정릉동 정릉탐방지원센터에서 대성문으로 직행하는 길은 2개가 있다. 영취사를 거치는 계곡길(A코스)과 능선으로 오르는 대성능선길(B코스)이 있는데, 두 길은 영취사 조금 위에서 합해져 대성문으로 함께 간다.

■ 정릉동~영취사~대성문

정릉탐방지원센터에서 영취사까지는 좀 답답한 계곡 산행이다. 청수2교를 건너 10여분 오른 지점의 삼거리에서 직진하면 신덕교가 나오고 곧 커다란 돌탑을 만난다. '북한산 영취사 기도도량 성취도량'이란 작은 푯말의 안내를 따라 가면 길은 돌계단으로 바뀐다. 계단길을 올라 삼봉사 입구를 지나면 삼거리에 '영취사

백운대·만경대·노적봉·산성주능선·의상봉·용출봉(좌로부터). 2018·9·11 북한산성 입구에서

0.4㎞·대성문 1.7㎞·약수터' 이정표가 서 있다. 약수터는 형제봉능선 방향으로 가는 비법정탐방로이고, 영취사는 대성문 이정표를 따라가야 한다. 경사가 심한 계단을 조금 오르면 영취샘을 만나고 이내 영취사다.

   영취사靈鷲寺는 역사가 깊지 않고 큰 절집도 아니지만 이름이 그럴듯하다. 석가모니가 설법했다는 인도의 영취산靈鷲山에서 따온 듯하다(불교에서는 '鷲'를 '축' 혹은 '추'로도 읽어 '영추사'라고 하는 사람도 있다). 영취사는 독립운동가 신현상申鉉商 선생의 딸인 신정옥申貞玉(2019년 타계) 씨가 1962년 창건했다고 경내에 세운 공덕비에 적혀 있다. 백범白凡 김구金九 선생의 수양딸인 신씨는 강성진 전 삼보증권 회장의 부인이다.

   영취사에서 산객들에게 무료로 제공하는 따끈한 약차로 목을 축인 후 대성문 1.3㎞ 이정표를 따라 간다. 가파른 계단길이다. 나뭇가지 사이로 형제봉이 고개를 내밀고 있는 것을 보며 0.4㎞쯤 오르면 '대성문 0.9㎞' 이정표가 있는 삼거리에서 대성능선 코스와 만난다. 합류지점에서 형제봉능선의 일선사 삼거리까지는 지척이고, 삼거리에서 대성문까지 0.7㎞도 20여 분이면 닿는다.

■ 정릉동~대성능선~대성문

　대성능선 코스로 돌아가 보자. 정릉탐방지원센터~청수2교를 지나 무명교를 건너면 갈림길에서 최근에 세운 '대성문 2.6㎞·대성능선' 이정표를 만난다. 여기서 '대성능선' 이정표를 따라 오른쪽으로 길을 잡아야 한다. 능선으로 올라서면 나뭇가지 사이로 보국문 가는 계곡길과 칼바위능선의 문필봉이 눈에 들어온다. 대성능선은 경사가 심하지 않은 흙길이어서 걷기에 좋다. 등에 땀이 밸 즈음 삼거리에서 '영취사 0.4㎞·대성문 0.9㎞' 이정표를 만난다. 영취사에서 올라온 길과 만나는 지점이다.

　일선사 입구에서 북악터널로 하산은 225쪽 북악터널~형제봉능선~대성문 코스, 평창동 방향은 228쪽 평창동~일선사~대성문 코스 참조.

교통
　110A-B·143·162·1020·1113·1114·1711번 버스 정릉동 종점 하차. 정릉탐방지원센터 유료주차장.

4. 정릉동~넓적바위·내원사~칼바위능선~보국문
약 3㎞, 1시간 20분 내외 소요, 난이도 중

북한산 진달래. 오건민 작. 2019·4·20 칼바위봉에서

■ 정릉동~넓적바위~칼바위능선~보국문

칼바위봉 곱게 치장한 참꽃

바람 불어 좋은 봄날 아침이다. 수려하면서도 아찔한 칼바위봉에 볼 붉힌 참꽃이 군락을 이뤘다. 바위틈에서 동살을 받고 있는 두견화는 세상 무엇보다도 아름답다. 척박한 바위에 뿌리를 박고 거친 바람을 이겨내서 더욱 대견하다.

정릉탐방지원센터에서 칼바위봉으로 오르는 길은 정릉2교에서 넓적바위를 지나

영취봉. 2018·6·11 북한동역산관에서

는 코스와 북한산국립공원사무소에서 내원사를 경유하는 코스가 있다. 여기서는 넓적바위 코스를 안내한다.

정릉탐방지원센터에서 언덕길을 올라 정릉2교를 건너면 길이 갈린다. 왼쪽의 보국문 코스로 가지 말고 '칼바위능선 0.7㎞' 이정표를 따라가면 넓적바위(마당바위)가 나오고 길은 경사가 심해진다. 가파른 능선을 타고 20분쯤 오르면 칼바위능선이다. 능선에 '정릉탐방지원센터 2.0㎞·보국문 0.8㎞·대동문 1.0㎞·칼바위공원지킴터 2.0㎞' 이정표가 서 있다. 칼바위능선에 선 것이다. 정릉초교·빨래골·화계사·냉골·범골·내원사·삼성암 등에서 올라온 산길이 모두 합해졌다.

이제 칼바위봉까지 0.6㎞는 스틱을 접고 칼날 같은 암벽을 기어올라야 한다. 겨울철 눈이라도 내린 날은 아이젠을 착용해도 조심스럽다. 칼바위봉에서 보국문까지 가는 길은 앞서 안내한 259쪽 정릉초교~칼바위공원지킴터~보국문 코스를 참조한다.

■ 정릉동~내원사~칼바위능선

법음法音이 바다까지 퍼지기를

정릉탐방지원센터에서 내원사內院寺를 거쳐 칼바위로 올라서는 코스는 외진 탐방로여서 찾는 산객이 많지 않다. 문필봉을 주봉으로 삼고 있는 내원사는 정릉탐방지원센터 조금 위에 있는 북한산국립공원사무소 앞에서 '내원사 800m' 사찰 안내판을 따라가야 한다. 완만한 자동찻길을 오르는 동안 왼쪽으로 보현봉이 보이고, 조금 더 가면 형제봉도 얼굴을 내민다. 길가에서 만나는 '淸淨' '光明'이라고 새긴 바위가 내원사와 가까워졌음을 알려준다.

산, 그리고 도시(앞으로부터) 노적봉·의상능선·여의도 일대. 2018·8·17 백운대에서

사패산에서 본 북한산. 2016·10·13

    내원사의 창건 연대는 정확히 알 수 없다. 고려시대 보조 국사 지눌이 창건했다고 전할 뿐이다. 33관음觀音 중 하나인 백의보살白衣菩薩의 영험과 신주神呪를 새긴 백의대사불도白衣大士佛圖 목판이 전해 오고 있다. 철종 10년(1859년)에 만든 것이라고 한다. 내원사의 범종각에 걸린 '香聲海향성해'란 편액이 눈길을 끈다. '법음法音이 종소리를 타고 먼 바다에까지 퍼진다'는 뜻으로, 온 누리에 자비와 광명의 법해法海를 전하고자 울리는 종소리라고 한다.

    요사 마당에서 우측으로 난 좁은 탐방로로 접어든다. 제법 가파르지만 내원사에서 칼바위능선까지는 0.4㎞의 짧은 거리여서 20분이 채 안 걸려 '보국문 1.7㎞·대동문 1.9㎞' 이정표가 서 있는 능선에 올라선다.

🚌 교통

    110A-B · 143 · 162 · 1020 · 1113 · 1114 · 1711번 버스 정릉동 종점 하차. 정릉탐방지원센터 유료주차장.

5. 정릉동~형제봉북단~대성문
약 3.2km, 1시간 30분 내외 소요, 난이도 중

보현봉 푸른 암벽을 향해

정릉탐방지원센터에서 형제봉북단을 거쳐 대성문으로 가는 길은 2개가 있다. ① 정릉탐방지원센터 위 청수2교에서 '대성문 3.0km' 이정표를 따라 오르는 A코스와 ②탐방지원센터 주차장에서 북한산둘레길을 들머리로 잡는 B코스가 있다. 두 길은 출발 20여분 후 영불사 옆 네거리에서 합류한다.

향로봉. 2002·2·11
탕춘대능선에서

정릉탐방지원센터 50여m 위 '신성천 0.7㎞·형제봉삼거리 1.7㎞' 이정표가 기점이다. 10여분을 오르면 신성천(샘) 쉼터이고, 왼쪽으로 다시 5분쯤 오르면 네거리에서 '정릉탐방지원센터 1㎞·대성문 2.4㎞' 이정표를 만난다. 하나는 정릉탐방지원센터 주차장(B코스)에서, 다른 하나는 북악1공원지킴터(국민대)~영불사에서 올라온 길이다.

B코스로 돌아가 보자. 정릉탐방지원센터 주차장에서 북한산둘레길 명상길 문으로 들어서야 한다. 청수사 간판을 따라가면 길은 나무계단으로 바뀌고 곧 전망대가 나온다. 보현봉이 멋지게 보이는 곳이다. 둘레길과 갈라져 15분쯤 오르면 앞에서 안내한 신성천에서 올라온 A코스와 만나는 영불사 옆 네거리다.

A·B코스가 만난 지점에서 영불사(국민대 방향) 쪽으로 가지 말고 오른쪽의 '대성문 2.4㎞' 이정표를 따라 올라가야 한다. 5분쯤 가면 '대성문 2.2㎞·북악1공원지킴터 1.1㎞·정릉탐방지원센터 1.3㎞' 이정표가 나온다. 북악1공원지킴터(국민대) 옆에서 영불사를 거쳐 올라온 길과 합류하는 지점이다. 가파른 나무계단을 올라서면 형제봉북단 삼거리에 '북악1공원지킴터 1.4㎞·영불사 0.8㎞' 이정표가 서 있다. 형제봉입구에서 올라온 형제봉 능선에 합류한 것이다.

삼거리에서 대성문은 1.9㎞. 대성문 쪽으로 방향을 잡아 비교적 완만한 능선길을 오르면 왼쪽에서 길 하나가 합해지는 삼거리에 닿는다. 평창공원지킴터에서 올라오는 길과 만나는 지점으로 '대성문 1.0㎞·일선사 0.4㎞' 이정표가 서 있다. 여기서 조금 오르면 영취사와 대성능선에서 올라온 길과 합류하는 일선사 삼거리다. 삼거리에서 대성문까지는 265쪽 정릉탐방지원센터~영취사나 대성능선~대성문 코스를 참조한다.

교통

110A-B·143·162·1020·1113·1114·1711번 버스 정릉동 종점 하차. 정릉탐방지원센터 유료주차장.

6. 국민대~영불사~형제봉북단~대성문
약 3.4㎞, 1시간 40분 내외 소요, 난이도 하

보현봉과 일선사(점선). 2017·9·16 형제봉능선에서

육법기도도량 영불사

국민대 정문 옆 북악1공원지킴터에 있는 '대성문 3.4㎞' 이정표가 길을 안내한다. 이 길은 정릉방향으로 가는 북한산둘레길이기도 하다. 공원지킴터에서 자동차가 다니는 신작로를 따라 5분쯤 들어가면 '북악산갈림길 0.4㎞' 이정표를 만난다.

북악터널 위를 지나 북악산으로 가는 길이자 형제봉능선이나 북한산둘레길 평창동 방향으로 가는 이정표다. 영불사는 이 길을 따라가지 말고 직진해 '왕녕사 심곡사 서광사 영불사' 등을 알리는 사찰종합안내판이 있는 곳에서 오른쪽으로 길을 꺾는다. 평지나 다름없는 길을 조금 가면 공중화장실이 나오고, 여기서 좌측으로 난 자동찻길을 따라 오르면 영불사다.

영불사靈佛寺는 대한불교총화종大韓佛教總和宗에 등록돼 있는 사찰이다. 역사가 오래지는 않지만 육법기도도량六法祈禱道場[5]으로 알려져 기도하는 불자가 많다고 한다. 연화대 위에 서 있는 해수관음상의 미소를 뒤로 하고 산길로 접어든다. 탐방로는 영불사 입구에 있는 '대성문 2.6㎞·정릉탐방지원센터 1.4㎞' 이정표를 따라가다 바로 나오는 '대성문 2.5㎞' 이정표에서 왼쪽 언덕으로 길을 꺾어야 한다. 영불사를 벗어나 10여분 오르면 '대성문 2.2㎞·북악1공원지킴터 1.1㎞·정릉탐방지원센터 1.3㎞' 이정표를 만난다. 정릉탐방지원센터에서 올라온 길과 만난 네거리다. 여기서 형제봉북단~형제봉능선~대성문으로 가는 길은 272쪽 정릉탐방지원센터~형제봉북단~대성문 코스를 참조키로 한다.

🚌 교통

110A-B·153·1020·1711·7211번 버스 국민대 하차.

---

5) 육법(六法) : 지계(持戒)·지혜(智慧)·인욕(忍辱)·선정(禪定)·보시(布施)·정진(精進)

순국·애국선열을 찾아서
− 수유동 기점 코스

비가 갠 후 사모바위에서 본 북한산 정상부. 운해가 지나며 선경 같은 풍광을 보여준다. 2018·8·28

순국·애국선열을 찾아서
- 수유동 기점 코스

북한산 정상부. 2017·5·3 태고사 위에서

1. 아카데미하우스~구천폭포~대동문
약 2㎞, 50분 내외 소요, 난이도 중

노적봉(右)과 백운대. 2018·10·17 중성문에서

협곡이 만든 구천폭포

 수유동에서 대동문 산행 들머리인 아카데미탐방지원센터로 가는 길은 지하철 4호선 수유역에서 강북마을버스 01번을 타는 것이 찾기 쉽다. 탐방지원센터 앞이 마을버스 종점이다. 아카데미하우스호텔 담을 끼고 오르는 것으로 산행을 시작한다. 탐방지원센터에서 쉼터와 숲속의 독립 가옥을 지나 5분쯤 오르면 왼쪽에 '부석금표浮石禁標'라고 새긴 작은 바위를 만난다. 정순왕후(단종의 비)의 능침인 사릉思陵

구천폭포. 2015·7·26

을 조성할 당시 석재를 채취한 곳이므로 일반인의 채석을 금한다는 표석이다.

부석금표 바위에서 5분 정도 올라 '대동문 1.4㎞' 이정표가 있는 삼거리에서 오른쪽으로 길을 잡는다. 직진은 칼바위능선으로 가는 계곡길인데 낙석 위험이 있다는 이유로 수년 전 출입을 통제해 천자약수까지만 갈 수 있다. 수유동 기점에서 유일하게 칼바위능선으로 오르는 코스가 없어졌다.

대동문 이정표를 따라 조금 오르면 구천폭포인데 폭포수의 장관은 비가 왔을 때가 아니면 보기 어렵다. 하지만 물은 쏟아지지 않아도 '구천은폭九天銀瀑'이라고 커다랗게 음각돼 있는 암벽은 멋지다. 그 옆에는 '송계별업(松溪別業, 서울시문화재자료 75호)'이란 각자가 보인다. 송계松溪는 인조仁祖의 셋째아들로 인평대군麟坪大君의 호로, 송계별업은 그의 별장이 있었던 곳이다. 인평대군은 시화에 능해 '산수도' '노승하관도' 등의 그림과 〈송계집〉〈연행록〉 등 많은 문집을 남겼다.

구천폭포를 지나면서 길은 거칠어져 쇠줄을 당겨야하는 구간이 중간 중간 이어진다. 탐방지원센터에서 40분쯤 오르면 '대동문 0.5㎞' 이정표가 있는 쉼터에 닿는다. 여기서부터 이어지는 급경사 계단길이 지나온 길보다 몇 배나 더 힘이 든다. 게다가 협곡이어서 볼거리가 별로 없다. 나뭇가지 사이로 북한산 정상부가 어릿어

릿 눈에 들어올 뿐이다. 조금 더 올라 '대동문 0.4㎞' 이정표에서 한 차례 더 땀을 빼면 진달래능선 상부이고 곧 '대동문 0.1㎞·소귀천탐방지원센터 2.2㎞' 이정표 앞에 서게 된다. 소귀천탐방지원센터에서 올라온 길과 만나는 해발 548m 지점으로, 여기서 대동문까지는 지척이다.

대동문에서 백운대로 가려면 136쪽 산성주능선(대남문~대동문~백운봉암문) 코스, 북한산성 입구로 하산은 131쪽 북한산성 입구~대동문 코스 참조.

교통

강북마을버스 01번, 104·1119·1126번 버스 종점 하차. 경전철 우이신설선 4·19민주묘지역 하차. 길가 유료공영주차장.

2. 아카데미하우스~성도원~진달래능선~대동문
약 2㎞, 50분 내외 소요, 난이도 중

북한산 뒤태. (左로부터) 영장봉·인수봉·숨은봉·백운대·영취봉. 2017·9·15 사기막골에서

산 꽃밭에 물을 주는 여인

'어차피 해결될 일이라면 걱정할 필요가 없고, 해결하지 못할 일이라면 걱정을 해도 소용이 없다' 영화 〈티벳에서의 7년〉에서 소년 달라이 라마가 아들과의 갈등 문제로 고민하는 오스트리아 산악인 하인리히 하러를 위로하며 들려준 티베트 격언이다. 오늘도 걱정하지 않기 위해 산에 오른다.

강북마을버스 01번 종점인 아카데미탐방지원센터 옆에 있는 '신익희 선생 묘소' 푯말이 진달래능선으로 오르는 산행의 기점이다. 탐방지원센터에서 신익희·하균 부자의 묘소를 지나 포장로를 따라 조금 가면 '대동문 1.8㎞·진달래능선 1.0㎞' 이정표가 서 있다.

철조망을 따라 포장로를 조금 더 들어가면 성도원(절)이 나온다. 성도원 앞으로 난 오른쪽 길은 운가사~진달래능선 코스다. 지금 안내하는 길은 운가사를 거치지 않고 성도원에서 바로 진달래능선으로 올라 대동문으로 간다.

성도원을 오른쪽으로 끼고 직진하면 돌탑 2기가 차례로 산객을 반기고, 이어 장대 2개로 받쳐놓은 꼬부랑 노송이 길을 가로막는다. 죽어가는 소나무를 살리겠다는 인간의 정성과 살겠다는 노송의 의지가 어우러져 산길은 아름답다. 노송이 있는 곳에서 가팔라진 돌계단을 10여분 오르면 약수터. 대동문까지는 1.1㎞가 남았다. 약수터 옆 산밭에 아낙이 물을 주고 있다. 그녀의 정성으로 꽃이 피고 산길이 아름다워지리라.

샘터에서 진달래능선으로 오르는 길은 가파르고 거칠다. 숨이 멎을 정도로 경사가 심한 길을 15분 정도 오르면 '대동문 0.7㎞·진달래능선 0.2㎞' 이정표가 있는 삼거리에 서게 된다. 운가사에서 올라온 길과 만나는 지점으로, 7분 정도 더 오르면 '대동문 0.5㎞' 이정표가 있는 진달래능선 상부에 닿는다. 이정표에서 대동문까지는 10분 정도면 갈 수 있다.

🚌 교통

강북마을버스 01번, 104·1119·1126번 버스 종점 하차. 경전철 우이신설선 4·19민주묘지역 하차. 길가 유료공영주차장.

3. 수유동~백련사~진달래능선~대동문
약 2.8㎞, 1시간 30분 내외 소요, 난이도 중

5월의 북한산. 2015·5·5 덕장봉에서

절도 산도 연꽃을 닮았네

백련사白蓮寺 앞마당의 목련나무가 계란꽃을 달았다. 탐스럽다. 아름드리 노송과 키 큰 전나무, 주름살 깊은 은행나무가 어우러져 산사의 운치를 더해 준다. 백련白

蓮이라는 절 이름 때문일까. 흰 연꽃이 피어 있는 느낌이 산사에 가득하다.

수유동 국립4·19민주묘지 입구에서 백련사를 거쳐 대동문으로 가는 길은 북한산국립공원 수유분소 위에 있는 '백련사 700m·대동문 2.8㎞·진달래능선 1.2㎞' 이정표가 기점이다. 이정표에서 대동천2교를 건너면 백련공원지킴터, 여기서 백련사까지는 자동차가 다니는 포장로다.

백련공원지킴터에서 조금 오르면 길가에 심산心山 김창숙金昌淑 선생의 묘소가 있다. 심산 선생은 을사조약 폐기 및 을사오적의 처단을 주장하는 '청주적신파늑약소 請誅賊臣罷勒約疏'를 올렸던 독립운동가다. 자동찻길을 조금 더 오르면 길가에 '金凡父先生墓所入口(김범부선생묘소 입구)'라는 작은 돌기둥이 보인다. 김범부 선생은 제2대 국회의원을 지낸 동양철학자로, 소설가 김동리의 장형이다. 동리가 작가로 성장하는데 많은 영향을 준 것으로 알려져 있다.

대동천2교에서 20분이면 백련사에 닿는다. 백련사는 역사가 100년이 안 된 절이다. 1930년 이은순 씨가 개산했다는 내용의 창건비가 경내에 서 있다. 백련사에서 진달래능선으로 오르는 0.6㎞는 협곡의 계단길이어서 답답하고 힘이 들지만 20분 정도면 진달래능선에 닿는다. 우이동 지장암 앞(쪽문)에서 올라온 길과 우이동 솔밭근린공원을 출발해 보광사를 거쳐 올라온 길이 합류하는 지점이다. 여기서부터 대동문까지는 250쪽 우이동~진달래능선~대동문 코스를 참조한다.

🚌 교통

강북마을버스 01번, 104·1119·1126번 버스 강북청소년수련원 하차. 경전철 우이신설선 4·19민주묘지역 하차.

4. 수유동~운가사~진달래능선~대동문
약 2.2㎞, 1시간 내외 소요, 난이도 중

나 죽은 뒤 뉘라서 술 한 잔을…

이준 열사의 흉상. 2018·6·6 묘소에서

헤이그 밀사로 갔다 뜻을 이루지 못하고 죽음을 택하게 되면
어느 누가 청산에 와서 술잔 부어놓고 울어주려나
바람 눈 서리도 언 자리에서 내가 죽은 뒤에
누구라 장차 좋은 술 가져다가 청산에서 울어주려나
가을바람 쓸쓸한데 물조차 차구나
대장부 한 번 가면 어찌 다시 돌아오리.

백운대 단풍. 2018·10·11 만경대 사면에서

    일성一醒 이준李儁(1859~1907년) 열사의 시 한 수가 아카데미하우스 입구에서 북한산으로 오르는 산길에 걸려 있다. 1907년 네덜란드 헤이그에서 열린 만국평화회의에 고종의 특사로 떠나기 전 남긴 유작시다. 열사의 붉은 넋을 따라 북한산의 가을을 밟는다.

    수유동~운가사~대동문 코스는 북한산국립공원 수유분소 옆의 대동교를 건너는 것으로 시작한다. 다리 입구에 '김병로 선생 묘역·이시영 선생 묘역·대동문 2.0km' 등 여러 이정표가 보인다. 다리를 건너 삼거리에서 '대동문 2.0km·진달래능선 1.5km' 이정표를 따라간다. 5분쯤 오르면 초대·2대 대법원장을 지낸 가인街人 김병로金炳魯 선생의 묘소가 나오고, 조금 더 가면 왼쪽에서 길 하나가 합해진다. 아카데미탐방지원센터에서 성도원 앞을 지나 올라온 길이다.

운가사蕓伽寺로 오르기 전에 이준 열사의 묘역을 잠시 들러보자. 입구의 '이준 열사 위훈비'를 지나면 묘역으로 올라가는 길 한가운데에 '자유평화 수호의 상'이 하늘을 찌를 듯이 서 있다. 열사의 기개가 읽히는 상像이다. 묘역으로 올라가는 진입로 양 옆으로는 동판에 새긴 열사의 어록이 여러 개 설치돼 있다. 묘역에는 고종황제가 내린 헤이그특사 칙서와 박정희 전 대통령의 '순국대절殉國大節' 휘호, 중화민국 대총통 위안스카이袁世凱의 만시輓詩가 대리석에 새겨져 있다.

고개 숙여 열사의 명복을 빌고 묘역에서 나와 다시 산길을 간다. '운가사 200m'를 알리는 작은 표지판 옆에 걸려 있는 단구短句가 산객의 마음을 흔든다. '방하착 放下著 - 욕심도 성냄도 어리석음도 모두 내려놓으시게.' 짊어진 배낭이 무거운 것은 탐욕·성냄·어리석음 등 버려야 할 온갖 잡동사니가 들어 있어서가 아닐까 생각하면서 산길을 오른다.

운가사 경내에서 '대동문 1.4㎞·진달래능선 0.9㎞' 이정표를 따라 오른쪽으로 길을 잡는다. 가파르고 거친 돌계단을 20분쯤 오르면 삼거리에서 '수유분소 1.4㎞·대동문 0.7㎞·진달래능선 0.2㎞' 이정표를 만난다. 아카데미탐방지원센터에서 성도원을 지나 올라온 길과 만나는 지점이다. 잠시 땀을 훔치며 고개를 돌리니 나뭇가지 사이로 만경대·인수봉·용암봉이 손짓을 한다. 길은 여전히 가파르지만 진달래능선 상부까지 0.2㎞는 10분이 채 안 걸린다. 능선에서 대동문까지 0.5㎞는 250쪽 우이동~진달래능선~대동문 코스를 참조한다.

교통

강북마을버스 01번, 104·1119·1126번 버스 강북청소년수련원 하차. 경전철 우이신설선 4·19민주묘지역 하차. 길가 유료공영주차장.

5. 솔밭근린공원~보광사~진달래능선~대동문
약 3㎞, 1시간 30분 내외 소요, 난이도 중

국립4·19민주묘지 상징문과 기념탑. 뒤로 북한산 정상부가 보인다. 2017·6·2

4·19의 함성이 잠든 민주화 성지

만물에 생기를 불어넣는 봄비가 촉촉한 사월의 아침이다. 가신 님의 넋인 양, 참꽃도 슬픔에 겨워 방울꽃을 달았다. 민주화의 열망에 기꺼이 한 몸을 던진 4·19혁명의 젊은 넋들이 꽃으로 피어나 무너미골을 붉게 물들였다. 시인은 처연한 가슴으로 사월의 붉은 꽃들에게 작별인사를 한다.

    손에 잡힐 듯한 봄 하늘에
    무심히 흘러가는 구름이듯이
    피 묻은 사연일랑 아랑곳 말고

형제들 넋이여 편안히 가오

(중략)

형제들이 뿌리고 간 목숨의 꽃씨야
우리가 기어이 가꾸어 피우고야 말리니
운명運命보다도 짙은 그 바람마저 버리고
어서 영원한 안식安息의 나래를 펴오.

- 구상 시인의 시 '진혼곡' 부분(국립4·19민주묘지 '수호예찬의 비'에서)

국립4·19민주묘지 묘역. 2020·9·12

　우이동 솔밭근린공원에서 진달래능선으로 올라서는 탐방로는 솔밭공원 남쪽으로 난 북한산둘레길 2구간 순례길이 기점이다. 순례길 문으로 들어가 계단을 10여분 오르면 4·19전망대가 나온다. 전망대 아래로 약 10만㎡의 국립4·19민주묘지가 자리하고 있다.
　4·19 민주묘지는 1960년 4월 19일 자유당 정권의 독재에 맞서 싸우다 목숨을

잃은 영령들이 잠들어 있는 '민주화의 성역'이다. 4·19혁명 당시의 희생자, 부상자 중 후일 사망자, 4·19혁명 유공 사망자 등 500여 기의 유해가 안장돼 있으며 1995년 국립묘지로 승격 지정됐다.

4·19전망대를 지나 오른쪽으로 보광사普光寺를 끼고 나무계단을 올라서면 북한산둘레길과 헤어져 본격적인 산길이 된다. 보광사는 1788년 금강산에서 수도한 원담 스님이 창건한 신원사에 바탕을 두고 있다. 한국전쟁 때 소실돼 건물 일부만 남아 법맥을 이어오던 것을 1979년 남산당 정일 스님이 주석하면서 중창, 1980년 보광사로 이름을 바꾸었다고 한다.

둘레길에서 벗어나 10분 정도 올라가면 산중에 허름한 음식점이 하나 나온다. 처마 밑에 인수봉에서 따온 인수재仁壽齋란 금박 간판이 붙어 있다. 인수재에서 오른쪽 길로 오르면 백련사 입구와 4·19민주묘지(0.9km)에서 각각 올라온 길이 만나는 네거리에 닿는다. 네거리에서 왼쪽으로 상산常山 김도연金度演 선생 묘소를 끼고 직진해 25분쯤 오르면 '대동문 1.6km·백련공원지킴터 1.1km' 이정표가 있는 진달래능선 하부에 올라선다. 우이동 지장암 앞에서 쪽문을 통과한 길과 백련사에서 올라온 길이 만나는 지점이다. 이후 대동문까지는 250쪽 우이동~진달래능선~대동문 코스를 참조한다.

교통

우이동행 버스 덕성여대 하차. 경전철 우이신설선 4·19민주묘지역 하차

6. 화계사~삼성암~칼바위능선~대동문
약 3.6㎞, 1시간50분 내외 소요, 난이도 중

나는 지금 어디로 가고 있나

숨은벽능선의 낙조. 2015·9·13 영봉에서

'우리는 지금 어디로 가고 있는가' 화계사 입구 화계공원지킴터 게시판에 붙어 있는 숭산崇山 큰스님의 단구短句가 산객의 발길을 세운다. 나는 지금 어디로 가고 있는가.

숭산은 화계사에 국제선원을 개원, 세계 30여 개국 120곳에 홍법원 및 선원을 열어 한국 불교를 알리고 외국인 승려를 양성한 큰스님이다. 생전에 티베트의 달라

북한산과 오봉(앞). 2016·10·24 오봉에서

이 라마, 캄보디아의 마하 고사난다, 베트남 출신의 틱낫한 스님과 함께 세계 4대 생불生佛로 추앙받았었다.

  화계사華溪寺는 1522년 신월선사가 창건했다. 작고 낡은 대웅전(서울시유형문화재 제65호)은 1870년 흥선대원군의 시주를 받아 중창했다고 한다. 화계사 범종각 천장에는 보물 제11-5호인 '서울 화계사동종華溪寺銅鐘'이 걸려 있다. 작아서(높이 97.4cm·종입 지름 68cm) 잘 보이지 않지만 승려가 공명첩空名帖을 갖게 된 당시의 사실을 알려주는 명문이 남아 있어 종 연구 및 사료로서 가치가 높다는 평가를 받는다. 1683년 사인思印 스님이 제작, 경북 영주시 희방사가 소장하고 있던 것을 1898년 화계사로 옮겨왔다.

  화계사에서 칼바위로 오르는 코스는 북한산둘레길 3구간 흰구름길에서 산행이 시작된다. 화계사 일주문에서 칼바위능선까지는 1.4㎞. 칼바위능선~대동문으로 가기 위해서는 화계공원지킴터에서 '삼성암 600m' 표지판을 따라 삼성암三聖庵을 경유해야 한다. 화계체력단련장을 지나 계단을 올라서면 작은 돌탑이 나오고 길은 조금씩 가팔라지기 시작한다. 그렇다고 된비알은 아니다. 천천히 오르면 '칼바위능선 1.25㎞' 이정표를 만난다.

  이정표에서 작은 능선에 올라서면 포장로가 열리고 이동통신안테나 앞에 '빨래골공원지킴터 0.55㎞·칼바위능선 1.05㎞' 이정표가 서 있다. 이 포장로는 빨래골공원지킴터에서 올라오는 자동찻길로, 삼성암 경내까지 이어진다. 삼성암은 1872년 박선묵朴先默의 발의로 고상진高尙鎭 거사가 창건했다고 한다. 경북 청도군 운문사 사리암과 함께 대표적인 독성기도도량으로 알려져 불자들의 기도발길이 끊이지 않는다.

　삼성암에서 칼바위능선으로 가려면 일주문에서 경내로 들어가지 말고 오른쪽으로 길을 잡아 범골화장실 앞을 지나야 한다. 너설지대나 다름없는 계단을 오르면 '칼바위능선 0.6㎞·대동문 2.6㎞' 이정표를 만난다. 화계사에서 1㎞, 약 40분 소요. 이정표에서 3~4분 정도 오르면 길 오른쪽으로 작은 전망바위가 있다. 북한산 정상부와 산성주능선, 멀리로 도봉산·수락산·불암산이 어깨동무를 하고 있는 아름다운 경치를 볼 수 있는 곳이다.

　길은 완만한 계단으로 바뀌었다. 10분 정도 오르면 나무계단이 있는 곳에서 '냉골공원지킴터 0.9㎞·대동문 2.2㎞·칼바위능선 0.2㎞' 이정표가 서 있다. 수유동 영락기도원 옆 냉골공원지킴터에서 범골계곡을 거쳐 올라온 길과 합류하는 지점이다. 이정표에서 가파른 길을 3~4분 오르면 범골샘. 가파른 0.1㎞를 더 올라 칼바위능선에 서면 '대동문 2.0㎞·보국문 1.8㎞' 이정표가 기다린다. 화계사 일주문에서 1시간 정도 소요. 여기서 칼바위봉~대동문으로 가는 길은 259쪽 정릉초교~칼바위공원지킴터~보국문 코스를 참조한다.

교통

　강북마을버스 02·03번, 104·109·121·144·151·152·1165·1160번 버스 화계사 하차. 경전철 우이신설선 화계역 하차.

구름전망대

화계공원지킴터에서 북한산둘레길 빨래골공원지킴터 방향으로 0.5㎞를 가면 높이 12m의 4층짜리 구름전망대가 있다. 4층으로 올라가면 북한산 정상부는 물론 도봉산·수락산·불암산이 병풍처럼 펼쳐진 승경勝景을 볼 수 있는 전망대다. 서울 동북부의 시가지가 발아래 깔리고 멀리 롯데월드타워도 눈에 들어온다. 맑은 날은 원주 치악산, 양평 용문산, 남양주 천마산도 손에 잡힌다. 구름전망대에서 둘레길을 따라가다 빨래골공원지킴터에서 삼성암을 경유해 칼바위능선으로 갈 수 있다.

7. 냉골공원지킴터~냉골샘·범골샘~칼바위능선~대동문
각 약 3㎞, 1시간40분 내외 소요, 난이도 중

외삼각산의 설경. 오건민 작. 2020 · 2 · 18 수유동에서

■ 냉골공원지킴터~냉골샘~칼바위능선~대동문

미완의 대권 꿈이 잠들다

바람 따라 가는 낙엽, 낙엽 따라 가는 가을. 계절의 창 하나가 닫히는 산길에서 나뭇잎은 가늠할 수 없는 무게로 산객의 어깨를 누른다.

냉골코스와 범골코스는 수유동 가르멜여자수도원 입구에서 산행을 시작한다. 지

만경대 물개바위(右)와 인수봉. 2017·2·23 만경대에서

하철 4호선 수유역에서 강북마을버스 02번을 타는 게 길을 찾기 쉽고 편하다. 영락기도원 입구에서 내려 '영락기도원 500m' 표지판을 따라 수도원 담을 끼고 7~8분이면 냉골공원지킴터에 닿는다. 영락기도원 정문 옆이다. 공원지킴터 앞의 '대동문 2.8㎞·칼바위능선 0.9㎞' 이정표에서 포장로를 조금 올라 수유체련회를 지나면 유석維石 조병옥趙炳玉 박사의 묘소가 있다. 조 박사는 1960년 대통령 선거에 출마했으나 선거를 한 달여 앞두고 신병으로 미국에서 별세, 대권 도전에 실패했다. 조 박사의 묘소 앞에서 '대동문 2.7㎞' 이정표를 따라 오른쪽 계단으로 올라선다. 길은 좁고 거칠다. 묘소에서 20분 정도를 올라 '대동문 2.3㎞'를 알려주는 갈림길에서 왼쪽의 가파른 길을 0.15㎞쯤 오르면 냉골약수터가 나온다. 냉골샘은 해발 380m쯤 되는 고지에 있는데도 사철 마르지 않는 아랫마을 사람들의 인기 약수터다. 냉골샘에서 다시 가파른 계단을 10분 정도 오르면 칼바위능선에 선다. 칼바위공원지킴터와 정릉 내원사에서 올라온 길이 만나는 지점이다. 가르멜여자수도원

에서 1시간 10분 잡으면 넉넉하다. 여기서 칼바위를 거쳐 대동문까지는 259쪽 정릉초교~칼바위공원지킴터~보국문 코스를 참조한다.

■ 냉골공원지킴터~범골샘~칼바위능선~대동문

북한산에서 가장 외진 산길

범골 코스도 가르멜여자수도원 입구에서 출발한다. 냉골공원지킴터를 지나 '대동문 2.8㎞' 이정표에서 조병옥 박사 묘소 쪽으로 가지 말고 수유체련회 왼쪽 길로 들어서야 한다. 걷기 편한 오솔길을 15분쯤 오르면 '칼바위능선 0.6㎞' 이정표가 길을 안내한다. 냉골공원지킴터에서 30분쯤 가파른 길을 오르면 왼쪽에 청정천(폐정)이 있고 갈림길도 보인다.

청정천을 지나 다리를 건너면 왼쪽에서 길이 하나 붙는다. 화계사 기점 코스에서 안내한 삼성암을 거쳐 올라온 길과 만나는 지점으로 '대동문 2.2㎞·칼바위능선 0.2㎞' 이정표가 서 있다. 이정표에서 범골샘까지는 5분 정도, 범골샘에서 다시 경사가 심한 계단을 5분 정도 오르면 칼바위공원지킴터에서 올라온 길과 만나는 칼바위능선에 선다. 여기서 대동문으로 가는 남은 길은 259쪽 정릉초교~칼바위공원지킴터~보국문 코스를 참조한다.

교통

강북마을버스 02번 기도원 입구, 151·1165번 버스 청수탕 입구 하차.

8. 빨래골지킴터~칼바위지킴터~갈바위능선~대동문
약 4.2㎞, 2시간 내외 소요, 난이도 중상

노적봉 일출. 2015·2·3 대동사 위 쉼터에서

사모바위(右)와 비봉. 2017·11·11 비봉능선에서

애연가 공초空超 시인

　수유동 빨래골은 이름 그대로 빨래터가 있었던 골짜기다. 물이 많이 흘러내려서 '무너미(水踰의 우리말)'로 불렸고, 궁중의 무수리들이 빨래터로 이용한 데서 빨래골이란 이름이 붙었다고 한다.

　빨래골에서 칼바위능선의 시발점인 칼바위공원지킴터로 오르는 길은 1km가 채 안되고 길도 완만해서 걸음이 빠른 산객이라면 20여 분이면 갈 수 있다. 지하철 4호선 수유역에서 출발하는 강북마을버스 03번 종점인 빨래골 쌈지마당에서 산행을 시작한다.

　빨래골공원지킴터에서 포장로를 7~8분 오르면 삼거리에 '대동문 3.5km · 칼바위능선 1.3km' 이정표가 서 있다. 이 이정표는 삼거리에서 오른쪽 포장로로 올라 삼성암~칼바위능선으로 가는 길 안내이므로 이 길로 가지 말고 직진해야 한다.

　　삼성암 갈림길을 지나 5분 정도 오르면 길가에 '空超공초 선생의 묘소'라는 작은 표석이 보인다. 애연가로 알려진 오상순吳相淳 시인의 묘가 있는 곳이다. 묘역은 철조망에 갇혀 있지만 비명碑銘은 읽을 수 있다. '흐름 위에/ 보금자리 친/ 오, 흐름 위에 보금자리 친/ 나의 魂…'이라는 그의 시 '방랑의 마음' 첫 연이 비문을 대신했다. 비 뒷면에는 '평생을 독신으로 표랑漂浪하며 살다. 몹시 담배를 사랑하다'라고 적혀 있다.

　　다시 3분쯤 올라 목정체력단련장을 지나면 '대동문 3.3㎞ · 칼바위공원지킴터 0.3㎞' 이정표가 서 있다. 칼바위공원지킴터까지는 조금 가파른 길이지만 7~8분이면 닿는다. 칼바위공원지킴터에서 칼바위능선으로 올라 보국문~대동문으로 가는 길은 259쪽 정릉초교~칼바위공원지킴터~보국문 코스를 참조한다.

🚌 교통

　　강북마을버스 03번 종점, 강북마을버스 10번(미아역 출발), 104 · 109 · 121 · 144 · 1128번 버스 빨래골 입구 하차.

국립4·19민주묘지조형물을 통해 본 북한산. 2014·11·3

북한산의 비경祕境 숨은벽능선
- 고양시 효자동 기점 코스

인수봉(左)과 숨은벽. 2015·8·27 숨은벽능선에서

북한산의 비경祕境 숨은벽능선
- 고양시 효자동 기점 코스

인수봉(右)과 백운대. 2018·4·21 곰바위능선에서

1. 사기막・밤골공원지킴터~숨은벽능선~백운대
약 4.8㎞, 2시간 30분 내외 소요. 난이도 상

북한산 뒤태 설경. (좌로부터) 인수봉・숨은벽・백운대 2017・1・22 마당바위에서

고래 등 닮은 숨은벽

  먼 옛날, 손재주 좋은 한 석공이 너를 빚었나. 가을 햇살이 오색단풍을 애무하며 북한산을 아름답게 치장하던 날, 안으로 안으로만 움츠렸던 부끄러움을 벗고 세상

운해의 유희. 2014 · 7 · 24 고양시 지축동에서

에 나왔느니. 이제 흰 구름 춤추는 백운대나 천주天柱 같은 인수봉보다 널 반기는 산객이 더 많구나.

사기막골 코스는 고양시 효자2동 북한산길(39번국도) 사기막골 버스정류장의 '具家園' 비석이 있는 곳이 출발점이다. 빗돌 앞에서 골목길로 0.4㎞를 들어가면 사기막공원지킴터 앞에 '백운대 4.4㎞' 이정표가 나온다. 오른쪽의 나무계단을 따라 0.3㎞를 오르면 삼거리에 '백운대 4.1㎞ · 밤골공원지킴터 0.2㎞' 이정표가 있는 곳에서 길이 하나 합해진다. 한 정류장 아래인 효자2동 버스정류장에서 밤골공원지킴터를 거쳐 올라온 길이 만나는 삼거리다.

삼거리에서 20여분을 오르면 '백운대 3.3㎞' 이정표가 서 있는 쉼터, 다시 5분쯤 오르면 해발 348m의 무명봉에 서게 된다. 북한산 정상부 뒤태가 그림처럼 보이는 348봉에서 내려서면 오른쪽에서 길 하나가 붙는다. 밤골공원지킴터에서 숨은폭포를 거쳐 올라온 길이다. 합류 지점을 조금 벗어나면 길은 험로로 바뀐다. 마당바위 사면인데, 경사가 심한 데다 너설지대까지 있어서 젊은이도 손을 짚어가며 올라야 하는 힘든 길이다. 마당바위 정상부의 동쪽 사면을 조심조심 돌면 왼쪽으로 잘 생

북한산맥. 2018·1·23 은평구 구산동에서

긴 암봉이 눈에 들어온다. 영장봉靈長峰(해발 545m)이다.

  마당바위는 북한산 뒤태가 아름답게 보이는 곳이어서 전망바위로도 불리는 포토존이다. 백운대는 남서쪽에서 보는 것처럼 힘이 넘쳐 보이지 않지만 숨은벽과 인수봉은 산중의 바위도 하나의 예술품이 될 수 있구나 하는 생각을 갖게 한다. 자귀로 깎은 듯 잘 다듬어진 숨은벽 암벽이 눈을 떼지 못하게 한다. 백운대 서쪽 아래로 시자봉侍者峰(해발 808m)이 송곳처럼 솟아있고 원효봉능선이 길게 늘어져 있는 모습도 장관이다. 동쪽의 상장능선 너머로는 도봉산 정상부에서 오봉으로 이어지는 능선이 아름답다. 마당바위 슬랩 아래에 사람의 해골을 닮은 해골바위(일명 외계인바위)가 있다. 마당바위는 전망도 좋지만 넓은 쉼터여서 모두들 쉬어간다.

  마당바위에서 숨은벽능선과 영취봉, 시자봉 등 암봉을 보고 있으면 이성부 시인의 연작시 〈숨은 벽〉이 바위에 그려진다.

숨은 벽 3

그대 거기
붙박혀 움츠려 있음은
오가는 흰구름 따라 눈길 보내거나
매서운 칼바람에 옷깃 여미거나
꽃 피고 지고 새 울어서
단풍 물들어서
흐르는 시간으로
그냥 흘러가는 것들 내버려두는 뜻은 아니다

그대 거기
그냥 주저앉아 있음 아니다
타박타박 그대 외로움 세상을 밟고 간다

광주 출생인 시인은 1980년 광주민주화운동이 일어났을 때 동참하지 못한(당시 그는 신문기자였다) 괴로움에 시작詩作을 중단하고 산에 미쳐 살았다고 한다. 홀로 바위타기를 익히고, 물도 간식도 랜턴도 없이 야간에 암벽산행을 하면서 가슴 속의 응어리를 풀어내고, 자기 성찰을 하고 분노를 삭인 후 시를 되찾았다고 한다.

눈물의 V협곡

마당바위에서 조금 오르면 555봉(해발 555m)에 닿는다. 이동통신안테나가 있어서 '안테나봉'으로도 불리는 555봉을 내려서면 '백운대 1.9㎞·밤골공원지킴터 2.2㎞' 이정표가 서 있는 오른쪽에서 길 하나가 붙는다. 밤골공원지킴터와 효자비마을에서 각각 올라오다 만난 코스가 555봉 서쪽의 가파른 사면을 타고 올라온 지점이다.

백운대로 가는 길은 이제부터 바위능선을 타야한다. '백운대 1.8㎞·해발 566m' 푯말을 지나면 톱날 같은 숨은벽능선이 시작된다. 강풍이 불 때는 추락할 위험이 있으므로 바위능선 아래로 난 길을 걷는 것이 안전하다.

'백운대 1.8㎞' 이정표에서 바윗길을 15분 정도 조심스레 오르면 갑자기 길이 끊

외계인바위(일명 해골바위)

어진다. 숨은벽(봉)과 숨은벽능선의 경계다. 인수봉 악어능선 옆에 있는 숨은벽은 해발 768m의 봉우리로 암벽장비가 있어야 오를 수 있다. 여기서 일반 산객은 좁은 바위 틈을 통과해 가파른 계곡을 타야 한다. 배낭을 안고 몸을 움츠려야 간신히 지날 수 있는 구멍바위다.

이제부터 북한산 산행 중 가장 힘이 드는 길이 30분 정도 이어진다. 숨이 멎을 정도로 가파른 길을 기다시피 해서 오르면 백운대와 인수봉 사이 계곡의 끝인 V협곡 상단이다(V자처럼 생긴 협곡이어서 그렇게 부른다). V협곡 상단은 가파른 데다 험한 너설지대여서 눈이 내린 겨울철에는 손발을 다 써도 오르기가 힘들었는데 10여 년 전 계단을 설치, 안전하고 수월해졌다. 예전에는 V협곡 상단에서 호랑이굴을 통과해 백운대 정상으로 바로 올랐으나 10여 년 전 바위굴을 폐쇄, 백운봉암문까지 내려갔다가 백운대로 올라야 한다. V협곡 상단에서 직진해 내려가면 백운대피소를 거쳐 하루재~우이동으로 하산하는 길이다.

🚌 교통

34·704번 버스, 고양마을버스 077번 사기막골 하차.

2. 밤골공원지킴터~숨은폭포~숨은벽능선~백운대
약 4.1㎞, 2시간 30분 내외 소요, 난이도 상

숨은폭포에 백운대 뜨고

밤골공원지킴터가 있는 밤골계곡은 유월이면 밤꽃의 독특한 향기가 버스정류장이 있는 도로까지 퍼지고, 가을엔 밤송이가 발에 차이는 길이다. 물줄기가 높지는 않지만 사철 마르지 않는 숨은폭포가 들려주는 시원한 물소리도 산길을 즐겁게 해준다.

북한산길(39번국도)의 효자2동 버스정류장에서 '국사당(굿당)' 간판을 따라 들어가는 것으로 산행을 시작한다. 국사당 앞 밤골공원지킴터에서 백운대로 가는 이정표는 좌우로 2개다. 오른쪽 '4.1㎞'는 숨은폭포~밤골계곡을 거쳐 숨은벽능선으로 오르는 코스이고, 왼쪽 '4.3㎞'는 앞에서 소개한 사기막공원지킴터에서 올라온 길과 만나 백운대로 가는 길이다.

여기서는 오른쪽 밤골공원지킴터~밤골계곡 코스를 안내한다. 밤골공원지킴터에서 오른쪽 밤나무 숲길로 들어선다. 15분쯤 오르면 멀리 백운대가 아름답게 보이는 숨은폭포에 닿는다. 폭포에서 계곡을 끼고 다시 15분쯤

숨은폭포. 2019·7·29

오르면 길은 양 갈래인데, 오른쪽의 계곡을 건너지 말고 백운대 방향 이정표를 따라 왼쪽의 비탈을 타야 한다. 이정표에서 0.8㎞를 오르면 '백운대 2.7㎞' 푯말이 있는 곳에서 길 하나가 붙는다. 앞에서 안내한 사기막공원지킴터에서 올라온 길과 만나는 지점이다. 여기서부터 길은 험해진다. 경사가 심한 너설지대를 올라야 하는 힘든 길이다.

합류지점에서부터 백운대로 가는 길은 305쪽의 사기막·밤골공원지킴터~숨은벽능선~백운대 코스를 참조한다.

교통
34·704번 버스, 고양마을버스 077번 효자2동 하차.

3. 효자비마을~숨은벽능선~백운대
약 4㎞, 2시간 30분 내외 소요, 난이도 상

숨어서 아름다운 계곡

고양시 효자동 효자비마을에서 백운대로 오르는 길은 두 갈래다. ①박태성 효자비孝子碑가 서 있는 곳에서 밤골 방향의 북한산둘레길을 따라가다 백운대 길로 올라서는 A코스, ②효자비에서 오른쪽 개천을 끼고 원효봉으로 가는 길에서 갈라져 '백운대 3.2㎞' 이정표를 따라 오르는 B코스가 있다. 두 길은 출발지에서 30여분 후에 만나 숨은벽능선으로 함께 간다. 거리나 시간은 비슷하다.

청산에 뭉게구름 머흘레라. 2017·6·4 북한산성 입구에서

눈 내린 날 산과 한옥. 2021·2·4 은평 한옥마을에서

 A코스를 안내한다. 효자비마을 입구의 북한산둘레길 이정표에서 북쪽의 밤골~교현리 방향으로 들어선다. 곧 만나는 둘레길 삼거리에서 '백운대 3.0㎞' 이정표를 따라 능선 길을 20여분 오르면 작은 무명봉에 서게 된다. 북한산 정상부의 뒤태가 멋있게 보이는 곳이다. 무명봉에서 내려서면 B코스에서 올라온 길과 만난다.

 A·B코스 합류지점인데 여기서 왼쪽의 계곡을 건너지 말고 '백운대 2.6㎞' 이정표를 따라 우회전해야 한다. 왼쪽의 계곡길은 앞에서 안내한 밤골공원지킴터에서 숨은폭포를 지나 올라온 길로, 사기막골 코스에 붙는 길이다. A·B코스 합류지점에서 좁은 오솔길로 들어서서 작은 계곡을 세 번 건너면 낙석위험을 알리는 작은 표지판이 보인다. 사기막골 코스에서 설명한 마당바위와 555봉의 밑자락인데, 여기서 555봉의 사면을 타고 올라서야 한다. 이 지점에서 555봉 사면으로 오르지 않고 V협곡 상단으로 곧바로 치고 올라가는 계곡길이 있으나 힘이 많이 들고 전망도 보잘 것이 없다.

시자봉. 2017·3·3 숨은벽능선에서

  낙석위험 표지판에서 555봉 북단 능선까지는 0.7㎞밖에 안 되지만 경사가 심하고 간간이 너설지대까지 있어서 무척 힘이 든다. 지그재그로 난 555봉 서쪽 사면을 20분 정도 오르면 '백운대 1.9㎞' 이정표가 있는 숨은벽능선에 닿는다. 사기막골과 밤골에서 마당바위~555봉을 거쳐 올라온 길과 합류한 지점이다. 여기서부터 숨은벽능선을 거쳐 백운대로 가는 길은 305쪽 사기막공원지킴터~숨은벽능선~백운대 코스를 참조한다.

🚌 교통

34·704번 버스, 고양마을버스 077번 효자비마을 하차.

백운대 추경. 2021 · 10 · 28 중성문에서

사기막골의 오색단풍 위로 암봉이 힘차게 솟아있고 하늘에 흰 구름까지 맴돌아
아름다운 풍광을 보여준다. 2018·10·27 사기막골에서

4. 효자비마을~북문~원효봉

2.2㎞, 1시간 10분 내외 소요, 난이도 중

호랑이도 감명한 조선 효자

고양시 효자동에서 원효봉으로 가는 길은 효자비마을에서 북문을 거쳐 오르는 산행이다. 마을 입구에 '조선효자박공태성정려지비朝鮮孝子朴公泰星旌閭之碑'와 박태성의 효행을 적은 표지판이 서 있다.

서울 효자동 출생인 박태성은 아버지가 돌아가시자 고양시 효자동에 있는 묘소에 3년을 매일 새벽 참배했는데 길에서 만난 호랑이도 효심에 탄복, 해치지 않고 등에 태워 주었다고 한다. 전설 같은 이야기지만 그의 갸륵한 효심이 조정에 알려져 고종 30년(1893년) 효자비를 세우고 포상했다고 한다. 효자비 인근에 박태성의 묘와 등에 태워 주었다는 호랑이의 석상이 있다.

박태성 효자비. 2017·9·15 고양시 효자동에서

효자비마을에서 원효봉으로 가기 위해 북한산둘레길 이정표에서 남쪽의 북한산성탐방지원센터 방향으로 길을 잡는다. 음식점 뒤로 난 개천을 끼고 가다 나무 계단을 올라서면 '북문 1.8㎞' 이정표를 만난다. 출발지에서 10분 거리다. 길을 왼쪽으로 꺾어 다시 10분쯤 오르면 '원효봉 1.5㎞·백운대 3.2㎞' 이정표가 나온다. 백운대와 원효봉으로 가는 길의 갈림길이다. 백운대로 가는 이정표는 앞에서 안내한 '효자비마을~숨은벽능선~백운대' 코스와 합류하는 길이다.

여기서 원효봉 이정표 방향으로 20여

분, 계곡 한가운데에 노송이 몇 그루 서 있는 반석쉼터가 나오고 조금 더 오르면 '원효봉 1.0㎞' 이정표를 만난다. 정상이 가까워지자 길은 가팔라지고 왼쪽으로 영취봉이 보인다. 경사가 심한 길을 20여분 오르면 문루는 없고 홍예만 휑하니 뚫려 있는 북문北門에 닿는다. 북문을 통과해 원효봉까지는 0.1㎞.

이밖에 북한산성 입구와 효자동 사이의 북한산길 관세농원이나 공설묘지 등에서 백운대나 원효봉으로 가는 등산로가 몇 개 있다. 북문에서 북한산성 입구로 하산은 150쪽 북한산성 입구~원효봉(①상운사 코스, ②서암문 코스), 백운대는 99쪽 북한산성 입구~대동사~백운봉암문~백운대 코스 참조.

교통

34·704번 버스, 고양마을버스 077번 효자비 하차.

북한산성 16성문을 열고
—성곽 따라 16성문 이어돌기

어둠을 뚫고 운해가 낮게 깔린 새벽 뜨거운 해가 어둠을 헤치고 솟아오르고 있다. 2015·6·21 백운대 밑에서

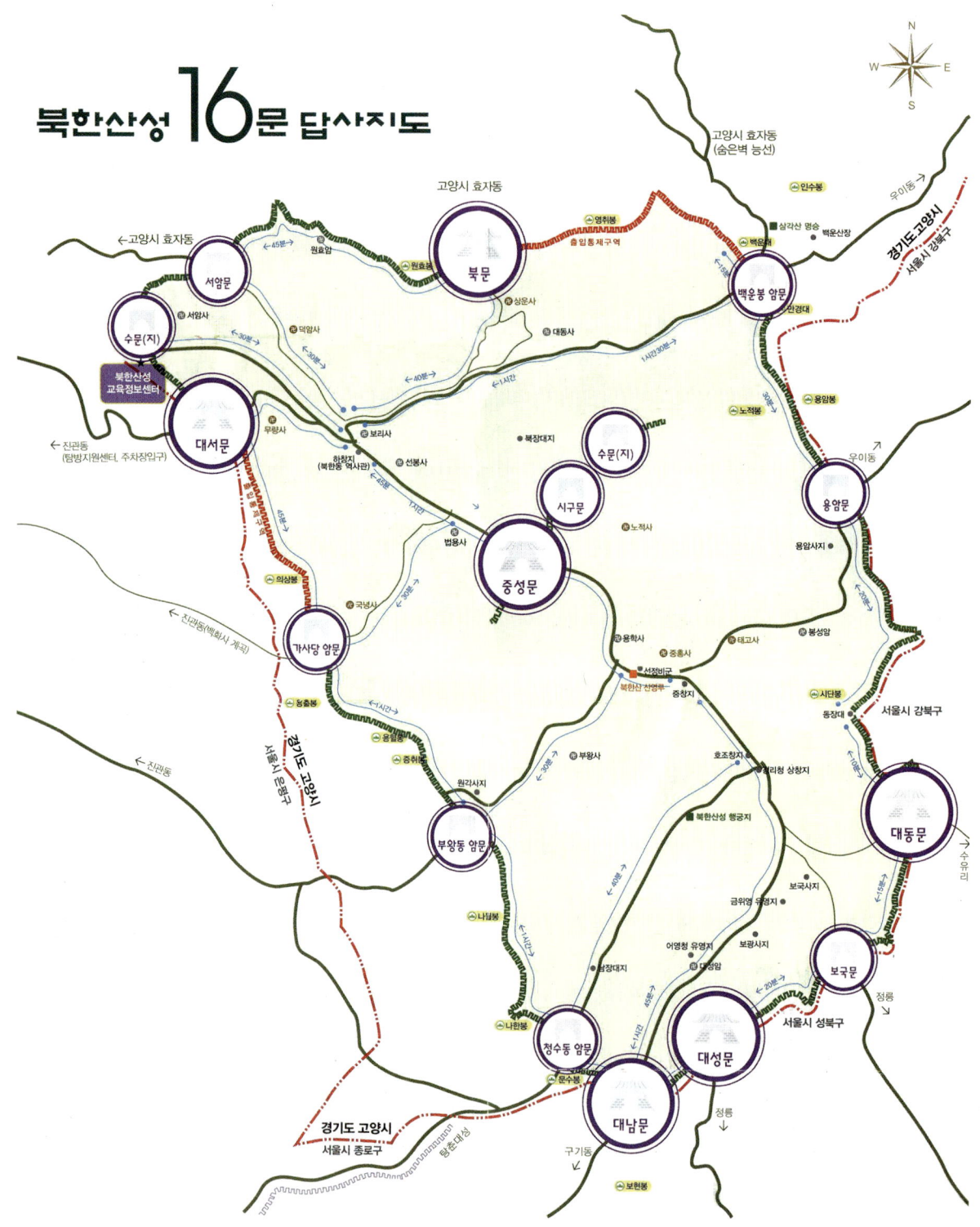
〈경기문화재단 경기문화재연구원 제공〉

북한산성 16성문을 열고

성곽 따라 16성문 이어 돌기
약 16㎞, 난이도 상

역사의 현장 16㎞를 밟다

　북한산성의 16성문 이어 돌기는 대서문~중성문~가사당암문~부왕동암문~청수동암문~대남문~대성문~보국문~대동문~용암문~백운봉암문~북문~서암문~수구문(터)을 환형環形으로 도는 산행이다. 10여 년 전까지만 해도 중성문과 수구문을 뺀 12성문 돌기를 했으나 최근 16성문 돌기로 확대되었다.

1. 대서문大西門

　16성문 돌기는 북한산성의 정문인 대서문에서 시작한다. 북한산성 입구(북한산성탐방지원센터)에서 자동찻길을 따라 약 1㎞를 오르면 대서문(해발 158m)이다. 의상봉과 원효봉을 잇는 낮은 구릉지에 서쪽을 향해 세운 대서문은 16성문 중 유일하게 자동차가 통행하는 북한산성의 정문이다. 1712년 4월 10일 숙종이 이 문을 통과해 북한산성에 올랐다.

대서문. 2020·9·4

2. 중성문中城門

　대서문을 통과해 북한동역사관~법용사를 지나 비탈을 오르면 중성문(해발 200m)에 닿는다. 대서문에서 중성문까지는 약 1.2㎞로 25분 정도 소요. 계곡에 설

중성문. 2017·6·4

치한 수문은 1915년 대홍수로 완전 유실됐고 시구문 역할을 했던 암문은 최근 폭 2.1m・높이 1.8m로 복원했다.

3. 가사당암문袈裟堂暗門

16성문 돌기 산행의 다섯 번째 문인 가사당암문(해발 448m)으로 가기 위해서는 중성문에서 법용사까지 0.5㎞ 정도를 다시 내려와야 한다. 법용사 입구에서 가사당암문까지는 약 1㎞. 국녕사 대불 옆으로 난 계단을 지나 가파른 길을 오르면 가사당암문이다. 법용사에서 25분 정도 소요.

4. 부왕동암문扶旺洞暗門

가사당암문에서 부왕동암문(해발 540m)까지는 1.2㎞. 거리는 그리 길지 않으나 용출봉・용혈봉・증취봉 등 3개의 봉우리를 넘어야 하는 난코스다. 30~40분은 잡아야 하는데 용출봉 오르기가 힘이 든다. 용출봉에서 철제계단을 내려와 용혈봉을 오른 다음 의상능선 제4봉인 증취봉 바위 비탈을 내려서면 부왕동암문에 닿는다.

5. 청수동암문靑水洞暗門

부왕동암문에서 청수동암문(해발 694m)으로 가는 길도 만만치가 않다. 1.2㎞를 40분 넘게 땀을 빼야 한다. 먼저 해발 651m인 나월봉의 가파른 길을 오른 다음 나한봉(해발 681m)과 716봉(해발 715.5m)을 차례로 넘어야 청수동암문에 닿는다. 나한봉에서 보는 북한산 산경과 서울 서부 지역의 경치가 아름답다.

6. 대남문大南門

청수동암문에서 대남문(해발 683m)까지 0.3㎞는 평지나 다름없어 5분이 채 안 걸린다. 보현봉과 문수봉을 잇는 안부에 자리하고 있다. 대남문은 원래 소남문이었으나 1760년 대성문을 통해 북한산성에 올랐던 영조가 이 문으로 환궁해 대남문으로 이름을 바꾸었다고 한다. '북한도'에는 암문暗門으로 그려져 있다.

7. 대성문大城門

대남문에서 성곽을 따라 동쪽으로 0.3㎞를 가면 만나는 대성문(해발 626m)은 북

대성문. 2020·10·31

한산성 축성 당시에는 대동문大東門으로 불렸다. 막힘이 없는 산등성이에 문을 내 방어가 어렵다는 이유로 영조 46년(1760년) 이후 한동안 폐쇄했었다고 한다.

8. 보국문輔國門

대성문에서 보국문까지는 0.6㎞. 대성문에서 성곽을 따라가다 전망이 좋은 성덕봉에서 내려서면 보국문(해발 567m)이다. 북한산성 입구와 정릉동을 잇는 고개에 문을 냈다.

9. 대동문大東門

보국문에서 대동문(해발 548m)까지 0.6㎞는 10분 정도면 갈 수 있다. 성문돌기 산행에서 가장 편안한 코스다. 편액 '大東門'은 숙종의 어필을 집자해서 걸었다.

10. 용암문龍巖門

대동문에서 용암문(해발 584m)으로 가는 1.5㎞도 성곽을 따라가는 편안한 길이

대동문. 2018·10·17

다. 덕장봉~시단봉~반룡봉~기룡봉~일출봉을 지나는 성곽길의 소요 시간은 약 30분.

11. 백운봉암문 白雲峰暗門

용암문에서 백운봉암문(해발 725m)으로 가는 길은 만경대 서쪽 사면을 돌아야 한다. 용암문에서 노적봉 안부(해발 694m)까지는 꾸준한 오르막이고 안부에서부터는 계단과 바윗길이 이어진다. 전망이 좋은 만경대 사면을 돌아 마지막 0.1㎞ 계단을 올라서면 백운봉암문에 닿는다.

수구문터. 2015·7·26

12. 북문 北門

북한산성 16성문 돌기는 백운대 오르는 것을 생략한다. 백운대~영취봉~북문으로 이어지는 원효봉능선은 장비를 갖추어야 갈 수 있는 암벽구간이기 때문이다. 백운봉암문에서 북문(해발 430m)으로 가기 위해서는 북한산성 입구로 방향을 잡아 상운사 입구까지 내려갔다가 북문으로 다시 올라야 한다. 거리는 1.8㎞. 경사가 심한 계곡 길을 30여 분 내려와 대동사를 지나면 상운사로 가는 삼거리에 '북문 0.4㎞·원효봉 0.5㎞' 이정표가 있다. 삼거리에서부터 북문까지는 15분 정도가 걸린다.

13. 서암문 西暗門

북문에서 서암문(해발 180m)으로 가기 위해 원효봉을 오른다. 100m의 거리다. 원효봉에서 원효암~서암문으로 이어지는 성곽길은 경사가 워낙 심해서 내려가기가 까다롭지만 원효봉에서 25분 정도면 서암문과 만난다. 시신이 나가는 문이라 해서 10여 년 전까지 '시구문'이라는 나무문패가 붙어 있었으나 서암문으로 바꾸었다.

아미타사 석굴 대웅전. 2014·5·28

14. 수구문水口門터

16성문돌기 산행의 마지막 성문인 수구문터로 가려면 서암문에서 아미타사(옛 덕암사)로 가는 오솔길로 방향을 잡아야 한다. 아미타사는 석굴에 대웅전을 앉힌 비구니 사찰이다. 원효대사가 이 석굴에서 참선하면서 삼국통일을 기원했다고 한다. 석굴에 조선후기에 만들어진 것으로 추정되는 목조보살좌상木造菩薩坐像(경기도유형문화재 제246호)이 봉안되어 있다.

아미타사에서 북한동역사관 방향으로 5분 정도 가면 원효교가 나오고, 다리를 건너 오른쪽으로 길을 잡아 계곡을 끼고 5분쯤 내려가면 수구문 터다. 수구문은 1915년과 1925년, 두 번의 홍수로 떠내려가 흔적도 찾기 어렵다. 수구문터에서 계곡 길을 2~3분 내려가면 출발점인 북한산성 입구 북한산성탐방지원센터에 닿는다. 16성문 이어 돌기의 마침표다.

🚌 **교통**

34·704번 버스, 고양마을버스 077번 북한산성 하차. 주말·공휴일 구파발~북한산성 맞춤버스 운행. 산성탐방지원센터 주차장.

인수봉. 2015·3·4 특수산악구조대에서

북한산을 내려오며
어머니의 품속 같은 산

백운대(右)와 영취봉. 2018. 10. 27 상운사에서

북한산을 내려오며
어머니의 품속 같은 산

인수봉. 오건민 작. 2022·9·10 영봉에서

거칠면서도 수려한 북한산

북한산은 수이장秀而壯이었다. 거친 곳은 접근을 허락하지 않을 정도로 험준하면서도 부드러운 속살을 갖고 있었다. 깊이를 가늠할 수 없는 '어머니의 바다'였다. 어머니의 가슴처럼 넓고, 어머니의 품속처럼 안온했다.

경기문화재단 경기문화재연구원이 만든 북한산성 소개 영상물에서 작가는 북한산을 가리켜 '거칠면서도 부드럽고, 험준하면서도 수려하다'고 했다. 북한산의 형상과 속살에 대해 더 이상의 적절한 묘사가 없을 듯하다. 여기에 하나 덧붙인다면

꽃보다 아름다운 산이라고나 할까. 북한산을 내려온다. 험한 길이었든 편안한 길이었든 북한산 산행은 희열이었고 환희였다. 산을 오른다기보다는 산에 푹 안기는 포근함을 느낄 수 있었다.

등산 코스가 다양하고, 교통이 편리해 접근이 용이한 점도 좋았다. 마음만 먹으면 언제나 오를 수 있었다. 북한산성 축성 당시 창건한 여러 사찰이 많은 문화재를 품고 있어 볼거리와 이야깃거리가 풍성하다는 점도 매력적이었다.

책을 만드는 과정에 우여곡절이 많았다. 2017년 가을 200자 원고지 900여 매 분량의 초고를 워드프로세서로 작성했는데, 컴퓨터가 악성 바이러스에 감염돼 저장한 문서가 모두 못쓰게 되었다. 산행 때마다 컴퓨터에 기록한 산행일지도 모두 없어졌다. 북한산 사진도 상당량이 바이러스의 직격탄을 맞았고, USB에 백업 저장한 원고도 바이러스에 깨졌다. USB를 잠깐 컴퓨터에 꽂아 둔 사이에 일어난 일이었다. 다시 쓸 자신이 없어 책 내는 일을 포기했다.

2년 가까이 시간이 흘렀다. 북한산에 오를 때마다 책을 내고 싶은 욕망이 꿈틀댔으나 예전의 산행 메모는 알아볼 수 없을 정도로 '옛것'이 되어 있었고 없어진 자료도 많았다. 기억만으로는 복기復記할 자신이 없었다. 2019년 가을부터 북한산 70여 개 탐방로를 걸으면서 코스별로 거리와 산행 소요시간, 역사와 문화 등을 다

아내와 지리산 천왕봉에서. 2002·6·30

산인가 섬인가. 의상능선과 백운대. 2000·2·14 승가봉에서

시 기록하기 시작했다. 그렇게 원고를 마무리할 즈음인 2021년 3월, 이번엔 엄청난 사건이 일어났다. 아내가 갑자기 세상을 떠난 것이다. 너무나 갑자기.

아내는 인생의 반려자일 뿐만 아니라 북한산과 전국의 명산을 함께 오른 요산요수樂山樂水의 동반자였다. 충격이 너무 컸다. 아무 일도 할 수 없었고 북한산 산행도 시큰둥해졌다. 그러다 아내의 2주기 즈음에 원고를 마무리 지어야겠다는 생각이 들었다.

멀리서 보아야 아름답다

책을 내면서 걱정이 없지 않다. 수록한 북한산 및 북한산성에 관한 문화·역사·지리 등의 내용이 정확한가 하는 점이다. 북한산성 부분은 《국역 북한지》와 경기문화재단 경기문화재연구원이 간행한 북한산성 관련 여러 서적, 그 외의 문헌·자료를 참고로 했지만 오류가 없지 않을 것이다. 탐방로 안내도 마찬가지다. 북한산국립공원사무소가 법정탐방로 곳곳에 세운 이정표를 토대로 산행거리를 기록하고, 보통걸음을 기준으로 평균주행시간(휴식시간 제외)을 재는 등 나름대로 노력했으나 틀린 데가 없을 것이라고 장담하기 어렵다. 실제로 2년여 동안 가지 않았던 코스를 다시 가보니 없었던 이정표가 새로 세워졌고, 거리를 정정한 이정표도 있었다.

글을 쓰는 일도 어려웠지만 사진은 더욱 힘들었다. 좋은 북한산 사진을 보면 어느 장소에서 찍었는가를 알아내기 위해 그 사진을 들고 여기저기를 찾아다녔다. 동틀 무렵 강물에 비친 북한산의 반영反影을 멋있게 찍은 사진을 한 사진작가의 블로그에서 보고는 그에게 촬영장소가 어디인가를 물었다. 작가는 공릉천 어디쯤이라고만 할뿐 자기도 다른 작가를 따라갔기 때문에 정확한 장소를 모른다고 했다. 그 촬영장소를 찾기 위해 몇 달을 공릉천 여기저기를 헤맸으나 끝내 찾지 못했다.

북한산에서 많은 산 선배와 친구를 만났고, 그들로부터 북한산에 대한 많은 정보를 얻었다. 2014년 고양시민들이 주축이 된 '북한산성을 지키고 가꾸는 사람들의 모임(북지모)'에서 만나 6년 간 백운대를 160여회 동행한 두산 하정우 선생(백운대 4,680회 등정기록·1933~2020년)과 두산 선생의 산 친구인 수산 박종대 선생(백운

승가봉에서 본 일몰. 2017·11·11

대 1,500여회 등정·1929~)은 북한산의 벗이었다. 두 분과는 나이 차이가 많이 났지만 셋이서 백운대를 오르며 산과 인생, 격변의 1960~70년대 정치·사회상에 대한 이야기를 주고받았던 인연은 특별한 기억으로 남는다. 수산 선생은 졸수卒壽의 연세가 됐을 때도 나와 백운대에 동행했었다.

영하 20도를 넘나드는 엄동을 비롯해 수년간 새벽 일출산행을 함께 했던 오건민 작가와 윤홍 사진작가(가정의학과 전문의)는 자신이 찍은 작품 사진을 선뜻 내주었다. 감사하다. 북한산에 자주 동행하며 산에 관한 서적과 영상물 등 많은 자료를 챙겨 준 암벽등반가 명산 김성곤 외형畏兄은 좋은 산 친구였다.

북한산성에 관한 부분은 경기문화재단 경기문화재연구원 신명종·박현욱 두 연구원의 도움 없이는 불가능했을 것이다. 북한산성 부분을 감수해준 두 분 참으로 감사하다. 못난 사진을 선정해 손질해준 박태홍 전 한국일보 사진부장께도 감사를 드린다. 북한산 어느 산길에서 본 작은 푯말의 문구가 기억난다.

'걸어서 행복해져라. 걸어서 건강해져라. 우리의 나날들을 연장시키는, 즉 건강하게 오래 사는 최선의 방법은 끊임없이 그리고 목적을 갖고 걷는 것이다.'

- 영국 작가 찰스 디킨스

백두대간완주기
한국에서 가장 아름다운 산길

출발 : 2006년 9월 9일 지리산 성삼재(전라남도 구례군 산동면)
도착 : 2008년 9월 27일 진부령(강원도 인제군 북면~고성군 간성면 경계)

마루금　　　　　695.5㎞
도상거리　　　　885㎞
실 보행거리　　　957㎞

지리산 세석대피소에서 본 남쪽의 낮은 산들이 파도처럼 물결치고 있다.

첫입맞춤보다 설레는 백두대간 첫발

1980년 대 후반에 일기 시작한 백두대간白頭大幹 종주 붐이 2000년대 들어서는 더욱 뜨거웠다. 산 좀 탄다는 산객들의 버킷리스트였다. 상업산악회들은 다투어 백두대간 종주 상품으로 산객을 모았고, 친목산악회는 그들대로 회원들을 백두대간으로 안내했다. '백두대간 투어리즘'이란 말이 나올 정도로 백두대간이 몸살을 앓았다. 나도 그 대열에 동참했다. 내 나이 60대 중반, 백두대간을 타기에는 좀 벅찬 나이였지만 도전해 보기로 했다.

설악산 대청봉. 야산 같지만 해발 1,708m다. 2006·9·28 중청대피소에서

동기動機가 있었다. 그 무렵 나는 정신적으로 무척 힘든 시간을 보내고 있었는데 백두대간 종주로 이겨보자는 생각이었다. 또 하나는 북한산에서 자주 마주쳤고, 같은 사무실에서 오래 함께 일하고 있는 동료가 백두대간을 종주하고 있다는 소식을 들은 것이다. 그와 동행하려 했으나 그는 이미 절반 넘게 종주를 한 터여서 합류하기엔 너무 늦은 상황이었다. 여러 산악회의 산행 계획을 물색한 끝에 국제산악회가

제2기 백두대간 종주대원을 모집한다는 전단지를 보았다.

백두대간 종주는 지리산(중산리)에서 진부령(향로봉)으로 올라가는 북진北進과 반대로 진부령에서 지리산으로 내려오는 남진南進이 있는데 국제산악회 종주대는 북진이었다. 매월 1·3·5주 토요일에 격주로 산행에 나섰다. 백두대간 종주는 한 구간만 빠져도 완주로 인정하지 않는다고 해서 중요한 일이나 집안 행사가 있어 산행에 빠지면 '땜빵'으로 채워야 했다. 다른 산악회의 종주 일정을 보고 결행缺行한 코스의 산행을 메꾸는 보충 산행인데, 빠진 코스의 일정을 찾아 맞추기가 쉽지 않았다. 백두대간 산행에 빠지지 않으려고 봄가을엔 친구의 자녀나 집안의 결혼식 등 중요 행사에 참석하지 못하는 일이 많았다.

2006년 9월 9일. 첫 입맞춤보다 설레는 백두대간 종주 첫 산행이 시작되었다. 첫 날은 지리산 성삼재에서 만복대~정령치~고리봉~고기리(전북 남원시 주천면)에 이르는 약 12㎞의 지리산 서부능선 구간으로, 일정표상으로는 종주 제2코스였다. 1코스는 지리산 중산리에서 천왕봉~장터목~세석평전~벽소령~반야봉~노고단에 이르는(반대일 수도 있다) 지리산 종주 여정인데, 35㎞의 장거리이고 산행시간도 최소 12시간 이상이 걸린다고 했다. 때문에 해가 긴 봄에 무박2일로 산행을 예정하고 있다는 것이 산악회 측의 설명이었다. 대원들이 대간 산행에 어느 정도 익숙해진 다음에 하자는 계산도 깔려 있는 것 같았다. 나중에 안 사실이지만 지리산을 처음 오르는 대원이 3분의2가 넘었다.

서울 동대문을 오전 7시에 출발한 산악회 버스는 오전 11시쯤 지리산 성삼재에 도착했다. 종주 대원은 모두 42명. 대원들은 버스에서 내려 간단한 출정식을 가진 다음 만복대를 향해 나아갔다. 거의 40~50대의 남자들이었고 여자는 열 명이 채 안 되었다. 대원중에는 두 번째 종주에 나선 이도 있었고, 부부가 함께 나란히 걷는 다정한 모습도 보였다. 산행 경험이 별로 없거나 막 등산을 시작한 초보자 대원도 상당수였는데, 이들 중 상당수가 중간에 떨어져나갔다.

종주 첫날, 오른 쪽으로 심원계곡과 달궁계곡을 끼고 걷는 지리산 서부능선은 막 패기 시작한 억새꽃과 산객들의 오색 등산복이 어우러져 한 폭의 채화彩畵를 보는 것 같았다. 잠시 걸음을 멈추고 뒤돌아보면 노고단에서 임걸령~반야봉~토끼봉~촛대봉~천왕봉으로 이어지는 지리산의 본류 능선이 그림처럼 펼쳐졌다. 다음에 우리가 갈 길이었다.

산행이 3~4회차를 지나자 혼자인 대원도 옆 사람과 말을 트는 등 오랜 친구처럼 금세 가까워졌고 모두들 한 식구같이 지냈다. 휴식시간에는 간식을 나누어 먹었고 누군가는 산행 경험을 무용담처럼 들려주기도 했다. 발목을 다친 대원과는 어깨동무를 하고 걸었고, 지쳐서 뒤처지는 대원이 있으면 배낭을 대신 메어주었다. 50대의 한 대원이 산행 중 탈진, 산길에 주저앉자 동료들이 부축해 하산한 일도 있었다. 생면부지의 산객들이었지만 전장의 전우들처럼 희로애락을 함께 했다.

산행 횟수가 거듭되자 모두들 보행속도가 빨라졌다. 휴식시간에도 서서 잠깐 쉬고는 다시 걷는 등 경쟁이 붙었다. 심지어 김밥 한 줄의 점심식사도 서서 먹고 달아나듯이 걸었다. 산악회 산행은 대원이 완전히 하산해야 귀경 버스가 출발한다. 때문에 뒤처져 늦게 도착하면 먼저 하산해 기다리는 대원들에게 폐가 된다는 생각에서 속도를 내기도 했지만, 빨리 내려가서 눈 좀 붙이고 쉬겠다는 속셈도 깔려 있었다. 일찍 하산해 산악회가 제공하는 우거지국밥과 막걸리 한 잔에 얼큰한 기분이 돼 꾸벅꾸벅 조는 그 시간이 달콤했다. 간혹 서울에 도착해 일행들과 '술자리 연장전'을 벌여 지하철 막차시간에 대느라 허둥대기도 했지만.

2010·6·9 화대종주 때

2007·5·25 백두대간 산행 중

지리산 35km 종주 12시간

　1회차의 종주 산행은 싱겁다는 생각이 들 정도로 가벼웠다. 12km를 걷는데 4시간 정도 밖에 안 걸렸기 때문에 '백두대간 종주라는 게 별거 아니구나' 하는 생각이 들었다. 종주 2회차는 1회차 종착지인 고기리에서 권포리 코스, 3회차는 복성이재에서 월경산 코스, 5회차는 삼도봉 코스, 6회차는 황악산 코스로 이어졌다.

　해가 바뀌어 2007년 2월 3일, 7회차 산행(일정표로는 15회차)은 궤방령~추풍령 구간이었다. 충북 영동군 추풍령면과 경북 김천시 봉산면의 경계인 추풍령(해발 221m)은 '바람도 쉬어가고, 기적도 숨이 차서…'라는 남상규가 부른 가요 '추풍령'의 노랫말과는 달리 그다지 높지 않게 느껴졌다.

　종주 석 달 동안에 15명 정도의 대원이 보이지 않았고 추풍령에서 8명의 새 식구가 들어왔다. 추풍령 팀의 김영율 형을 만나 종착지인 진부령까지 계속 동행했다. 그와는 종주를 마칠 때까지 형제처럼 나란히 걸었고 버스에도 나란히 앉았다. 보조가 맞고 대화가 궁색하지 않은 좋은 산 친구였다.

　추풍령에서 합류한 8명은 종주가 끝난 후 '추8회'라는 친목모임을 만들어 간간 산행을 함께 하거나 회식을 가졌는데 나도 영율 형과의 인연으로 이따금 옵서버로 참석했다. 추8회가 2010년 6월 백두대간종주 2주년기념으로 가진 지리산 화대종주(구례군 화엄사~산청군 대원사) 무박1박3일의 산행에도 동행했다. 화대종주는 지리산 산행 중 가장 힘이 드는 코스다. 용산역에서 밤기차를 타고 다음 날 새벽 전남 구례구역에 내려 화엄사로 이동, 코재~노고단~벽소령대피소를 지나 세석대피소에서 1박을 하고 다음날 장터목~천왕봉~치밭목대피소~대원사로 하산하는 약 47㎞의 산길인데 백두대간을 완주한 건각들답게 한 명의 낙오자도 없이 모두가 무사히 완주했다. 내 나이 70을 눈앞에 두고 있었는데, 지금 돌아보니 그때의 화대종주가 지리산 산행의 완결판이었다. 그 후로는 지리산 종주에 나서지 못했다.

　대간 길 걷기가 횟수를 거듭하고 계절도 겨울로 접어들면서 산행은 점점 힘이 들었다. 겨울 산행의 어려움이 폭설과 강풍이라면 여름은 폭우와 폭염이 발목을 잡았다. 대원들은 폭설·폭우·폭풍·폭염을 '4대 조폭'이라 불렀다. 겨울철 무릎까지 빠지는 강원도의 눈 폭탄은 대책이 서지 않았다. 40대의 건장한 산꾼들도 폭설 앞에서는 힘을 쓰지 못했다. 산행 경험이 많고 힘이 좋은 대원 몇이 앞장서서 러셀을 해 나갔지만 20분이 못 돼 교대 요청이 들어왔다. 설피를 신고 눈길을 다져보기도

백두대간 눈꽃 산행. 2018·2·16

했지만 행렬은 좀체 앞으로 나아가지 못했다. 함백산 구간이었나, 젊은이들로 구성된 러셀 팀도 그날은 쌓인 눈길을 뚫지 못하고 손을 들었다. 예정 거리의 3분의1을 걷고 산행 시작 2시간여 만에 중도 하산해야 했다.

2007년 5월 25일, 15회차는 지리산 당일 종주 산행이었다. 종주 시작 이래 처음 갖는 무박2일 산행이자 백두대간의 하이라이트여서 대원들은 잔뜩 기대를 하는 듯했다. 지리산이라는 이름만 들어도 가슴이 설레는데 종주를 한다니 어찌 기대와 흥분이 되지 않을 수 있겠는가. 출발을 앞둔 대원들의 얼굴에선 긴장감마저 감돌았다.

지리산 당일치기 종주는 만만한 산행이 아니다. 성삼재에서 중산리에 이르는 35㎞도 아득하지만 해발 1,400m가 넘는 봉우리를 10여 개나 넘어야 해 당일 종주는 강인한 체력과 인내를 필요로 한다. 새벽 3시 정각, 성삼재를 출발하기 전 산악회 총무가 버스에서 강조했던 주의할 점을 다시 방송했다.

"산행이 늦어져 세석대피소에 낮 12시 이후에 도착한 대원은 장터목대피소~천

산객들이 지리산 천왕봉에서 일출을 감상하고 있다. 2006·10·18

왕봉으로 올라가지 말고 세석에서 거림으로 하산해 내대리를 거쳐 중산리로 오세요. 지리산이 어디로 이사를 가지 않으니 다음 기회에 다시 도전하세요. 12시 이전에 도착한 사람만 천왕봉으로 올라가세요."

장거리 산행에서는 배낭의 무게를 줄이는 게 중요하다. 하산 후 갈아입을 옷이나 불필요한 물품은 버스에 두고 소형 배낭에 김밥 두 줄, 500㎖짜리 물 한 병, 초콜릿 서너 개, 스틱만을 갖고 성삼재를 출발했다. 고속도로 휴게소에서 든든히 야식을 먹은 터라 동이 틀 때까지는 견딜 수 있을 거라는 계산도 했다. 지리산은 능선에 샘이 많고, 5개 대피소에서 황도통조림 등 몇 가지 간식을 판다는 것을 몇 차례 종주로 알았기 때문에 짐을 줄일 수 있었다.

식사시간. 반야봉 옆으로 해가 기울고 있다. 2006 · 10 · 17 장터목 대피소에서

성삼재에서 노고단대피소까지는 40여분이 걸렸다. 4월 초 아흐레의 조각달이 서산에 걸려 있었지만 숲이 에워싼 산길은 어두웠다. 이마에 매단 헤드랜턴으로 길을 밝히고 일렬로 행군하는 대열은 군인들의 야간작전을 연상케 했다. 임걸령을 지나니 동쪽 하늘이 벌게지면서 동이 터왔다. 반야봉~토끼봉을 지나 연하천대피소에서 김밥 한 줄과 초콜릿 한 개로 아침식사를 하고 콸콸 쏟아지는 샘물을 병에 가득 채웠다.

벽소령대피소에서 잠깐 다리를 쉬게 한 다음 덕평봉~영신봉을 지나 세석대피소에 도착했다. 산악회 총무가 낮 12시 이후에 도착하면 거림으로 탈출하라고 당부했던 곳이다. 세석대피소에서 장터목대피소 구간은 '지리산의 고속도로'로 불리는 길이어서 1시간 40분 만에 도착했다. 이제 지리산 종주의 마지막 난코스인 천왕봉으로 올라서야 한다. 장터목대피소에서 남은 김밥 한 줄을 먹었으나 허기가 채워지지 않았다. 황도통조림과 초콜릿으로 보충하고는 천왕봉으로 향했다. 장터목에서

설악산 범봉. 대간 길의 한 코스다. 2008·8·23 공룡능선에서

천왕봉까지는 보통걸음으로 50분 정도의 거리지만 많이 지쳐 있어서 1시간이 훨씬 넘게 걸렸다.

천왕봉에서 내려다본 남쪽은 수해樹海였다. 겹겹의 산들이 파도가 치듯 푸른 물결을 만들며 끝없이 펼쳐진 풍광은 장관이었다. 이제 하산이다. 법계사 로터리산장을 지나 종착지인 산청군 중산리에 도착해 시계를 보니 오후 3시. 성삼재에서 중산리까지 12시간이 걸렸다. 영율 형과 나는 2위로 종착지에 골인했다. 1위는 우리보다 30분이나 먼저 도착한 유사장 팀이었다. 중산리 용궁식당에서 지리산 계곡수로 목욕을 하고는 산채비빔밥에 막걸리 한 병을 비우니 졸음이 몰려왔다. 지리산을 몇 차례 종주했지만 당일치기는 처음이었는데 큰 어려움 없이 마쳤다.

국토는 동강 나고 길은 막혀

해가 바뀌어 2008년 여름. 이제 네 차례의 무박2일 산행이 남았다. 그해 7월 25~26일은 오대산 구간을 무박2일로 걷는 산행이었다. 오대산 정상인 비로봉을 오르지는 않지만 진고개(평창군 대관령면~강릉시 연곡면 경계·해발 960m)에서 동대산~두로봉~응복산을 거쳐 구룡령(홍천군 내면~양양군 서면 경계·해발 1,013m)에 이르는 23.5㎞의 긴 코스였다. 오대산 다섯 봉우리 중 동대산·두로봉 등 2개봉을 넘어야 한다.

새벽 2시, 진고개에서 버스를 내리니 장대비가 억수로 쏟아졌다. 앞이 안 보일 정도로 퍼붓는 빗속에서 헤드랜턴은 반딧불이 정도에 지나지 않았다. 산악회 부총무가 앞장섰지만 이 길을 수십 번도 더 다녔을 그도 헤맸다. 간간이 험한 바윗길까지 가로막아 애를 먹었다. 비에 젖은 바위를 미끄러져가며 기어오르면 낭떠러지가 나오는 등 그야말로 악전고투의 산행이었다. 길인지 숲인지 분간할 수도 없는 폭우 속의 야간산행은 '미친 짓'이었다.

네 번째 무박2일 산행은 향로봉구간이었다. 해발 520m의 진부령에서 해발 1,296m의 향로봉까지는 왕복 36㎞를 걷는 긴 산행인데 출발 4시간 만에 향로봉 철책 앞에 섰다. 북녘 땅을 보고 싶었으나 안개가 자욱해 철조망 너머는 1m 앞도 보이지 않았다. 더 이상 나아갈 길도 없었다. 국토는 동강 나고 길은 끊겼음을 눈으로 확인하고 발길을 돌려야 했다.

종주 마지막 코스인 57회차는 미시령에서 신선봉~대간령~마산봉을 지나 진부령에 이르는 14.3㎞ 구간의 무박2일 산행이었다. 종주 졸업 산행이어서인지 대원들 모두가 힘이 넘치는 듯했고, 종착지인 진부령을 1.9㎞ 남겨 놓은 마산봉부터는 걸음이 더욱 빨라졌다.

백두대간 북쪽 종착지인 진부령에 도착했다. 경상남도 중산리에서부터 강원도 진부령까지 백두대간 전 구간을 완주한 대원은 23명이었다. 진부령 표석비 앞에서 무사히 종주를 마친 것을 산신령에게 감사하는 고사를 지냈다. 산악회 회장은 내게 가장 연장자라며 축문을 읽으라고 했다. '유세차, 우리 국제산악회 회원 23명은… 백두대간 957㎞를 무사히 완주케 해 주신 신령님께…'로 이어지는 축문을 읽고 샴페인을 터트렸다. 펑! 소리와 함께 대원들의 환호성이 터졌다. 몇몇 여자 대원은 하이파이브를 하며 눈물을 훔쳤다. 산악회에서 주는 백두대간 완주증을 모두들 무공

백두대간 졸업식. 앞줄 가운데 모자 쓴 사람이 저자. 2008·9·27

훈장처럼 가슴에 안았다. 두 번째 종주에 나선 대원도 완주증을 받았다.

우리의 백두대간 종주는 '절반의 종주'로 끝났다. 백두산에서 지리산까지 뻗은 백두대간 전체 길이 1,600여㎞ 중 남한구간 마루금 약 700㎞를 걷는 것으로 만족하고, 완전한 백두대간 완주는 다음 세대에 맡겨야 했다.

비록 '절반의 성공'이지만 미치지 않고는 끝을 보기 어려운 종주였다. 남한 쪽 백두대간 마루금(산마루와 산마루를 잇는 산길) 695.5㎞, 도상거리 885㎞, 실 보행거리(연장 포함) 957㎞의 대장정이었다. '알바'(길을 잘못 들어서 헤맨 거리)까지 포함하면 1,000㎞(2,500리)가 훨씬 넘었을 것이다. 1회차에 평균 17.5㎞를 걸은 셈이다. 전라남북도·경상남북도·충청북도·강원도 등 6개도道를 지나며 해발 1,000m 이상의 산과 봉, 영嶺을 근 40개나 넘었다.

백두대간 종주를 마친 지 15년이 지나고 나이 80이 넘은 지금, 그 여정은 내게 여러 의미로 남아있다. 폭설과 폭풍우 등이 산에서는 상상 이상의 엄청난 힘을 갖

고 있지만 무력武力 같은 자연의 힘 앞에서도 인간은 쉽게 무력無力해지지 않는다는 것을 알았다. 매회 7시간 안팎, 때로는 10시간 이상이 걸리는 힘한 산길을 걸으면서 주저앉고 싶을 때도 많았다. 그런 때는 이것도 삶의 한 여정이라고 여기고 몸을 추슬러 다리에 힘을 주었다. 육신은 힘들었지만 정신적으로는 더욱 단단해지는 백두대간 길이었다. 버려야 채워진다는 것도 그 길에서 터득했다.

백두대간은 대한민국에서 가장 아름다운 산길이었다. 그 길에는 역사가 있었다. 한민족韓民族의 반만 년 역사가 면면히 흐르는 길이었고, 대한인大韓人의 굳건한 기백이 넘쳐나는 길이었다. 이름도 알 수 없는 식물과 짐승, 생명이 있는 모든 것들의 삶의 터전이었고 자연이 자연 그대로 살아 있는 원형原形의 땅이었다. 그 길에서 만난 모든 것이 아름답고 생기발랄했다. 백두대간에 걸쳐 있는 마을은 '신新 한국의 오지'라 할만 했다. 깊은 산자락에 기대어 살아가는 민초들의 삶의 냄새를 맡을 수 있었다.

속초 중앙시장에서 떠들썩한 '쫑파티'를 마치고 돌아오는 귀경 버스에서 뇌과학자 장동선 소장이 한 '길과 뇌'에 대한 말이 떠올랐다. '새로운 길을 걸으면 뇌가 즐거워한다.'

닭목령·단목령·쇠나드리·삽당령·들미재·깃대기봉·곰넘이재·미내치·늦은맥이고개·고모치·신의터재…. 한 번도 가보지 못했고, 이름도 낯선, 그 산길을 걷는 내내 나의 뇌는 참으로 즐거웠다. 그 산에 다시 가고 싶다.

백두대간이란…
백두白頭에서 지리智異까지 국토國土의 혈맥 1,625km

'림군의 삶' 블로그에서 전재

백두대간白頭大幹은 백두산에서 금강산~설악산~오대산~태백산~소백산~속리산을 거쳐 지리산에 이르는 우리나라의 큰 산줄기다. '한반도의 등뼈' 혹은 '국토의 척추'로 불린다. 이근배 시인은 백두대간 찬가에서 백두대간을 '국토의 혈맥'이라고 썼다.

'백두대간'은 조선 영조 때의 실학자 여암旅庵 신경준申景濬이 지은 《산경표山徑表》에 나오는 산맥의 이름이다. 신경준은 백두산에서 뻗어 나온 산줄기를 1대간大幹·1정간正幹·13정맥正脈으로 분류, 각각 이름을 붙였다. 백두대간白頭大幹, 장백정간長白正幹, 청북淸北정맥·청남淸南정맥·해서海西정맥·임진북예성남臨津北禮成南정맥·한북漢北정맥·한남漢南정맥·한남금북漢南錦北정맥·금북錦北정맥·금남錦南정맥·금남호남錦南湖南정맥·호남湖南정맥·낙동洛東정맥·낙남洛南정맥이 1대간 1정간 13정맥이다.

백두대간이라는 명칭은 신경준이 산맥을 분류하기 전부터 있었다는 기록도 보인다. 이중환李重煥이 1751년에 쓴 《택리지擇里志》와 동시대의 실학자 성호星湖 이익李瀷이 1760년에 지은 《성호사설星湖僿說》에도 백두대간이란 명칭이 나온다. 두 사람은 백두대간 외에도 백두대맥白頭大脈·백두남맥白頭南脈·백두정간白頭正幹 등의 용어를 썼는데, 이로 미루어 당시에는 백두대간이란 이름이 정식 명칭으로 정착하지 못한 것으로 보인다. 따라서 지금 우리가 쓰고 있는 대간·정간·정맥은 신경준에 의해 정립되었다고 할 수 있다. 하지만 신경준이 분류한 대간·정간·정맥은 요즘 쓰고 있는 태백산맥·소백산맥·차령산맥 등의 산맥과는 다른 개념이다. 일제강점기에 산맥이란 이름이 만들어진 후 신경준의

대간·정간·정맥은 숨어버렸다.

　백두대간이 산객들의 '꿈의 산길'이 되기 시작한 것은 1980년 산악인이자 고지도연구가인 이우형(KBS성우 1기) 씨가 인사동 고서점에서 신경준의 《산경표》(1913년 제작 인쇄본)를 찾아낸 후부터이다. 이 책을 바탕으로 관계 당국은 백두대간 복원에 나섰고, 산악인들도 길 찾기에 힘을 보탰다고 한다. 국제산악회 강해성 회장은 2006년 "1980년대 초 백두대간 복원에 참여, 없어진 길을 찾느라 고생한 일이 있다."고 들려주었다.

　남북한 백두대간 전 구간을 종주한 한국인은 현대에는 없다. 뉴질랜드의 여행가 겸 작가 로저 셰퍼드(1966~)가 외국인으로 유일하다. 그는 2006~2007년 남한의 백두대간을 완주한데 이어 2011년 5월, 2012년 6~7월 등 총 12차례 북한을 방문, 북쪽의 백두대간 60여 개 봉우리의 등정을 마쳤다.

▶ 참고문헌

경기문화재단 경기문화재연구원 :《다시 읽는 북한지》(조은문화사)
경기문화재단·경기학연구센터 :《삼각산 북한산성》
경기문화재단 경기문화재연구원 :《북한산성의 가치성 연구》
경기도·경기문화재연구원 :《북한산성의 가치 재조명》
경기문화재단 경기문화재연구원 :《북한산성의 역사와 문화유적》
경기문화재단 경기문화재연구원 :《북한산성 사료총서》
경기문화재단 경기문화재연구원 :《북한산성 인물총서》
고양시 :〈북한산성의 세계 유산적 가치정립〉(고양600년 학술세미나 문집)
고양시 :〈아시아 주요 산성의 세계유산 등재과정과 고양 북한산성의 추진전략 제안〉(국제학술세미나 문집)
김영도 :《서재의 등산가》(리리 퍼블리셔)
김영도 :《우리는 왜 산에 오르는가》(도서출판 이마운틴)
김윤우 :《북한산 역사지리》(범우사)
남지심 외 :《북한산 꼭지》(얘기꾼)
문화재청·고양시·경기문화재단 :《북한산성 성벽 정밀지표조사 보고서》
박범신 :《촐라체》(푸른숲)
박인식 :《북한산》(대원사)
박정헌 :《끈 : 우리는 서로를 놓지 않았다》(열림원)
박창규 :《북한산 가는 길》(진선북스)
서울특별시사편찬위원회 :《국역 북한지》
조면구 :《북한산성》(대원사)
조윤민 :《성과 왕국》(주류성), 경기문화재단 북한산성문화사업팀 엮음.

▶ 참고영상(영화 DVD)

· 〈티벳에서의 7년〉 (감독 : 장 자크 아노. 출연 : 브래드 피트, 잼양 잼쇼 왕척, 비디웡)
· 〈친구여 자일을 끊어라〉 (감독 : 케빈 맥도날드. 출연 : 브랜단 매키, 니콜라스 아론, 사이먼 예이츠, 조 심슨)
· 〈운명의 산 낭가파르밧〉 (감독 조셉 빌스마이어. 출연 : 플로리안 슈테터, 안드레아스 토비아스)